趙尺子著

趙尺子先生全集

第十冊 反共抗俄經驗談

自印本

趙尺子先生全集　總目

趙尺子先生正

反共抗俄經驗談

于右任

總裁訓示：

「中共是國際第五縱隊！不是中國國內的政黨！」

上句見三十八年四月二十七日「告全國同胞書」。下句見同年十月九日「爲俄國導演北平傀儡組織告全國同胞書」。

反共抗俄經驗談

趙尺子

引言

第二個「九一八」

民國三十七年十一月一日，就世界大勢來說，這一天是第二個「九一八」。第一個「九一八」，是日本佔領瀋陽的紀念日；第二個「九一八」，則是俄帝佔領瀋陽的紀念日。——民國二十年的第一個「九一八」，日本嗾使她的第五縱隊在瀋陽暴動，日軍出動佔領了瀋陽；三十七年的第二個「九一八」，俄帝嗾使她的赤色第五縱隊代替俄帝佔領了瀋陽。

前幾天，廖耀湘兵團潰於打虎山、新民之間，前兩天，東北剿匪總司令衛立煌倉皇逃出瀋陽，十一月一日下午林彪逆部完全控制了這個城市。

僞「東北日報」由我們的瀋陽中央日報改版，在瀋陽出版。也就在同一天，我們的和平日報却刊出「再見！瀋陽！」的社論，係社長趙雨時先生的親筆，全面登載我的邊疆通信社的「邊信社訊」。一忠一奸兩個報紙，在瀋陽市上同時發售，而我們的報特別受到讀者的歡迎。

同一天，雨時先生離開和平大樓，準備化裝出走；但他因爲足疾未癒，不良於行，二十幾天之後，被逆黨林楓捕去，三十九年二月凍死獄中。本社的總編輯李克曼、採訪主任劉宣和社員十餘人完全被捕，現在判明劉宣同志係無期徒刑，其餘各位全然沒有下落。我的夫人尤夢俠當時也困在社內。

我是「文化戰犯？」

據和平日報主筆郭爲先生三十八年秋由海南島來信告訴我，僞「東北日報」在瀋出版不久，宣佈了一個所謂「文化戰犯名單」，第一名係趙惜夢先生，第二名是我，第五名是郭爲先生，共十名，其餘各位已被他忘記。惜夢先生第一個「九一八」前，係哈爾濱國際協報記者，事變後任天津大公報記者，二十四年任漢口大光報社長，抗戰之後，任甘肅民國日報社長，勝利後，任前進報社長。郭爲先生勝利後任瀋陽中央日報主筆，後任和平日報主筆，和我同事，現在臺灣。我在勝利後，除軍職外，先後任瀋陽中央日報、和平日報、青年日報、新生活日報及前進報主筆，在瀋設立邊疆通信社東北分社（總社在歸綏），三十六年十一月一日發稿，三十七年十月三十一日發出「最後一稿」，整整一年。

新聞界的文天祥

據夢俠脫險抵京時告訴我：三十日的晚間，逆部已佔領瀋陽舊城，三十一日上午進入部分市區，因爲中央軍在鐵道西正從事英勇的抵抗，他們對市區還沒有全面佔領。三十一日的晚間，我的通信社同仁在極度嚴肅下，報道鐵道西我軍大捷和秦皇島我軍指日東進的消息。克曼同志接通和平日報的電話，請雨時先生接話，談一陣大局之後，雨時先生笑着說：

「我們今晚是『最後一報』了！」

克曼說：

「我們也是『最後一稿』。尺子先生方才從北平播來廣播，要我們全部進關。您幾時動身呢？」

雨時先生說：

「腳好一點就走。」

但他竟沒有走得出來。有一位苗君，現在臺灣。他在三十九年一月，受趙夫人之託，爲雨時先生送棉袍。東北的一月，氣溫在零度以下，雨時先生在獄裡還穿着夾袍。苗君問雨時先生要帶什麽話出去。雨時先生略想了一想說：

「你告訴我的朋友們，說我正在寫『新正氣歌』！」

我推想，他可能眞地寫出「新正氣歌」來，因爲他的舊詩確已成爲作手了；可能他這話也是一句遺囑，一句隱語，告訴我們他已決心作一位新聞界的文天祥了。

「趙尺子判處死刑」

在我寫這「引言」的時候，前進報的一位記者，馬君越潭，由東北逃到香港（註一）。他給我的信上說：

「……我們的胡適博士很好，不但沒有死，而且也沒有『進去』；不過日子過得够苦的。至於趙雨時先生，如果沒來到臺灣或港澳的話，那麼我敢武斷：不會好受的。

「關於您的問題，『尺子』之名，匪恨之入骨。假如您留在大陸的話，我又敢武斷：大報上二版頭條『×匪首要文化匪特趙尺子判處死刑，昨在××刑場槍決』，百分之百的有希望。

「至於我們老社長惜夢先生，在蘭州的歷史，孫序夫都洞悉（孫是『民盟』，現為瀋陽市『民盟』委員之一）。況且在瀋陽那個階段，安摩和孫與趙社長最接近，當然這一頂『首要文特』的帽子是摘不掉的。您可以推想：連惜夢先生介紹進報館的王琫都給『槍』了，何況介紹人本身呢？」

這上述的一幕，就是我被毛逆澤東號宣佈為「文化戰犯」的經過。其實說起來，毛逆們送給我的「罪名」不止於這一項。三十一年，他們喊我是「日本特務兼CC特務」，以後一直喊我為「國特」。他們決定要活埋我，也始於這一年。至於他們慘殺和囚禁我的同仁，也早在三十二年。這些故事，都記在下面的正文裡。那些年代，我在西北，幸而逃出他們的魔手。三十七年，我之再度僥倖，應該在這裡簡略地寫出些來。

「一樁幸運」

三十七年十月十四日，錦州陷落。我們觀察大局，認為瀋陽總可死守半年的。本社的同仁們向我建議，要在北平辦一個報紙，在上海也辦一個報紙，收容將來瀋陽淪陷後的報人，從事我提出的反毛抗蘇工作。因之我們只用去一萬斤高粱米的代價，收購了一家華昌出版公司，包括足供印刷四份大報的機器，一架萬能鑄字機，全套銅模，一萬六千多斤鉛字，和四千多斤材料，共三十噸。我們準備把這些器材空運北平。當時東北嚴禁五金出口（所以五金賤如土）；但特准我們的器材出口。民航的飛機，我們也能夠包到。這些器材運到北平，售出兩部印刷機和一萬斤鉛料，便可足够開付運費並出報了。雨時先生對於我的這一計劃，十分欣慰，答應我一俟瀋陽和平日報找出替身，便去北平為我主持一切。我遂於二十一日飛到天津，轉往北平。

到北平後，用二百四十袋面粉的代價，頂購了北平曉報，辦妥了轉移登記，在六部口找妥了社址。包妥了九架次飛機，預定十一月中旬開始空運。瀋陽分社裡，我只帶來×經理××和記者孫×，在平津辦理曉報的籌備業務。我的太太、我的文稿、我的書籍……和我的通信社，都預定在次年三四月才空運的。我則決定搭第一架包機回瀋。

我離開瀋陽的時候，知道廖兵團出擊錦州。到北平天天看報，只看出行進很慢，覺得奇怪。到二十七日，報上雖然沒有說明，我已看出出擊是失敗了。同一天，接到夢俠的航信，囑我「萬勿返瀋」。我判斷廖兵團會是回守瀋陽的，打電給她「我按預定坐第一架包機回瀋」。二十八日看早報，當天看晚報，都是瀋陽的壞消息。又等了兩天，三十日的下午五點，我得到衛立煌一行十餘人飛抵秦皇島消的息，我還以為他是指揮由秦皇島出擊錦州。三十一日，我找到惜夢先生，才知道瀋陽已被放棄了。這一驚，眞是非同小可。而且在衛這一架飛機之後，再也沒有飛機，便連航空信也發不出去了。我當時寫了幾通電報，親送電報局，並派孫記者到中央電台播送，囑咐社內同仁支持到「最後一稿」，然後設法全部來平。

我在瀋陽淪陷前十一天離開瀋陽，眞是一樁幸運了。這一樁幸運，要歸功我的一位新朋友；但我現在不能寫出他的名字和詳細經過，因為他應是還能偷生在鐵幕之中的。

上戰場與投大海

十二月十四日，我以上戰場的心情，奉母攜眷，搭乘最後一條由天津啓椗的登陸艇，四天後到達上海。三十七年舊曆除夕的前兩天，夢俠來在南京和我相會。三十八年二月十八日，我全家七口來到臺灣。四月中旬，我到鳳山第四軍官訓練班教書。四月二十七日，　總裁召號反共抗俄。五月一日，我開了俄帝侵華史和蘇俄研究兩課，四年以來，聽過我的俄帝侵華史等課的學員、學生和戰士，約有十萬位次；用眞名和「孽子」等筆名，發表近於三十萬字的文章，出版了三本書。

三十九年五月，海南班師，舟山撤退。我大略編輯一下二十餘年所保留的文字，還剩有十七八種約二百萬字，反共抗俄者約佔五分之一，這是我唯一的「遺產」，開列一個目錄，預備寄給一位老友替我保管。記得政工隊第三期學員畢業的時候，他們要我在紀念冊上題字，我題過一首詩，三四兩句是：

「吾家近鄒魯，此地最高雄！」

表明到必要時，我決心遵守儒家的家法。學員問這詩是什麼意思？我告訴他說：現在我不必講；如果你能記得住，也許是最值得紀念的禮物了。我已忘記這位學員的名字，不曉得他還保存着否？

俄特向我顫抖了

就在這個期間，五月十九日，我接到一封信：

「尺子先生：你現在擔任『俄帝侵華史』的課程，請趕快停止。否則等到解放後，那你就有死路一條。學生啓。」

接到同樣警告函的，還有我的同事鍾山先生。我馬上把這封信簽報班主任孫立人將軍和副主任辛鍾珂少將。辛少將找我談話，問我有什麼感想？我告訴他，這沒有什麼稀奇，也沒有什麼可畏，他們早就宣佈我是「國特」和「文化戰犯」了。辛少將當時似乎很受感動。我和鍾山先生照常授課，我自己覺得勇氣比較沒有接信以前還高了些大了些，因爲我已知道我的教育的效果：潛在鳳山的小俄特們已在我的講堂上顫抖了。

又隔不久，檢信的機構扣留了俄特們給我的第二次恫嚇信，（原件在張國卿上校手裡，）大意是說：「你的書如果不立刻停止講授，便要嘗一嘗手榴彈的味道了」云云。再隔半月光景，辛少將接到一封「工作組」的信，附有

「工作社」轉給我的「命令」。給辛少將的信上說：「據尺子同志報告：貴官決心迎接解放，領導軍訓班起義。本組十分歡迎。以後你要接受尺子同志的命令」云云；給我的「命令」上說：「你能工作辛同志主持軍訓班起義，很值得嘉獎。關於起義的日期，要聽候我的命令」云云。辛少將判明這是挑撥分化的東西，一方把這兩封信交給訓導組組長林煒題上校查辦（這兩件也在張國卿上校手中）；一方簽請班主任，恢復我的官階。同時，陸軍訓練總司令部政治部主任徐漢傑上校也簽呈孫立人將軍，獎給我和鍾山先生每人三個月的薪餉。王化宇上校爲了這事寫過一首古詩。

下半年，保防機關由第四軍訓班裡逮捕了劉孔立等十幾名小俄特，承認這些信的前兩封是他們所寫。以後是否承認「命令」也是他們所搞的？我還不很清楚。這在軍法局是有案可查的。

血淚經驗談

這些新聞都上了精忠報，引起讀者和受訓員生很大的興趣，要求我在講課時談一談「我爲何反共？如何反共？」的經過；但爲時間所不許。他們又建議我寫出發表。到三十九年冬天，開始寫成立五六段，送黃埔週報刊出。四十一年絡續寫成二十段，由戰鬪青年半月刊連載。今年（四十二年）我到臺北前，補寫二十一到二十六段，使它略具首尾，向四年來要求看這本小書的同學們交卷。

這本小書，不是用寫自傳的心情寫成的；我是試驗着把個人作爲一個標本，從心理、思想、政治方面敘述我爲何走向革命；在革命途中怎樣碰到僞裝「革命」的俄國侵略思想——僞「共產主義」，以致「在思想上成了半共產黨」；但我的黨籍根本是國民黨，先是爲了「共產黨」不肯抗日，乃以「黨爭」的心情開始反共；直到自己從抗日的經驗中及對俄國戰略戰術的研究中，找出「中共」的本質之爲赤色第五縱隊，並從俄帝侵華史的研究中，洞明俄國侵華的詳細過程，個人方才對於「共產主義」和「中國共產黨」毫無迷戀，認識反共不是「黨爭」，而係救國對賣國、漢忠對漢奸、反侵略對侵略之爭，於是實行徹底的反共。這一段廻環曲折，計十餘年，可以說是有血有淚的經論談。

個人積此十餘年的經驗研究，確知所謂「中國共產黨」只是俄帝侵華內應部隊的「身份化裝」，絕對不是一個「政黨」；而所謂「共產主義」，也只是俄帝侵華的「理論化裝」，絕對不是一個「主義」；因之個人認爲今天只有抗俄問題，一如當年我們只有抗日問題。當年我們看到日本帝國主義而堅決地抗日十四年（「九一八」算起）；今天我們應該懂得俄羅斯帝國主義，再堅決地來抗她。在我的心目中，早在民國二十七年已沒有什麼所謂「共產黨」，惟有一群俄帝製造的大小傀儡漢奸行屍走肉而已。我們只以溥儀、王克敏、汪精衛對待毛澤東，便把握着要領了。本書雖較冗長，涵義却只是這樣簡單。

立體的悲劇

也正因爲它是這樣簡單，所以讀者應該可以看出它正是一個悲劇。毛澤東固然是悲劇人物，初不自知自己是俄帝的傀儡，而認自己在「革命」；便是自己或許知道自己已是傀儡了，也只好扮唱下去，否則後台老板必定會把他撤職或殺頭的。作者和作者的朋友們同仁們，也正是這齣悲劇中的人物，有些被毛澤東殺掉，財產沒收，妻子爲奴；有些萬里流亡，作了孤臣孽子。總之，不論鐵幕大陸或自由中國，四億七千萬人民，整體是這立體的——包括觀衆在內的——劇悲一份子，誰也不能置身劇外。

中華民國四十二年第二個「九一八」日，即瀋陽再度淪陷五週年紀念日，寫於臺北。

註一：四十三年七月，證實這個馬越遭偵名國光，竟是俄特派到香港來的小俄特。他由報上看到我的名字，來信要求我介紹登載他所寫的大陸現狀的文字，又要求我設法幫助他來臺拍一部電影，都被我謝絕了。他也並沒有寫這些文字。同時他騙得「在臺東北名人和立監委國大代表的通信，派一個他認爲是他的女特務——潘素珍來臺，神秘地告以這都是他「在臺灣佈置的內線」。而這位潘小姐却是內調局派去釘他的工作人員。馬的企圖是很明顯的：想一舉達成大規模地「借刀殺人」。在上引他給我的信，很巧妙地利用了反共的立場，說我被「匪恨之入骨」，假如我「留在大陸的話，大報上二版頭條『首要文化匪特趙尺子判處死刑，昨在××刑場槍決』，百分之百的有希望」，這或者就是他來到香港的主要任務：他們在大陸上殺不了我，要利用毒藥來殺我。但他不幸失敗了。——四十三年付印時註

一　「明恥教戰」

「老毛子來了！」

一九〇〇年，發生了庚子事件。中國的天眞農民們，喊着「燒洋樓」，「殺毛子」，「殺二毛子」（註一）的口號，開始反抗半個世紀以來統治、壓迫、剝削中國的「洋人」。八個國家的「洋人」，佩着「洋刀」，背着「洋槍」，拉着「洋砲」，駕着「洋船」，侵入黃海，殺上岸來，打入北京城，趕走西太后。這也就是人所熟知的義和團事變了。

當年八個國家中的「俄大鼻子」，一稱「老毛子」，便佔領了全部東三省——奉天、吉林、黑龍江。東清鐵道、南滿鐵道和京奉鐵道沿線，到處是「老毛子」，搶錢，搶糧，殺人，「開端」（註二）。大小城鎭中的市民，避難到鄉下去；「老毛子」也追到鄉下；於是市民和鄉民又跑到山上去，依險結寨，武裝自衛。有些山寨的反抗是成功的，打退了「毛子兵」，算是保住了生命、財產和名譽（不被强姦）；有些卻是失敗了，整個山寨和其中的人民便無倖免。「老毛子」殺人，不用槍斃，也不砍頭：他們把全寨青年以上的男女，擄下山來，剝光衣服，拖到樹林之內，先用「洋刀」砍斷小樹，距地留下三四尺長的樹幹，劈成三角尖，然後二三個「毛子兵」舉起一個中國人，「卡擦」一聲，便按到小樹幹上去了，於是這個不幸的中國人，從肛門到咽喉便被「搞通」了。你從高山上望下去，白亮亮一片一片，都是這樣的「人海」！牠們殘殺小孩子的方法，卻是羅馬式的，使中國的嬰兒們各個成了我主耶穌，活生生地被釘在牆上和樹上！對於女人，不論老少，一概是先姦後殺——照樣死在小樹椿上了！

先嚴墨林府君便是武裝反抗「老毛子」的一位戰士，但他並不是義和團的團員。這慘殺和反抗共計延續了四年之久，直到一九○四年日俄開戰，「老毛子」才倉皇逃走。

「老毛子」敗退之後的第二年，我看到了這被蹂躪的人間。嬰年好哭，哭起來便無休止。先祖母或家慈哄慰得不耐煩時，便喊道：

「不要哭了！『老毛子』來了！」

我的哭聲便會陡然而止。寫這文章的時候，家慈還告訴我說：「那眞是比念咒還靈驗呢。」中國其他地方，作母親的都唱着：「好寶寶！不要哭，不要嚷！狼來了！虎來了！」和這是異曲同工。

「舉首明」

民國五年，一九一六年，俄國列寧取得政權的前一年，我從先嚴讀着小學校。他在我家的門房中，開辦一所小學，校長教員一身自兼。校訓是他親筆所寫的「明恥教戰」四個大字。依照勸學所——即今日的縣教育局——的規定，學校必須懸掛萬國旗；但他不肯遵照規定，拒絕懸掛德、法、俄、英、奧、義、日等——即八國聯軍各國的國旗，尤其對於俄國的雙頭鷹旗和日本的太陽旗——這對於我是認得最早的兩面外國旗；而對於他，則是不共戴天的仇物。他却別出心裁，創造了一種他名爲「舉首明」的東西，仿照懸掛萬國旗的方式，掛在天花板下。「舉首明」用手工紙作成，尺碼大小與萬國旗相同。在五彩繽紛的花紙上，他寫着許多有關國恥的語句，今天還能記得的有「勿忘江東六十四屯之血」，「中東之戰乃東三省爲奴之始」，「鴉片戰爭爲列強瓜分中國的開始」等條，都與八國聯軍有關。他常說：「中國人必須愛中國，愛中國先須明國恥；你舉起頭（首）來一看，便明白國恥了：所以叫作『舉首明』……」這在中國，恐怕是很早的「標語」了罷？他所教的學生都穿着軍服，背着他自己設計而由木匠所製的木槍，教我們立定、稍息、射擊、衝鋒和前進。每天他都講演，大多是「舉首明」上的話頭。講後，招呼一個學生，他指定一條，由這位同學「回講」。講不圓滿的，輕則罰站，重則挨打。

「磨古劍，枕長戈！」

對於我，他除了四書之外，還加講黃眉故事、幼學瓊林、歷代名臣言行錄和綱鑑易知錄等書。他所講的書，我都得背誦，講的故事，也要「回講」，「臥薪嘗膽」、「渡江擊楫」、「貌瘦天下肥」……都須口講指畫，講得他認爲滿意乃止。他會寫過「夢遊新地」一本小說，敘述一位青年，手執「夷平劍」（平定夷狄的劍），締造了一個無人我、無貧富、無貴賤的新天地。這本遺著，雖經九一八、七七以來無量數劫，我始終帶在身邊，現在還藏在我的箱中。只是自從家嚴作古以來，我迄今也不敢展視。他會吟詩，也會作曲。今天我還能唱得出來：

「菊圃閒坐倚窗東，拂面動金風。花香陣陣郁復濃，巷杵送秋聲。菊凌霜，竹經冬，勁節示貞誠。慨夫國勢日消零，補救力無能。

「民風蔽塞幾心憂？儂獨爲人愁！仍是名利互爭求，恐皆作楚囚。置國事，競私謀，奸胆似星球。長城萬里始皇修，而今在也不？

「社會優劣在淘成，德風草自從。汰除怯懦鑄英雄，洗刷舊習風。知恥勇，盡義忠，羣合樂自生。純一宣導積極行，豈可待天公？

「百歲光陰瞬息過，引吭且高歌。中原無鹿海生波，×××××。磨古劍，枕長戈！國民大混合！東亞和平武裝多，×××××。」

不孝未能通讀父書，連這幾首歌曲（註三）也不能完全背誦了，眞是慚怍萬分！第二首是反對袁「皇帝」的，記得他說：「洪憲二字，洪是『水』淹『共』和，憲是『寶』『王』者有『四心』，老袁是快死的人了。」其餘自然都是愛國憂時的心聲。他經時引吭高歌，教我隨唱。他還寫過一本「忠經」，九一八他舉旗抗日，家鄉淪陷後，這本遺著竟被日軍燒掉了。

先嚴親自教我五年。正課之外，我好讀小說。最先讀的小說，記得是濟公傳，接下去是小八義、三國演義、水滸傳、封神演義和東周列國志（還有野叟曝言、鏡花緣、紅樓夢、隔簾花影和燕山外史等，後一種我差不多可以背通本）。我最喜歡小八義裡的「避髮冠」、封神演義裡哪吒的「隱身符」和土行孫打仗的方法，水滸傳裡的「宋江三打祝家莊」、「吳用火燒大名府」，以及東周列國志裡欒盈造反等故事。現在想來是，這幾部小說對於我後來（二十七年到三十六年）認識俄國和「共產黨」，頗多啓示，因爲這都是「隱體戰」。

註一：「二毛子」指當時信外國教者而言。當年凡信教的教民或教徒，都被外國神甫或牧師武裝起來，抵抗義和團，客觀上，這便是第五縱隊。中國人接受外國信仰，便受外國人領導而打中國人：這是毛逆叛國的道路。

註二：當時俄寇强姦的代名詞。俄寇强姦，用力過猛，必定窒息，故有此詞。

註三：據詞人臧哲先（啓芳）先生讀本書後見告：此係詞而非曲，名「阮郎歸」。

二　離經畔道

我的先師

「五四」這年，我升入錦縣縣立第二高等小學校讀書。對於這個愛國運動——文化運動，不幸被俄國人利用來作爲亡中國的運動（註一），當時實在是毫無所知。那時我所讀的書，除了作爲一個高等小學學生所應該學習的國文、英文、算術、手工、圖畫之外，便是史記菁華、古文觀止之類。我尤其愛讀我國的古文，能夠琅琅背誦的古文約有二三百篇。因之我的國文卷子，經李老師有翼先生囘囘放在上面。每週發還卷子，他必當衆朗誦一過，原爲鼓勵同學向我「看齊」；但却爲我增添了不少的麻煩，引起許多同學對我的嫉恨。

大約轉過了兩年，國文老師換上一位陸先生，把我的國文課卷，送給校長武心泉先生親自批改。武先生是一位

「秀才」，八股和策論作得滿好，又把我的課卷送到他的尊翁子彪（炳璋）先生的手去看。一天，心泉先生對我說：

「你跟老先生念書去吧。將來隨着高六級畢業。」

於是我拜子彪先生作太老師。

子彪先生雖是「增生」，但他的學生却有不少「舉人」和「進士」。他曾被東三省總督趙爾巽聘去教「莊館」，每年束脩紋銀五百兩。這些年他已古稀（但還能登臺唱大花臉），辭館回家，開着一家私館，只教授着三五位「開筆」的學生，並不濫收。子彪先生對於我的窗稿，往往改得一字不留。他出題目，不離論語、孟子，主張行文必須有「書卷氣」，這逼得我日夜熟背古書，以便用作典故。論到「文氣」，他尤其崇拜孟子，教我把「蘇批孟子」的每一行小字都須熟讀熟玩。

他有兩位至友，一位陸翰林，一位朱翰林（名顯庭，字子良）。陸翰林時已作古；朱翰林寫一手臺閣體好字，常到我們的私館來坐。朱武兩位先生都已七十開外，精神矍鑠，銀髯朱顏，穿着清朝的制服。子彪先生口中不離朱陸，向我們介紹朱陸兩翰林，說是「朱陸世家」，鼓勵我們研讀朱熹、陸九淵和王陽明的書，並把他自己所著的「理學擇要」講給我們讀。這書約有二三萬字，我們都得手抄並能背誦。於今只記得其中還有「明心見性說」一篇目次，全文早已忘光了。就今天的眼光看來，子彪先生可以說是朱陸綜合派，「道問學」和「尊德性」兩者並重。他尤其注重士學，「理學擇要」中所錄陽明語錄如「知是行之始，行是知之成」等等，頗為不少。

「書呆子」

在這家私館裏，讀了兩年書。我學會了作古文（和八股文），寫舊詩，作對聯，讀完並講完了四書、詩經、書經和禮記，圈點了朱子大全集、陸九淵集和王文成公全集，並胡亂地讀些「百子金丹」、「經餘必讀」之類，滿頭滿腦是「身心性命」之學，「內聖外王」之道，在夢寐中還研究什麼是「心」、「性」、「情」、「意」。民國十二年，子彪先生逝世，我曾遵照古禮『半父之喪』，「心喪三年」，留起很長的頭髮，被親友和同學們引爲笑料，大家把我叫作「書呆子」。

民國十一年的冬天我到奉天（今遼寧）省城去投考省立第一中學。榜發之後，我是備取第一名，應該進入補習科。校長白澈泉先生把我喊到他的轉椅前，叫着我的名字說：

「趙鴻楷！你的國文，我給你一百零兩分！英文是『賊嘍』，算術還是『賊嘍』，你知道不知道？」

我說：

「白老師！我是武子彪夫子的弟子，向來想作一個理學家。我考英文和算術的時候，絕對不會作賊——偸看人家的卷子，我絕對不作賊！」

他聽我道貌岸然地說了一番之後，便笑着說：

「哈！哈！你連『賊嘍』也不懂！『賊嘍』就是零分，誰說你是作賊的？」

隨後他向我盤問了一陣朱陸的理學，他很贊佩子彪先生，使我感到莫大的榮耀。他當時對教務長高子藩先生和國文老師劉作澄（廣徵）先生介紹我的父親和我的太老師，囑咐高劉兩位先生特別好好管教我。

「走近了唯物論」

但第二年卽民國十二年下半年，子彪先生作古了的一年，我對子彪先生傳授給我的心學，便發生疑問了。先是，我從商務印書館買到一巨冊叫作「新文化辭書」的書物，從頭讀到尾，使我懂得不少不少的新名詞。由這部辭書的啓示，我又看了幾種中學課本的心理學和生理學。在發憤閱讀心理學的時候，以爲它和我過去沉潛研究的心學一般都談到「心」，我想心理學大約是心學的一種；但讀完之後，我發現心理學上所講的「智」、「情」、「意」，較比朱陸王所講的「心」、「性」、「情」、「意」，科學得多，絕不嚕囌，也不恍惚，明明白白。及至我把心理學和生理學對比詳讀之後，我又明白了「智」、「情」、「意」都是腦的作用；而心學上所講的「心」，原只是循環系的一個器官，並無知覺，不像朱陸王講「心」，那樣神秘玄虛。

那幾年以來（用我後來所了解的名詞說），我原是一個「唯心論」者；至此我才知道我所「唯」之「心」並非形而上的「道」，實係形而下的「器」，於是我便自創了一個學說，寫成一篇論文，名為「腦性萬能論」（題目顯是套取康德的「人心能力論」——亦商務印本——而極力反對之），綜合心學、道學和理學，攝取其中我所能了解的身心性命諸說，而謂其均出諸腦的作用，並力主擯棄「心」字而不用，心學一詞不能成立，謂「心」只管血，並不管理；理在腦中，性在腦中，「智」、「情」、「意」也全在腦中；更沒有什麼「天命之謂性」的「天」，因之，我在同一論文裏也反對「上帝」、「鬼」、「神」和一切宗教。

當年的生理學，把神經系譯作「腦氣筋」。我在上面的論文裏既然如此地推重腦的作用，因之對於「腦氣筋」一詞中的「氣」字也很感興趣，拉來易經上的「陰陽二氣」、孟子的「養氣」、張橫渠的「變化氣質」等說，比附一番。朱陸王三家學說，一般說來是講二氣的妙用或良能，而孟子的所謂「浩然之氣」，更是「至大至剛」「充塞天地」。我對這些學說，再來一個綜合，寫成一篇「孟子養氣學說之研究」，謂腦中有「智」、「情」、「意」三種作用，相等於孔門所說的「知」、「仁」、「勇」：「知」、「智」也；「仁」、「情」也；「勇」、「意」也。三達德具備腦中，故「養氣」便是養腦：有健全的「腦氣筋」，便有智慧，有熱情，有意志，也便有了「知」、「仁」、「勇」。大知、大仁、大勇就是「浩然之氣」，可以充塞於天地之間云云。（同時我吃了不少瓶「艾羅補腦汁」。）

這兩篇論文都發表在民國十五年哈爾濱的晨光報上。今天想起來，就理路上說，當然幼稚得可笑；但在個人思想過程上，它們恰可代表我的變化：由玄學走近了科學，由唯心論走近了唯物論，由汎神論走近了無神論，由空虛走近了實在，由讖緯走近了「離經畔道」。不過，我對於子彪先生的道德、學問、文章卻始終崇拜和感念，認為他是東北歷史上的一位醇儒，為我平生唯一師長，值得呼為「老師」的。三十七年，曾囑呼縣文獻委員會將他的傳記列入縣志，紀念他所給予他的學生們的精神、修養和力量，使我們在極端動亂滑走的磧礫上豎立了軸心。

民國十二年，在東方雜誌上，我初次知道李寧（即列寧）其人，次年又在同一雜誌上看到他的遺像和追悼文字但那時他在我的思想中毫無位置，我更不懂得什麼叫「列寧主義」和什麼叫「唯物辯證法」。同樣，我也不懂得「五四」運動，連這個名詞也沒有聽人提過。

註一：見本文二十段批評「五四」處。

三 娜拉心理

心理上的壓迫

從民國十一年的春天到十四年的秋天，三年有半的時光，我在心理上感到巨大的壓迫，便是結婚和戀愛的衝突。十一年春，先嚴為我主持結婚。這宗婚事，下定在我八九歲的時候。原來我在書史上所最羨慕的模範夫人，是「紅袖添香」型的或「桴鼓作戰」型的；但我被娶來的太太卻不能適合這種標準。婚後，我照常回到子彪先生的私館，把全部精神寄託在讀書上，所謂婚姻幸福問題，已與此生絕緣了。次年春，升入第一中學，接觸大都市的生活，參加朋友們多次的婚禮，愈益覺得我的婚姻不合理想。十三年秋，我因腦病休學，回到家中，和太太相處的時間較長，在感情上我反對這種結合，在禮法上又不能不承認這是事實，心緒更為鬱結，漸漸害了一樁莫名其妙的病症：每天必須飲用十斤以上的茶水，否則便覺得口渴難忍。深秋以後，為了脫離匪亂（鄉下的土匪），兼之逃避現實，我到城裡「國文研究社」去念冬學。

「國文研究社」是李序倫先生開設的私館，他是一位史學家兼詩人。關於讀史和作詩，他給我若干的影響，我學習作賦，也得自李先生的指點，他教我研究昭明文選特別是司馬相如和揚雄。看到揚雄劇秦美新的歷史，我一開始就討厭他。對於司馬相如，早幾年我讀小說，就很欣賞他那一段羅曼史。到我讀了他的賦稿和史記上他的列傳之後，感到一位文人竟能「通西南夷」，「難蜀父老」，爲國家開疆拓土，較之蘇武、傅介子、張騫尤爲可佩。他晚年寂寞守陵，際遇也值得同情。但老死以後，武帝還能索求他的遺稿，也使人想到文人的可貴。於是十四年春天開始，我整理他的文集。從可能找到的總集和史記上，用蠅頭小字親自抄出他的全部詞章，逐句註明出典，寫了一篇近萬字的評傳。

一個羅曼史

這一研究，對於後來我的十年邊疆生活，固爲一大啓示；對於當年我的婚姻苦悶，也成爲一個尾閭。意外的是，爲了有關整理相如的文集，不知不覺地，我也獲得了一個羅曼史。這個羅曼史，更成爲我整理司馬相如文集的新動力，羅曼史達到高潮，司馬相如文集也告脫稿了。

羅曼史進行了三個月，我的精神負荷力幾乎崩潰了。我自己這方面，運用了全副的「學力」，守護着我倆之間的最後樊籬；但這强忍的味道頗難消受。家庭方面，先嚴在這事件開始不久，便有所察覺，他寫了大約幾十封手諭，用禮教、家法、社會習慣、法律問題……從事對我說服。先嚴不同意的事，我一向不做，這是我的「所學」；而我自己願意做的事，也竟不能做，當然也非我「所甘」。

出家的思想

這長期地極端抑制、衝擊、苦痛、憂悶的結果，一心一意想着走出家庭。但「你往何處去」（當年我所讀的俄國小說名）呢？記得當時想走的路有兩條：一條是「白鹿洞」，這是朱熹的書指示我的一條路，我査對許多本地理書，看過白鹿洞的照片，想到那裡去專心讀書，也便是「出家」；一條路是「黃埔島」，當時我每天讀報，十分嚮往廣東的革命。我也去革命能？我常常這樣想着，成則達到婚姻問題的解決，死了也是一番解脫，這便是「自殺」的心情。覺得非走這兩條路之一，我實在沒有方法反抗我的環境了。但這都需要一筆旅費，卻無處去籌。一段時間，我曾想到偸，向先嚴手上的戒子和太太箱中的首飾打過主意。不過馬上便自覺這是可恥的。在上年夏間，可愛的弟弟妹妹染疫同時死去，父母方在慟悼之中，我以獨子也萬萬不應掉頭自去。這一些難題攪得我身心交瘁。秋天，先嚴爲了解救我的苦難，賣出一片房塲，命我到北京去轉學。在我看，這也正是走近上述兩路的一個捷徑，便欣然同意。在一個星明人靜的午夜，我向伊人獻出三十首七言絕句，題爲「紫玉歌」，珍重握別，踏上西行的火車。

「娜拉心理」的昇華

二十多年以後的今天，我可以向倖存的故人們「坦白」了：這便是我當年的娜拉心理。以後我參加郭茂忱（松齡）將軍的反奉，加入中國國民黨在張作霖的虎口內作着地工，以至投筆從戎，出生入死，幾乎作了「共產黨」（註一），戳穿了說，從根柢上還是娜拉心理的表現。我們從歷史上看，許多學者的成功，是由各自的娜拉心理的昇華；從我所參加的革命史上看，娜拉心理也正是若干革命同志參加革命的眞正動機。我可以用不能統計的統計說給你聽，我有百名以上的門生和朋友，他們之所以陷入「共產黨」，大都是爲了婚姻問題：「共產黨」之所以在中國流行，主要造因於青年對於婚姻的不滿和對於異性的追求。「打倒封建主義」、「打倒宗法制度」、「打倒舊禮教」，以至「一杯水主義」，跳「秧歌」舞，僞「婚姻法」，「父子鬬爭」，「夫妻鬬爭」，……不過是娜拉走出家庭以前和走上社會之後一種潛意識的活動而已。娜拉心理一經結成，在本人心裏還有些「學力」的，便可另循正軌，走入研究學問，創造事功，或參加了國民革命；在本人心裏缺乏「學力」的，由自虐漸入他虐，走上歧途，毀了自己的家，再毀了人家的家（家以婚姻爲基礎），誰家婚姻圓滿，他便到誰家去「殺人」、「放火」、「淸算」、「鬬爭」，極其所至，是斷送了祖國，變成「共慘黨」了。

註一：本書凡遇「共產黨」及「中共」字樣，上下都加引號「」，係示表不承認。

四 「内我革命」

林黛玉的心理

到北京之後，憑着我所懂得的一些所謂「國粹」，經過單人考試，成爲陳煥章博士主辦的孔教大學的本科二年生，原意只在從林畏廬老人學習古文，這也可以說是幼讀儒書崇拜孔孟的一點餘波。但我的親友們一致反對我進這所大學，而且林先生已死，於是我改入弘達學院。功課很是清閑，我買了不少的「新書」，在太僕寺街公寓裡閉戶自修。「五四」以後刊出的重要名著，差不多都瀏覽一遍，我才知道早就有人喊出「打倒孔家店」（吳虞）和「把線裝書扔入毛厠三十年」（吳稚暉先生）的口號。在民國十四年，我看到「五四」，已是這個運動開始以後的六年或九年（倘從「新青年」出版算起）了。

那時盛行新詩，反對舊詩。我也改寫新詩，覺得舊詩格律太嚴，不如新詩的自由。同時檢討我的舊詩，大多寫於羅曼階段，集名也叫作「惜玉小唱」，鴛鴦蝴蝶的意味頗濃，留在眼前也正是傷心資料，便發作了「林黛玉焚稿斷癡情」的心理，把四五年來積下的五六百首舊詩一齊扔入火爐，痛快燒掉。——那時我的基本底子，若作小說家言，可以說是「才子型」的；但多年的孔孟教育又把我塑成「道學型」。因爲是「才子型」的，才寫出羅曼史；又因爲半路闖出「道學型」，使這羅曼史受了限制，兩者矛盾，發生娜拉心理，走向自虐。——「焚稿」便是自虐的一部分。

其後專心寫新詩。所寫的新詩裡有五首聯綴的散文詩，在趙惜夢先生主編的某一文藝刊物上發表。第一篇題爲「在悔的赤子」，第三篇題爲「看準了生命之路」，第五篇題爲「與自然接吻」。（二、四題已忘）。眞意是偶談戀愛，誤人誤己，頗爲後「悔」了；今後要走上「生命之路」，以研究哲學或參加革命，解脫自己；我既不能去吻我的愛人，便和「自然」去「接吻」，使我的愛擴大範圍。「願留此吻酬明月，報答金閨國士知」，原是「紫玉歌」中的一首，在發表五首散文詩的時候，便用「吻月」作爲筆名。原詩全用「比」體，就是西洋的所謂「象徵主義」，辭藻瑰麗瀟洒，詩意却頗爲隱晦幽渺，除了我自己，恐怕當年的惜夢先生也未必完全猜懂我的謎罷？

「看準了生命之路」

我的所謂「生命之路」——革命，也在這時開始。我因爲在北京投稿，認識了齊俠君先生，由他介紹，我又認識了趙昕初先生。另由石子壽（九齡）先生介紹，我認識了管滌之先生。齊、趙、管三位都是中國大學的學生。滌之送給我民智書局印行的三民主義和　總理手寫影印折頁本的建國大綱各一本，我都用心地讀了，而且記了不少筆記。（次年，張作霖入北京，我將這兩本書和其他有關黨義的書藏在大學公寓的雨窗之上，後來遺失。）昕初約我組織「新奉學會」（以革新奉天政治爲宗旨），編印「新奉天」半月刊，冬天一道參加郭茂忱（松齡）將軍的東北國民軍，我被派作「宣傳課長」。（至今我也不知道「課」之上的李處長叫作李什麼。）不久，郭將軍失敗殉難，我們的心情當然十分沉重。張作霖入京後，所有參加郭茂忱革命的東北人都被懸賞通緝，第一批一百零二人，那位李處長、昕初、滌之和「王道」（我）通統是「天榜有名」。滌之逃往廣東，昕初逃往哈爾濱，「王道」係筆名，不爲人所知，沒有錢也走不脫，只好潛伏在公寓裡，過着恐怖的生活。滌之行前，我請他吃小館並攝合影，題了四句詩：

「你去努力國民革命，
我來努力內我革命。
他年勝利握手，
大家互證夢境。」

隨後我寫了「內我革命宣言」這篇論文，油印了幾十份，送給朋友們看。一份寄給金小天先生，被他在盛京時報的副刊——「紫陌」上代爲刊載出來。

「內我革命」的意義

所謂「內我革命」的「內我」二字，實係我自創的名詞，即「內部的我」，實即是「心」。因爲我自讀了心理學和生理學之後，一向不主張用這「心」字表示一般哲學上的所謂「心」，乃創此詞，用以代替。（有時爲了修辭學的關係，在文章裏也偶用「心」字，但總是極力避免。）「內我革命」就是「心的革命」。原文第一段是緒論，記得大概是說，舊日的「內我」（「心」）從羅曼史結束之日便已死去了；新的「內我」現在宣告開始。根抵上的意思是，我既不能把我的「心」交給我的愛人，我將再找一位新愛人，這位新愛人便是宇宙和人群，把我的「心」擴大到愛人群愛宇宙上去。第二段是本論，共分六節：

一、「知幾」——我在子彪先生的私館讀書時，好讀周易。惟只講義理，不重象數。十四年夏，讀到胡適之先生的中國哲學史大綱，對於他很是欽佩。但對他在這書上所講的周易部分，未便苟同。周易講「幾」，胡先生用生物學解之；其實「幾」便是「動」，易稱：

「幾者，動之微，吉【凶】之先見者也。」（註一）

初動，微動便謂之「幾」，即「機」，原文已是自明的。周易另一卦辭中又說：

「臣弑其君，子弑其父，其所由來漸矣，非一朝一夕之故也。」

「漸」正是初動，微動，也正是講「幾」，這不單是心理學上的動機主義，也是法學上的動機說。識得第一朝第一夕的動，便是「知幾」。「知」道「幾」之爲吉（善），立即把握，「知」道「幾」之爲凶（惡），立地改正，便沒有臣子之禍了，故周易又說：

「知幾，其神乎？」

二、「養氣」——語出孟子。古今註孟，不下百家，對於「氣」如何「養」，全未抓着要領。我當時釋「氣」

爲「內我之力」（「心」之力）。「內我之力」，原本是「浩然」的，嬰兒無畏，「初生的牛犢不怕虎」，可以爲證。後來何以無力了呢？我以爲由於「內我」受了「外我」（不義之事）所擾，「人之生也直」（註二）變爲「生之久也枉」，「內我」失去「直」，便無力了。故孟子「養氣」的眞工夫只在一個「直」字，原文說得明白：

「以『直』養而無害，則塞於天地之間。」

可惜都被註者所忽略。這以「直」來「養」「氣」也就是「集義」。「義」是「直道」，行「直道」叫作「集義」。一切遵循「直道」，便可「養」得出「浩然之氣」，「至大至剛」。

孟子自道「養氣」工夫只在一個「直」字，由他所說的下列文句，也可爲證：

「自反而不縮，雖褐寬博，吾『亦』惴焉；自反而縮，雖千萬人，吾往矣。」（註三）

這裏的「縮」實與「竪」爲一音之轉，朱熹註：「縮、直也」，頗爲得解。蓋「縮」古與「衡」爲對文，禮：「古者，冠縮縫；今者，衡縫。」「衡」卽「橫」，「縮」卽「竪」。

三、「重物」——誼出於管子和孟子，上推可至於洪範和周禮。管子講「倉廩實而知禮節，衣食足而知榮辱」，孟子講「民無恒產，便無恒心」，所以他主張井田。這一套「重物」思想，最晚亦起於「利用厚生」學說的結成時代，眞是大經大法，後來小儒，完全不懂。古今聖君之所以聖，賢相之所以賢，全看他是否「重物」。如果以「內聖」之道，用在「外王」上面，卽空談仁義而不解決物質問題，不會成爲聖君賢相的（註四）。

四、「盡人」——義出於鄭僑。便是盡人事，反天命，無神論，事功論。

五、「負責」——孔子之「忠」。

六、「原諒」——孔子「恕」。

第三段是結論。這篇論文寫在二十七年前，勝利復員後，曾遍查瀋陽各圖書館所存盛京時報，都被俄帝和毛逆抄燬了。此處只能追憶大意，無從詳說。今天看來「知幾」是我早年的人生哲學，要把握善「幾」，向前發展；「養氣」是我的人生哲學，「直道而行」，不顧一切；「重物」是政治哲學，反對小儒的空談，掌握經世的要樞；「盡人」是行政哲學，盡力作事，「天命不足畏」（王荆公語），這是所謂「外王」工夫；「負責」係對事而言；「原諒」則係對人而言。

青年所以中病

當年我以「動」釋「幾」，很和後來我了解的「唯物辯證法」上所謂「變動的原理」相偶似。那時還沒有關於「唯物辯證法」的譯著。記得我在民國十六年以後，才讀到恩格斯、德波林等書的譯本，讀黑格爾譯本更遠在這以後，我一度喜好「唯物辯證法」，殆因我早年便講「知幾」之所致。我在這論文裡說到「重物」，今天看來，正是立在「唯物論」的立場上講「外王」。那時，「唯物論」的書物雖是有的，例如本文第二段裡所提到的「新文化辭書」便是一例；但講「唯物史觀」的東西却寥若晨星，似乎只有李守常（大釗）談過這種學說，老實說他也沒有談出所以然來。我實是由中國的古典上找出這一思想來的。据我十多年來的經驗，一些學者和知識青年所以受了俄國人的宣傳而加入「共產黨」以致作了赤色第五縱隊，不自知不自覺地成爲俄國的特務，殆是和我一樣，由於讀過中國古典而來。中國古典裡便有類似「唯物論」、「唯物史觀」、「唯物辯證法」的東西。讀過中國古典，再讀這些俄國宣傳品，便相信俄國宣傳品全是眞理了；漸漸成爲「共產黨」。我覺得，中國古典裡有這些東西，屬於思想史的範疇；若你認爲「古已有之」，便信了俄國的宣傳而甘作「共產黨」，這已陷入陰謀的泥淖，試看日閥陰謀在我國製造太陽牌第五縱隊時，不也是利用「古已有之」的「王道主義」麼？你若信了日閥的「王道主義」，便會成爲「協和會」的「會員」卽漢奸了。

這篇論文，副題是「紀念一位友人」，實卽紀念我的羅曼史。從此我「離開象牙之塔」，「走上十字街頭」（廚川白村兩部論文集名）。可惜「十字街頭」上有了歧路。

註一：「凶」字係胡先生所補正，頗妥。

註二：自喻語。

註三：今本孟子原文「自反而不縮，雖褐寬博，吾『不』惴焉。自反而縮，雖千萬人，吾往矣。」「不」係「亦」字之誤。
註四：「重物」與「唯物」不同：前者重視物質，但不否定精神；後者否定精神，唯重物質。

五　囫圇吞棗

為什麼反對張作霖？

三、四兩段所說，是我十五年春參加革命的心理和思想的動機。現在要談一談政治的動機了。我生長在殷實的農村中，先嚴從先祖考手中承繼的不動產，照當時情形估計，可值銀元五萬元。一家生活堪稱舒裕。但從我記事以來，奉天（即遼寧）便由張作霖統治着，他的部隊先是二十七、二十八兩個師，兩次直、奉戰爭，擴充到二十餘萬，弄得「奉票」膨脹，捐稅紛繁。尤其軍紀敗壞，「打粳不，罵白麵」，强佔民房，糟蹋器物。只要我們的家一住軍隊，我們便日夜不得安寧了。十四年冬，郭茂忱將軍反奉，我毅然從軍，只為了反對奉軍的不法，希望奉天能有較好的政治。這期間我從本黨有關書報裡，讀到許多打倒軍閥的道理，指明軍閥是封建勢力，當時的名詞是「反封」，因之我了解，軍閥如果不打倒，中國不能得救。同時，本黨的宣傳文件內，又提示出軍閥和帝國主義是不可分的一體，軍閥作亂，背後都由帝國主義者策動着，反對軍閥便是反對帝國主義。使我想到幼年所受先嚴的教育（見本文一段）也是反對列強的教育，也可以說是「反帝」的教育，因之我由痛恨軍閥聯帶也痛恨帝國主義，深感本黨所提「打倒封建軍閥」、「打倒帝國主義」口號的正確。尤其我親自看到郭茂忱將軍的兵敗身死，確是由於日本帝國主義的干涉，更感到此仇的必報。——在這對內「打倒封建軍閥」，對外「打倒帝國主義」的政治號召下，我於參加反奉失敗之後，便由管濉之先生介紹入黨了。

俄特的陰謀

入黨這天是民國十五年三月十二日 總理逝世二週年紀念日，地點在北京太和殿。我參加行禮後，用「王道」的署名填寫申請書。何以要用「王道」二字呢？這兩字見於民族主義第一講，便是我幼年所學的「內聖外王」的「王道」，它是孔門思想的正統，我很喜歡這一思想。而且當年入黨，流行用「黨名」，我也未能免俗。還有，便是「王道」兩字當時已薄有文名，我寫的文章大概用這兩字署名。大約兩個星期之後，我收到一張「臨時登記證」，編入第十一區黨部，隸屬於翠花胡同的北京黨部。區黨部之下的區分部裡共有六位同志，今天只記得一位綽號叫作「張胖子」，還有一位後來作過省委兼廳長的某某都是「共產黨」（當然是我後來才知道的）。每隔十餘天，區分部在極嚴肅極秘密的氣氛下開會一次，毫無儀式，只由「張胖子」或上級指導同志作時事報告，大致都是廣東革命的消息，或講演主義和政策，約需時二三十分鐘。接着便傳閱油印或手寫的文件。下半年，由一位留有小鬍的同志來教授俄文，小組開會的時間延長為兩小時。在區分部中，我們詳細讀過三民主義、建國大綱、建國方略、孫文學說和代表大會宣言；但除了這幾種書物之外，却是「嚮導週報」、「政治通訊」、「共產主義宣言」（馬克斯）、「社會學十二講」（惲代英）、「社會進化史」（蔡和森）之類。我開始知道本黨之內還「容」着一個「中國共產黨」，並由三二年來我所崇拜的陳獨秀作「總書記」。我們常常由「張胖子」領導，到北大或法大去聽陳啓修、顧孟餘的講演，看到講堂裡擠滿了聽衆，又想到這些聽衆都是本黨的同志，使人對於革命的前途確實感到興奮。在這講演會裡或秘密會裡，都強調「打倒帝國主義」和「打倒封建軍閥」；此外便是「聯俄」、「容共」的理論。如今記得「張胖子」說：「 總理遺囑告訴我們：『聯合世界上以平等待我之民族』，這個民族，便是俄國。 總理又說：『俄國的革命是為全球打不平的，也是中國革命的新希望』。俄國不是帝國主義的國家，因為根據『列寧主義』，『帝國主義是資本主義的最高階段』，而俄國是反對資本主義的『共產主義』國家。俄國實行『共產主義』，目的在救全世界；中國實行三民主義，目的在救全中國。中國國民黨是一國的黨；『中國共產黨』是世界的『黨』，世界的『黨』大於中國的黨，所以『中國共產黨』才奉『國際共產黨』的命令，參加中國的革命。在中國國民黨說，這便叫做『容共』；在『中國共產黨』說，是和中國國民黨『聯合革命』……」云云。總之，十幾年之後我悟出「張胖手」的企圖，在於把區分部的中國國民黨同志，訓練成爲「中國共產黨」的「黨員」。他並且特別鼓勵我們學習俄文，說是公費送到俄國去留學，大家對於這一點尤其感有希望和興趣（註一）。那時我的英文已學完納氏文法第四冊，沙氏樂府本事（商務本）通能背誦，並已修完商務英文函授的高級班，對照字典，勉強可以讀「資本論」了。但也在努力學習俄文，夢想着到「革命的」俄國走上一番，也許她不是我的父親對我所說的樣子，而要刮目相看了。

我成了「半共產黨」

我的入黨，本是秘密的；但不久便被我的表兄王濟時先生查出了。他那時正讀法政大學，一心一意想着做官，極力反對我從事革命，幾次寫信給先嚴，要求辭去監護的責任。先嚴一面請他繼續招呼我，一面却是同意我的行動。王先生於是爲我築起一道「鐵幕」：開罪我的同志們，使他們不能和我來往，並發動國民黨老黨員向我包圍，要我不可再去翠花胡同。記得一位在中國大學讀書的某先生，曾經善意地警告我說：「翠花黨部表面上掛着的是本黨的招牌，骨子裡是由『共產黨』李大釗主持的。」我和他說：「我不反對『共產』，『共產』正是孔子的大同，『共產』世界也正是列子的華胥國。而且陳獨秀文存，李大釗在新青年上所寫的文章，我也看過，禮教應當反對，德先生和賽先生也正是中國的益友。何況陳李正在南方革命？我們不應該反對『共產黨』和『共產主義』，總理不也在說『民生主義就是共產主義』麼？……」

後來張作霖的勢力突然深入京津，西北軍退回西北，翠花胡同也已鳳去樓空。張入北京後，我便改名「天則」，照舊念着弘達學院，除了上英文、代數、幾何之外，白天便關在公寓裡讀「資本論」（還有工團主義的書），寫文章，夜間去俄文法專主辦的夜校去讀俄文。直到十六年暑期我進入大學，「資本論」第一卷業已讀完，而且試譯了一部分。漢譯的「唯物史觀」一類書籍（多由日文重譯），已被我讀光。俄語已能作簡短的演說。在思想上，我已成了「半共產黨」。

註一：當年僞「共產黨」滲透本黨，藉區分部把本黨同志訓練成爲僞「共產黨」，所用「理論」大都與此相類。我後來詢問過許多各省同志，均有這種經驗。足徵他們是有一貫計劃。

六 「打罵哲學」

我為什麼叫尺子？

張作霖佔據北京僭稱「大元帥」之後，本黨已經潛入地下。我在學院裡改名「天則」，在文章上署名「赤子」，賣文讀書，不敢出門。「赤子」爲今名尺子的來源，第一次用這兩字始於民國十四年，那年我正好是二十歲，根據孟子「大人不失其赤子之心」這句話，在我的生辰那一天寫的一篇東西上，署着這一筆名，但只用一二次，仍多用「王道」。其後的兩年中，受了區分部的訓練，思想上染了「赤化」，覺得赤色是血色，赤俄値得崇拜，尤其在「三一八」慘案發生後，大有「踏着先烈血蹟前進」的情懷。張作霖到來以後，北京政局更形反動，我認爲這很像尼古拉時代的俄國，需要有「火花」，向這時代燃燒一番，便用起「赤子」兩字。當「大元帥」就職時，北京的大小報紙都刊出紅報，只有龔德柏先生主持而由張友彝（綽號「張痲皮」）主編的大同晚報，不但不肯出紅報，而且稽口機器臨時故障，出了「白報」（一版），沒有新聞，只有副刊。副刊版（二版）主要的文章，由我執筆，題目是「論非法出精」，署名便是「赤子」，象徵着地說：「大元帥」的就職，只是「非法出精」，而把孫傳芳、張宗昌、褚玉璞所謂「五帥」之類比作五個指頭。上版之後，我們便都離開報館，我到東城去「避風」。但不出幾天，「張痲皮」畢竟因此被捕了。這篇文章，被當年北京的新聞同業傳誦一時，這張報紙也一直被我保留到民國二十六年歸綏淪陷，給日閥燒掉了。另外還寫了不少文字，哀悼李大釗的被絞，反對奉閥的暴行，及日閥的侵略（如今有些保存在我的第一部雜文集「咒」中）。張作霖「討赤」越喊得震天價響，「赤子」的文章越多。雖然隱晦得很；但言中有物，都是反奉擁革的。在當時，不管是本黨的國革或「共產黨」的「共革」，在我的筆下，只要革命都是好的。

盧布的作用

那時，我找不着黨，而黨也不找我。反之，一班後來被證明是「共產黨」的人，如王海漫、「張麻皮」（現在「北京」任僞「文教部」副「部長」）之輩，和我的來往却很頻繁。王海漫和他的太太王雲漫及公子紫薇郎找我是要錢（當時我每月稿費約有三十元，先嚴按月滙來二三十元），「張麻皮」找我是要稿，他們都鼓勵我進一步「赤化」，尤其王海漫，要求我加入「共產黨」便不下十次；但我並沒有答應，我的理由很簡單：我已是國民黨員，連你們「共產黨」都「容」在國民黨之內，我何必再進「共產黨」？他們也沒話可說。十六年，我在大同晚報上主編一個週刊，名曰：「稚暉」，王海漫因爲我的介紹，也主編一個「綠葉」。他告訴我：「花是紅的，葉是綠的」。他在上面專登所謂「普羅文學」，我曾和他開玩笑，說：「你這那裡是普羅文學？我看只是蘿蔔文學。」因爲他和雲漫以甥姨同居，是我心裏最不贊成的一點，而他們生活浪漫，每月由東交民巷俄國使館領來的「蘿蔔」（盧布），都用在狂吃濫喝上。當時我認爲俄國的盧布是接濟「革命同志」的，不該胡花。記得當年我曾口頭上罵過俄國人，我覺得他們的盧布應當給我，我會用在「革命」上的，絕不致像王海漫。現在想來，眞是太天眞了。──十二年之後的民國二十七年我才懂得，俄國盧布是收買俄特的，王海漫、「張麻皮」不過是俄國的「宣傳間諜」而已。

北伐前後的思路

署名「赤子」的文章，以在大同晚報上登載的爲最多。此外，周作人主編的「語絲」，孫伏園主編的「京副」、徐志摩主編的「晨副」，趙昕初主編的「江邊」，蘇祇園（註一）主編的「商報」，金小天主編的「紫陌」，也各有幾篇。就文體說，有論文，有散文，中心意識都是「反帝」和「反封」。就歷史的見地，由今天看起來，這自然是「五四」以後，中國人心中的要求；但却由俄國的理論來指導，風靡一世，燃燒着當日青年的心。──我的心譯，不會結集。三十五年多，復員到了北平，曾經多方設法蒐羅，但一篇也未能找到。目下保存着的僅是「稚暉週刊」上的一部分文章，約六七萬字，和「自己月刊」上的全部文章，約七八萬字，是朋友們在九一八前代爲抄存的，前者名爲「兕」，後者名爲「打罵哲學」。

從「兕」和「打罵哲學」這兩個拙集中，可以看出我從民國十五年到十八年——北伐前後的思路。「兕」裡共收文章三十九篇，批評的概念對象是藝術、文學、考古和國粹；批評的人物對象係劉復、魯迅、林風眠、劉海粟、周作人、梁啓超、章太炎、釋太虛、章士釗、徐志摩、段祺瑞、張競生、梁漱溟、郁達夫、江亢虎、章衣萍（見「廢人表」），以及康有爲、袁寒雲、瞿菊農等人。「打罵哲學」中共有文章十三篇，批評的概念對象，由藝術、文學、考古和國粹，擴大到貴族階級、洋八股、學者、名流、政客、軍閥、帝國主義、國家主義、民族主義、個人主義、唯美主義、唯心主義、東方文明、精神文化、封建思想、宗法制度、宗教、禮教、古文、作詩、填詞、習碑、作畫以及文學革命、農業立國等（見「自己的態度」）。主張物質文明、科學文化、唯物主義、勞動人生、機械生活、水平享樂和民衆外交。這些文章以「唯物論」爲觀點，「兕」與「打罵」云云，實指「鬪爭」。現存有致周鯨文函稱：

「我係一篤信唯物主義的人，無論是哲學上的唯物論，抑是經濟學上的唯物史觀，這都是我的經典：所以我的全部思想，完全受唯物論的支配。」（「兕」：「給周綖魯的信」）

「我反對藝術（文學在內），因爲她們是貴族資本階級御用的裝飾品和玩物，是迷惑、壓迫下層階級的法寶。我極反對資本家、國粹家、哲學家（唯心論者）、大地主、少爺、紈袴、小姐、太太、藝術家、文學家、考古家以及一切貴族階級（無論社會方面的或思想方面的）。我給予此類階級以一綽號：頹廢階級。此類階級是唯心主義、精神文明的親兒子。此階級不除，則階級鬪爭，永無止日。」（同上）

在俄國的「唯物主義」和「階級鬪爭」的滲透宣傳，以及應聲蟲陳獨秀、瞿秋白、惲代英、蔡和森推波助瀾之下，我主編的這一個週刊（「稚暉」）和這一個月刊（「自己」），也在不知不覺地搖旗吶喊。尤其「稚暉週刊」，因爲附王風行北京的大同晚報上出版，而且用吳先生的名字作刊名，影響自然很大。就是「自己月刊」，一個個人刊物，只出十二兩號（十八年十二月），每號一千冊，也立卽出售一空。「稚暉週刊」提出「焚坑政策」（受他「把線裝書扔入毛厠三十年」的影響），主張「焚書坑儒」；「自己月刊」繼續主張「毀滅古物」，正是今天大陸上秧歌青年的心理。而當年像我這樣的青年，眞是滿坑滿谷，現在都在大陸上當權了。

一心一意學俄文

這一陣中風狂走，爲時大約三年，自然而然地便要走向俄國的圈套。十六年夏，我在弘達學院畢業後，一心一意學俄文，先考入俄文法專，又考入京師大學法學院俄文系。但教育總長兼京師大學校長的劉哲（今監察院副院長劉敬輿先生），裁撤了這兩個院系，他的理由是「學習俄文，便要赤化」。今天想來，他想得對了，但在當年，他就誤了我的升學，眞是恨他透頂。時大學考試均已完畢，於是我在朝陽大學第二次補行招生時，應考錄取，因朝大以日語爲爲第二外國語，又和日本交換學生，我想留俄不成，不妨留日，由日文裡也可以讀到俄國書的譯本。

朝大是個好學校，我却不是好學生：沒有好好念講義，鎭日價關在公寓裡讀着馬克斯、列寧、波格達諾夫、山杉榮……的書。對照着英日兩種譯本（時無漢文譯本），我竟把三大卷的「資本論」讀了兩遍，加上先由英文本讀過的第一卷，已是三遍。一方參加本黨的革命工作（十七年春天起），北京學生在張作霖的「天下」從事「五三運動」（反對日本出兵濟南）是由朝大發動的；而朝大的運動中心是我所隸屬的區分部。那時我在北京學聯和朝大同學方面，薄有虛聲，兼之又是東北人，遂被區分部「擁護」作爲反日反奉的偶象，在軍閥的絞刑臺前跳舞。當北伐軍超過濟南北上的時候，我正主編「稚暉週刊」，在大同晚報和奉軍冷戰。記得當時北京流行着中山錶，兩元一隻，上面有總理遺像。我曾造一謠言，作爲新聞登出，說是在西直門抓到南軍偵探，所帶暗號是中山錶云云。直累得奉軍到處逮捕佩帶中山錶的人，着實製造了一個恐怖，爲奉軍失去了不少的人心。

替俄帝辯論

朝大有一個「讀書會」，由我主辦，也是革命工作之一。請過許多學者作公開講演，馮友蘭講過「辯證法」，劉彥講過中俄外交史，陳筑山講過「哲學之故鄉」（希臘哲學史）。劉先生講中俄外交時，我和他發生過激烈的辯論，主要論點就是蘇俄是否帝國主義問題。劉先生遠在民國十七年講述這個問題時，已經推斷蘇俄將來必會成爲帝國主義。我却認爲「舊俄是帝國主義，從尼布楚條約以來一直侵略我國，這是歷史的舊帳；但自新俄革命成功以後，宣言放棄舊俄取自中國的一切特權，便不再是帝國主義了。而且『帝國主義，係資本主義的最高階段』（列寧的定義），蘇俄既非資本主義，又係共產主義，當然不會成爲帝國主義。」劉先生說：「現在我怎樣說，你也不服；你將來一定會明白的。」這一「將來」，竟有十年（參看十四段）。

註一：蘇祇園，名止元，別署赤魂。十八年我才曉得他是「共產黨」。俄帝在我東北九省製造的僞「共產黨」，稱爲「聯共」，直隸於「滿洲局」，與僞「中共」無關。他在九一八後已被選爲「第三國際候補委員」。

七　開始轉變

我的「認識」

北伐軍底定了北平（即北京），首次在天安門召開民衆大會，演說者預定有　蔣總司令、第二集團軍總司令馮玉祥、第三集團軍總司令閻錫山、第四集團軍總司令李宗仁等，但都未到；只出席了吳稚暉、羅家倫諸位先生。羅先生手指着東交民巷，咬牙切齒，高呼打倒帝國主義。吳先生講演「你不好，打倒你，我來做」，說這是革命定義，講時妙趣橫生。那一天，我所屬的區黨部的同志，都奉命站在前排，對群衆保持着警戒，據說是防備有「共產黨」出來搗亂會場。這任務，我是接受了；這任務的意義，當時我却不能同意，我認為「革命的共產黨」，怎會破壞革命的民衆大會？又有一次民衆大會，我趕去參加。正走在途中，看到許多洋車夫蠭湧狂呼，搗毀電車，片刻之間，四城各路電車，全被打得體無完膚，不能開駛。第二天報載：這是「共產黨」暴動，大會主席「張胖子」，是十五年區分部裡的負責人，被下令通緝，一說他是「共產黨」，一說他是「反帝大同盟」；我認為這是中傷。隨後，我看到西山會議派反共的小冊子、寧漢清黨的文件，以及「共產黨」的許多反對本黨的書刊；我開始痛心疾首，認為這是「自相殘殺」。尤其對蘇絕交；我認為這是違反了 總理的遺教，使國際外交陷於孤立，無異「革命的自殺」。不久，北平市黨部舉行總登記，用考試的方法，甄別同志，我看到好多北洋軍閥的子弟，反對「五三運動」的小官僚，以及追踪逮捕革命黨的警察，都去參加考試，而過去和我同工的工友，因為不識字而無法作答，不能取得黨籍；我認為這是「胡鬧」。我拒絕前往考試。次年，奉天軍閥也掛起青天白日旗，冒充革命，張學良專車入京；而像我這樣一個始終反奉的黨員——幾乎被捕去殺頭的同志，對這事寫出抗議的文章，竟沒人刊載。十八年秋，東北軍又和蘇俄打起仗來，這比對蘇絕交，給我的懷疑尤大；我認為應該抗日，抗英……因為這都是帝國主義的國家，怎會抗起俄來？——上面這許多「認為」，確是當年的重要認識。和我同一認識的青年同志，也眞是不少。這種認識，後來才悟出是以俄國的理論和俄國利益為出發點的。

加入改組會

十七年下半年到十八年春，我對於革命，完全陷入悲觀的境地了，回到自己的書齋，從三民半月刊（三集團軍出資所辦的刊物）等刊物上寫稿，每月可以換回稿費五十元，由這五十元中，提出二十元，創刊了上面所說的「自己月刊」，專刊自作而沒有人肯登的文章。此外三十元，從十七年冬天起，供給一位朋友，請他上大學去旁聽並代我點卯。我到考試之前，才通閱一月或半年的講義一遍，自行下場。僥倖並未名落孫山；反之，每次考試都保持着「老二」。——「老大」是曹貫一（鴻儒）先生，「老三」是師豫川（連舫）先生，從升入大學直到我轉學日本，始終由我們三位佔據着前茅，一次也沒有顚倒過。曹先生後由大學保送留德，大陸淪陷前在浙大任教授，師先生已來臺灣，係立法委員。我當時的思想，和曹先生是一路，我們都立志用「唯物史觀」寫中國社會史。

民國十八年，中國國民黨改組同志會成立，通稱爲改組派。我加入這個團體，在 總理奉安以後，由趙昕初先生介紹。先是，我看到淸黨，考黨員，官僚作風……心中滿不舒服。十八年春，東北成立了軍閥官僚的黨部，張學良也自作了主委，這眞令人不能容忍了。當時黨內出現了「左派」「右派」（註一）的分野，一些人都認爲「右派」是沒有希望的了，而「左派」則是革命的。陳公博所寫的「中國國民黨代表的是什麽？」說本黨應該作爲農工小資產階級的代表，民意週刊則强調爭取民主，新生命月刊上所載的中國社會本質的文章，革命評論上討論中國革命問題的文章，都用「物觀」寫成，「物觀」卽「唯物史觀」的縮寫，這是我當年迷信爲最科學最正確的經濟方法論。因爲這些文章，是用「唯物史觀」寫出，所以我全表同意。但在思想上，這些文章，却把我從馬克斯列寧的幻鏡中拉出來，放到改組會的祭壇上了。我認爲有了改組會來代表農工，便不必再要「共產黨」。所以，當趙先生由東京來函徵我同意，我立卽覆函加入。

我為什麼沒有作了「共產黨」？

這時我繼續請人在大學替我應點，是爲了自己到河南去教書。我去的學校稱爲第二師範，校址在淮陽。好友闞西曙先生原在該校教書，替我代售過一期「自己月刊」（二十冊）。校長姜荔靑和一部分看過月刊的學生，託他邀我去教社會科學，我倆便於十八年春季開學前到達了學校。

這半年中，城外是僞「紅軍」（「紅二十七軍」？）陸老九，時常攻城；城內的學生大多數是「共產黨」或「同路人」，在精神上作着內應。校長和縣黨部書記長（名已忘）對於學生毫無辦法。一些教員，甚至收買學生，求作城陷後的先容。我所教的課是三民主義、中國文化史和社會學。從二月開學，便公開講演三民主義。凡[illegible]校、會或紀念週及教育界集會，都有我的講演。我的國民黨黨員的立場是毫不能掩飾的，如果陸老九攻進城來，我當然絕對不能倖免。我只有在理論上說服我的學生，使他們信仰三民主義，通曉中國文化，獻身國民革命，不要相信「共產黨」，談「世界革命」；並親自率領學生擔任淮陽城西北角的城防，使他們不得不成為陸老九的敵人。但當時我的確沒有理論反對城外的陸老九，因為他所主張的「土地革命」正是一般窮苦學生所歡迎的（他們認為平均地權太慢），而「打土豪」是太痛快了）；陸老九的政工人員所作的時事分析，也正是我當年所大部同意的。

不過，在幾個月之後，我竟爭取了大部「左傾」學生的信仰，約有八十餘人秘密加入了改組同志會（全校學生共有六百人）。這道理也很簡單，便是我所講的改組會的理論，使「左傾」學生變為中立的學生，以及我的苦幹感召了學生。——從歷史的角度看，改組會貽誤了國民革命，這是可以蓋棺論定的，（其後，改組會首領竟至墮落為漢奸，更為悲慘）；但它的一套「農工小資產階級民主主義」，確也從俄帝手中救出不少青年，未被赤流捲去，這也應是平情之論。我在十八年沒有作了「共產黨」，便與加入改組同志會有絕對的關係。

打倒「家庭主義」

我當年沒有加入「共產黨」，而且把許多青年拉出「共產黨」，是一回事；但我的思想還是「唯物論」。這一年，除了編印約二十萬字的講義外，還寫了十幾萬字的文章，現在存在手中的有「中國社會病的總源」一書約八萬字，及「國學論」約一萬五千字（收入「打罵哲學」中），都是十八年的作品。「中國社會病的總源」是研究我國的家庭制度的書，我找出一百多種社會病，如軍閥、官僚、土豪、劣紳、土匪（註二）、流氓、黨的腐化、軍的惡化及封建思想、宗法觀念、不愛國思想、不當兵思想、貪污的流行、儒教的復活、迷信的勢力……指明這都出於一個總源——中國的家庭制度及「家庭主義」。原書第十一章說：

「約之，我國社會的種種病態，大體上都是由於家庭為社會單位，才蔓延而出的。因此我們可以說：家庭是中國社會病的總源。」

跟在這個結論之後，必然有兩個辦法：一是大陸上秧歌孽種現用的辦法——偽「土改」和「毀滅家庭」；一是我的辦法。十八年五六月，寫過一文，載於二師校刊，早已不能找到，頃在「國學論」中找出一部分，記得確與當時所擬解決中國問題的辦法相同：

「第一、趕快完成　總理實業計劃。」

「第二、趕快促進經濟關係及其組織的民生主義化……」（見雜文集「打罵哲學」）。

我認爲只有改變了中國家庭制度的經濟基礎，實行民生主義，才能打倒了中國的「家庭主義」，打倒了「家庭主義」，才能救治一切的社會病。

我所編的三民主義講義，第二講題爲「國民革命與中國國民黨」，主張本黨應是農工的代表，連小資產階級都擯諸黨外，這是比陳公博還「左」的理論，當時最爲學生所擁護。約在四月，我的言論和領導的「改組分會」被縣黨部書記長査覺，懷疑我是「共產黨」，報到開封的省黨部去了。鄧飛黃當時任省黨部委員，派員秘密前往調査，在一個班上化裝學生聽課半日，校當局和我全不知道。下半天他忽地跑到我的宿舍，熱烈地和我握手，稱許我爲改組會最能幹的同志，大家談得很投緣，我的「分會」被改爲「支會」，由他携去全部名單，報告給鄧飛黃。後，鄧有函來，予以「嘉獎」。這是下一年鄧電邀我參加擴大會議的張本。

註一：「左派」「右派」是當年俄特分化本黨所造的名詞。我大約到二十七年以後，方懂得其中的奧秘。

註二：那時已有剿匪一詞，中央軍岳維峻進駐河南東南部打陸老九，便號稱剿匪。當年我心裡不以剿匪爲然：我認爲朱毛是「共產黨」，是幹「共產革命」的，爲什麼呼之爲匪呢？我在那本「中國社會病的總源」書裡，把土匪當作社會問題來研究，表示我是不討厭土匪的。在我的經驗中，十八年到三十八年，類似我的這套觀點，極爲流行，爲大陸淪陷的基本原因。中國知識份子有一特點，便是同情土匪，所以後來越喊剿匪，而通匪濟匪者越多。我想如果我們不說剿匪，而說討逆或鋤奸，也許不會致此。現在留在大陸的知識份子，我想一定頗爲悔悟了。

八　脫穎欲出

我不曾眞心反共

民國十八年的初夏，由於國民革命軍岳維峻部的北上討馮，僞「紅軍」陸老九對於淮陽的攻勢，便告撤退了。我的三民主義等課，佔用了不少英文理化的時間，在暑假前也準時結束。放假的當日，改組會會員和學生護衛着我和蘭西疇先生，離開風聲鶴唳的淮陽，採取「避實走虛」的方式，繞道五六天，北上到達了開封。在旅行途上，我引用陸老九所製造的殺人恐怖，對照歷史上的黃巢李闖，每晚集合學生們講書二三小時，結論是「不仁而得天下者，未之有也」一句老道理，提示他們仍要絡續走在國民革命的正路上，爲革命而發光火的同學，要能忍耐，因貧苦而感困難的同學，也要能冷靜，國民革命終會成功，「放火」「殺人」不是辦法。看到學生們對於我的敬愛和日夜警戒守衛的勤愼，在這「子畏於匡」的歷史故地，別有一番體會。每過一處有學生家庭的鄉村，學生的家長和親友們必來歡迎歡送，備酒備飯，不怕「絕糧」。因此我相信，這半年前原是「共產黨」或可能成爲「共產黨」的學生，今後一定不會再作「共產黨」了。抵開封後，大部份學生已由沿途分散回家，只剩了二十多名開封、中牟、陳留的當地學生，我請他們痛快地吃了一頓冰，然後依依道別。我便返回北平。直到六七年以後，還在西北遇到當年的學生，他們都已大學畢業，大致認爲我在淮陽的半年講課，把河南東南部的若干青年，從滾滾的紅流中挽救出來了。但當年我的心中確實感到慚愧，我並不會出自眞心地反共，或者可以說，如果陸老九不殺我，我也不反對陸老九，只是因爲自己乃國民黨員，爲了怕殺，才號召反共，保護自己而已。

「從根上挖倒中國社會」

暑假後參加補考，承教務長夏敬民（勤）先生的善意培植，爲我辦妥兩學年「交換學生」的手續，於八月初渡四，直到二十年夏初回國。（詳見拙作「旅東回憶」。）這兩年時間，至少有三分一浪費在讀「馬列主義」上。我精讀了馬、列的主要著作，買齊了有關馬列的書物，記得我回國時帶來五個大木箱，幾乎半數是馬克斯全集、列寧全集、史太林全集之類。——賁一先生和文靜女士結婚，我送的禮物竟是改造社出版的五巨冊「資本論」。

那兩年中我的看法，三民主義是 總理的偉大創作，國民革命也是中國的必經之路；但馬、列的「共產主義」應該作爲三民主義的參考書，馬、列的「革命策略」也應該是國民革命的方案。我認爲組織國民革命軍來打倒軍閥和土豪，在中國的社會背景上，一定要產出新軍閥和新土豪（這是拙著「中國社會病的總源」一書理論的繼續），這有×、馮可以作證；不如集結農工民衆的力量，採用「階級鬭爭」的手段，「從根上挖倒中國社會」，才能保證耕者有其田和「工人有其廠」。若談打倒帝國主義，也有採用「馬列主義」的必要，因爲馬克斯是主張「全世界無產階級聯合起來」；而帝國主義的經濟基礎是在其殖民地，倘作爲帝國主義經濟基礎之一環的中國，實行「工人有其廠」，豈不是掘淨了帝國主義的一條根子？——這在當年，是我認爲千眞萬確的定理的，我知道也有不少同輩少年甚至老輩同志，也和我有同一想法，便是今天的臺灣，也難保沒有這種想法的人；大陸上的秧歌小醜更在沉醉於這一想法之中。因此，俄帝便「因」我「鄉人」「官人」的如此天眞「而用之」（註一），唆使他們「從根上挖倒中國社會」，使中國從根本上亡國：指揮毛逆「掘淨了帝國主義的一條根子」，便使中國人成爲俄帝的貓脚爪和奴隸軍，中國也便淪爲俄國領土的一部份了。

我的經濟思想

那時我決定做一個「學究」（河上肇的名詞），想到回國以後，在義務上須到母校去教書，更要準備一手有研究的講義，所以計劃着用「馬列主義」編輯國際法，用「唯物史觀」重寫中國歷史，並用「階級鬭爭」研究中國問題。就現下保存在拙著「打罵哲學」裡的「江戶論學十牘」看來，那時預定寫作的書物有「中國階級鬭爭史論」、「中國現狀之階級論的分析」（或即「現代中國問題之階級鬭爭的看法」）、「中國民族的復興問題」、「與三省之對日生產總動員問題」和「土地資本論」等；並計劃組織「唯物主義研究會」，當時擬具的大綱，現尙保存。寫成功的論文，有「搶米」和「民族生產總動員論」，後一篇的初稿約一萬五千字，大約就是「東三省之對日生產總動員問題」的改編。「搶米」準定是用「階級鬭爭」的理論寫出的，寄交貫一先生轉交新時代報，中途遺失了。「民族生產總動員論」，寫於十九年六月中，後在民主日報刊出，原稿經補充留於行篋，直到九一八事變發生的次日，倉皇燒掉。這是一篇綜合了三民主義和「馬列主義」，仿照俄帝「第一個五年計劃」，爲抗日而寫的「東三省之對日生產總動員」的論文。大體是主張：劃東三省爲「民族生產總動員區」（重心設於遼西），採用資本主義的生產方法，但大部改爲國營，以對抗日本資本主義的侵略；同時參照「集體農場」的辦法，發行「土地股票」，大規模地生產，最平均地享受（逐漸平均地權），雙管齊下，達到全部農工商人爲民族抗日而動員。在這基礎上，聯絡「市防」「村防」，成爲國防（都有詳細計劃）。記得當時，懂得「總動員」者恐無多人，懂得俄帝「第一個五年計劃」便係國防計劃者，也只有少數日本人和我。我在「總動員」上用了「民族」的形容詞，使民族主義和民生主義同時解決，也可以說是着眼民生建設爲民族復興的基礎。

想到「修正馬克斯」了

上文提到的「土地資本論」，在「江戶論學十牘」裡留下片段的材料。我反對中國社會係封建社會的說法（這是「五四」以後的老說法）；我名之爲「土地資本主義社會」：

「土地資本社會大致與資本家社會差不多。將來我寫土地資本論時，也許採用馬克斯分析資本家社會的公式：『土地資本主義社會的富，是廣大肥沃土地的堆積。』資本家社會在積聚過程中，是要榨取勞動者的剩餘價值的；土地資本社會在積聚過程中，也是要榨取雇農的剩餘價值的。資本家社會發展到相當階段，是要發生失業問題的；土地資本主義社會發展到相當階段，也是要發生失業問題的……資本家社會有階級鬭爭；土地資本社會也有階級鬭爭……」（「江戶論學十牘」之六）

但「土地資本主義社會」的「階級鬪爭」却和「資本家社會」的勞資鬪爭全不相同：前者是以家庭爲鬪爭的本位，即「貧的家庭對於富的家庭的鬪爭」（「十讀」之二），我曾說：

「我研究中國歷史，因印證而確信了馬克斯一切歷史都是階級鬪爭史的主張（註二）。但因我發現後期農業經濟中的鬪爭形式，爲無產家庭與有產家庭之鬪爭，換言之：不是在一個生產關係中的生產力與生產壟斷者之鬪爭，而是若干個（有產無產的）小生產關係間的鬪爭，再換言之：後期農業經濟時代的階級鬪爭之兩方，皆以家庭爲單位而不以個人爲單位……故我指出家庭爲階級鬪爭的單位，從這一點上解釋中國的社會病，我認爲是比馬克斯更完善的方式。」

下邊我舉出四例，然後說：

「隨處俱可證明，後期農業社會階級鬪爭之單位實爲家庭。我現在的思想與見解，比我寫『中國社會病的總源』時，更爲深刻化。那時我只以黨的離開民衆與軍閥土匪官僚之造成，爲階級鬪爭史中之現象；現在我已認定，家庭本位的階級鬪爭爲中國大部份社會問題之總源。」（「十讀」之五）

「中國民族的復興問題」記得是沒有寫，但「十讀」之二裡談到：「中國民族的墮落，便是農業時代以家庭爲本位的階級鬪爭的過程。」以下立論舉證凡二千字，結論是：

「總之，中華民族全患『惰』病。不是提倡『勤』的聖人死絕了，也不是反對『惰』的古書被人束諸高閣之所致；全是家庭本位社會和家庭鬪爭的成績。」

我的所謂「家庭本位的階級鬪爭」，雖然仍盤旋在馬克斯「階級鬪爭」的窠臼之內，但已使我由馬列的皮囊中漸漸脫穎，而想到對他作一番修正了。惟對「唯物史觀」和「唯物辯證法」還在「迷信」着。

蘇俄是「中共」的「牽絲手」

不過，「迷信」是一回事；「迷信」而是否使我陷入僞「共產黨」又是一回事，這除了歸功於上述的改組會的理論以外，不能不歸功於日本某些作家對於我的啓發。日本人善於研究他的隣國，對俄國的研究，尤其不遺餘力。當年我看了不少研究俄國的日文書，譬如前述俄國「第一個五年計劃」係國防計劃，就是日本人首先發覺的。而世界各國的「共產黨」都由俄國作「牽絲手」，似乎也是我看了日本人的書物，才懂得的。在「江戶論學十牘」裡，我談到「日本人研究我國問題，都是立在大和民族的立場上的……」下面我接着說：

「蘇俄——中國共產黨牽絲手——也有他們自己的觀點。」

這話便是說「共產黨」傀儡是由俄國人來牽着絲的，和二十七年以後我發現的「中共係蘇俄間諜」一說，可謂全同。我從先嚴所接受的民族教育原本較深，三民主義中民族主義給我的訓練也極大。在民國十九年五月，我已懂得「共產黨」的「絲」是「牽」在俄國人「手」裡，對證着自己民國十六年親見「共產黨」上俄國使館領取盧布（見本文六段）的情形，查出這和我的民族立場是大相逕庭：所以我當年雖然還是「迷信」馬克斯，但我並未被馬克斯引到俄國去。此一觀點，寫在我由東京發出的函件中，大約是受了日本人研究俄國的影響。

在東京的兩年，我屬於改組同志會直屬東京二十一區分部，任書記，和負責人葉菁（註三）經常保持工作上友誼上的來往。擴大會議於十九年九月九日在北平羅致登場，許多故人都彈冠相慶，東京同志也紛紛回國。昕初先生和鄧飛黃輩屢次來電，要我回北平；我只在他們的報上談一談「民族生產總動員」問題，並未覺過一字。因爲我覺得，改組會的理論都是對的，尤其它談「階級」，談「階級基礎」，談「民主」，談「物觀」，都是正題；但一走入勾結軍閥的途徑，便一切不成樣子了。那以後，我很想促成「唯物主義研究會」的實現，用修正的馬克斯主義，補充三民主義，進一步蛻變成爲「新改組同志會」。但以忙於歸國，也就作罷了。

偽「宗社黨」與川島芳子

在東京時，除了大風大雨，每天晚間必到神田或大學前的古本舖去巡禮一番，成爲生活上的一部份。逛書攤當然是爲了買書，先是漫無計劃地濫買，不久，我買到名爲「滿洲馬賊」的一冊黃皮書，係日俄戰爭時，一個日本特務收編東北土匪對俄軍搜索游擊的秘密記事，看來極富趣味和謀略性。以後，便專門蒐集日本人研究中國問題的書。和古本舖的老板搞得挺熟以後，他們也專門把這種書向我推銷，孤本的，絕版的，註着有「將校以外禁閱」的，甚至「黑龍會秘史」等絕對不許中國人看到的書，我都可以買得出。隨買隨看，大約讀了不下數十種。但越看越覺得日本人的陰險。例如這些書中，有一冊寫到民元至民五，日本特務川島浪速（川島芳子的義父）導演善耆（芳子的親父）的一幕，眞是令人望之生畏。原來，溥儀退位，民國成立以後，許多滿淸遺老都逃往大連。川島浪速是光緒年代的日本顧問，實即日本特務，便天天拉攏這些遺老，宣傳「反民復淸」。民國元年，善耆（滿淸末朝的內閣財政大臣）入了圈套，掛出僞「宗社黨」的招牌，在大連進行叛國的勾當，由川島從中主持，他名義上爲「宗社黨」的「顧問」。僞「宗社黨」收編了東北蒙匪巴佈扎佈，僭號「蒙古獨立軍」，屬於僞「宗社黨」武力的一部。川島爲「蒙古獨立軍」供給軍火和指揮官，在東北暴動，建立僞「後淸帝國」。前後暴動兩次，最後被張作霖討平。芳子便從那時起拜川島爲義父，巴佈扎佈的兒子甘珠爾扎布也成了芳子的未婚夫。——從這些陰謀文書裡，我看出日本人如果來拉攏你，便不懷好心腸：他的口號雖是和你「親善」，其實他是要把你導演成爲善耆和巴佈扎佈，讓你搗亂你自己的祖國，而日本人從中漁利。一方我除了證明本黨二次全國代表大會宣言所說軍閥背後都有帝國主義者作祟的事實以外，還澈底明瞭各地土匪的作亂，背後也是由日本特務策動的。

這是民國二十七年以後我堅決反共的原因之一，因爲「宗社黨」之亂和「中國共產黨」之亂，一模一樣，不爽毫釐，是我的「因國史」的基本證據。

註一：引號中諸詞仿自孫武子十三篇「因其鄉人而用之」，「因其官人而用之」。

註二：十年以後，我根據實際經驗，了解馬克斯這一說法，只是戰術；並沒有正確的歷史根據。參見本文九、十段，及「第五縱隊戰法教程」。

註三：與任卓宣先生姓名相同，而首字多草頭。大約係河南籍，我曾引程東白先生去造訪，不知此君尚健在否？

九　「保衛蘇聯」

回國之後

民國二十年回國後，承劉作澄先生介紹，留於瀋陽的遼寧第一高級中學——就是本文第二段提到的奉天省立第一中學，商妥只教文科一班的國文，以便有暇整理國際法講義。這一班恰好有七十二名學生，和我住過的預五級同數。上課的教室也正是我當年坐過的教室。那時代的東北，表面上掛着青天白日滿地紅的國旗，也辦起了省黨部，張學良兼遼寧省黨部主委，張作相兼吉林省黨部主委，萬福麟兼黑龍江省黨部主委，但始終不敢成立縣以下的黨部（縣級黨部，却以「東北抗俄後援會」的名義，由改組會的同志暗中主持），這因爲他們當年都屬於軍閥一流，爲了日本的壓迫，他們効順了中央，却畏懼革命會影響自己的既得權益。而日本的侵略，經二十多年的巧取豪奪，業已深入堂奧，尤其從民國十六年田中義一提出「大滿蒙政策」，十七年河野大作大佐炸死張作霖，同年底干涉張學良的易幟，一連串地加緊進攻。爲了父仇和國難，從十九年起，他修建胡蘆島，和大連灣唱對臺戲，接軌打（打虎山）通（通遼）路，和南滿路成平行線，在錦縣金家屯圈定民田數萬畝，準備遷移奉天兵工廠，在興安學辦墾區，由鄒督辦岳樓（作華）率兵屯墾，都在計劃和日本抗衡。可惜他年輕多慾，騖廣而荒，沒有專心執行他的計劃。八月下旬，我透過趙雨時先生，把我的「民族生產總動員論」和在東北商工日報所寫的社論「建設民生主義的東北」等文一巨册，送給他看，並長函建議實行民生主義，立即開始具體的省防（即國防）建設，力主透過中央，援引美資和俄資，對抗日本資本。他並沒有睬理我的辦法。

「展開關外五四運動」

先是我由東京寄稿雨時先生的東三省民報，刊作五月四日那天的論欄，題為「展開關外五四運動」。我提出「中國文化不平衡說」。大意是說：「近代中國文化是中原高於邊疆，海河高於中原。高就是新。新文化從海外輸入，先在海河沿帶建立了地位，然後傳入中原的各大都市；但沒有進一步深入民間，更不曾遠一步走到邊疆。中國的未能統一，就是因為新文化輸入和發展的不平衡：海河地方首先接受了『民有、民治、民享』的新文化，發動了國民革命；民間和邊疆却還沒有接受這種新文化：所以國民革命的勢力未能展開。為了把國民革命的道路打通，在民間，在東北，在邊疆，必須先有一個新文化運動。等到東北的新文化和中原一般高了，它便能響應國民革命；如果和海河一般高了，國民革命便完成了，中國才算眞正統一，東北也便脫出帝國主義的枷鎖。」（引自「邊疆工作中心論」，三十四年，希平作。）到我在瀋陽住下以後，兼民報和商工日報編輯，繼續撰文，並以第一中學的學生為對象，從事「關外五四運動」的鼓吹。在講授國文課中，我也完全站在黨的立場，毫無忌憚地宣傳三民主義（那些學生百分之七十還沒聽說過三民主義）。我開出一部「五四文選」的目錄，把五四以來的思想家及其主要文字，逐次介紹給我的學生。

幾位可愛的學生

我授課不到兩個月，便有其他班級（文科及理科）的學生代表，向我要求，說他們如能取得我的同意，便趕走他們的國文老師，請我去講國文。我當即嚴辭拒絕；但答應他們在暑假中可到青年會去跟我補習。本班學生則有車譽閩、由自庫、高丕澤、趙玉良、吳常義、劉孟華、呂秉義、姜樹業等，由我介紹入黨。車生於九一八後，參加義勇軍，不幸殉國。由生於七七事變後，從東京歸國，到包頭，擬轉道榆林，加入我的報社，途中被日軍捕去，亦已瘐死。高生自二十四年起，為本社擔任東京通訊，對於日本特務在蒙古的活動，供給過很有價值的材料，直到七七事變，失去聯絡。三十六年，經姜生告知，重行通信，知他在偽「滿」已成為民族主義的作家，幾次坐獄，終未屈伏。後來他徒步由長春赴瀋，擬隨我一道工作，不幸在紅熙街被林彪逆軍捕去，迄今下落不明。趙生和劉生後升入北平法大，七七事變後，一道參加石友三部抗戰，劉生被石部內潛伏的俄特設計謀殺；趙生逃出，三十六年他在瀋任中學教員，曾經一晤。吳生升入西南聯大，抗戰末期，在工程界服務。姜生於九一八事變後，服務美國駐瀋領事館，太平洋戰起被俘，日本投降，始告釋出，後經我引進在東北行轅壯中校英文秘書，以肺病死。呂生卒業清華大學，三十五年在西北大學任副教授。呂生當年所寫窗稿，在拙作「打罵哲學」中會附錄一篇，題為「東北青年的使命」，原文有云：

「在帝國資本統治之下，中國的資本家還沒有充分發展，而勞働者也沒有相當的團結與覺悟，所以在這種社會形態下，是不能用階級鬪爭去改造社會。也就是說，中國的階級對立，還沒有達到政治的階級革命階段，所以不必用暴烈的手段來革命。

「總理切實地觀察了中國是這麼樣的社會，所以順應着一定的空間性與時間性，而創造了民生主義。民生主義與社會主義的目的，都是一樣的，就是以『社會負責保證一切個人的物質生活』……拿着社會調合的辦法，而達到共產主義。這樣說來，中國社會祗只有民生主義的建設是必要的了。

「總括說來，建設民生主義的東北，以打倒蔓延於東北的帝國資本的日本，這就是東北青年的使命了。」

呂生全文立意，取自我在東北各報所寫的社論，甚至我的詞彙也被他靈活地運用起來。因為這本卷子經我删正後油印分發全班學生，以作示範，並側面烘托「關外五四運動」，幸得保留下來。寫到這裡，願祝呂生平安無恙。

文化運動與武裝抗日

九一八前，改組會東北負責人是錢公來先生；高級幹部有大李——光忱、大韓——靜遠、大孟——文伯、小孟——篕如諸先生，在東北的官辦黨部之外，秘密領導東北辛亥以來的革命運動，不能說是限於改組會的。「關外五四運動」被列為東北革命工作之一。我是這個領導下的瀋陽市黨部委員兼書記，栗逆又文（三十五年以後任偽「安東省政府主席」）那時也是委員之一，他在後來的偽「滿」「司法大臣」·趙逆欣伯的「法學會」中掩護着。大孟原來主編東三省民報的副刊——「瀋水」，後以執行律師業務，堅請辭職；雨時先生邀我接手，我於取得幹部會的同意，乃自九月一日起，續起猶來，並加出「讀書」、「社會」兩個學術性的週刊，把「關外五四運動」在這關外「報王」上公開出來。但時間已經晚了：十八天後，九一八事變終於到來。

事變後的第三天，公來先生在陶然里召集高幹會議，決議各縣同志一致率領民團，協助國軍作戰。記得當年決定程東白先生主持開原，郭抱一先生主持錦西，我則主持錦縣。二十四日，我搶上最後一列火車，回到故鄉，開始抗日。抱一先生被命爲錦西縣民團督練專員，我是錦縣民團組織專員，由遼寧省警務處處長黃顯聲發給委令。我這也算「青年從軍」了。當時遼寧省政府主席由米春霖代理（主席臧式毅在瀋被俘），黃劍秋先生任秘書長，遷府錦縣。東北軍第十九旅牛元峰、二十旅常經武、砲八旅劉翰東也都退駐錦縣。警務處由督察長熊飛（翰章，一字正平）專負策動指揮民團的責任。我建議他，每縣民團編爲一「路」，每「路」設「司令」一人，改稱「東北義勇軍」，我和×××同志（後任本社經理，刻在淪陷區，姓名姑隱）在福金生百貨店開出名單，第一路司令是同盟會老同志殷開山先生，我是第二十九路司令，抱一是三十路司令。熊飛立即送往北平，由「東北民衆反日救國會」發表。

把他們「關進山海關去」

那時我們的口號是反日，而僞「共產黨」的口號却是「保衛蘇聯」！據我民國二十七年以後在西北所了解，這、怪口號的喊出，是來自「國際」的「命令」。「國際」云者，實卽俄帝的化身。因爲日閥佔領東北的當時，俄帝的「第一個五年計劃」正走在半途，鮮卑利亞（今誤譯爲「西伯利亞」）的俄國國防更是極度空虛，她唯恐日閥長驅北進，打垮馬占山、丁超、李杜，直搗赤塔，這對於史太林眞是火燒眉毛的大事了。因此他命令僞「中國共產黨」喊出這宗無恥的口號。——東北的「小毛孩子」俄特如張歪脖子（雅軒）和張德厚之流，利用所謂「東北甘地」——以菜油燈出名的車逆向忱（三十六年以後曾任僞「東北人民政府教育部長」）作爲隱身符，麕集錦縣，向某將討取某路司令的空頭委任，四處拉攏義勇軍。我和×同志認爲反日是保衛東北，也就是保衛中國，對於他們所喊的

「保衛蘇聯」，指明這已失去中國的及鄉土的立場，把這一行開回山海關內去了。但熊飛却說我們不對，他贊成這一怪口號，說它可以發動「共產黨」來共同反日，而反日也不必由國民黨員來獨家包辦云云。他把委任狀胡濫地發給他們。至二十一年春間，熊主持「遼吉黑民衆後援會」的全部軍事，奉慈善家朱子橋將軍爲傀儡，甚至公然喊出「打紅旗」，理由是「爲了反日，打紅旗也未爲不可」，這是他當作「訓令」而「面諭」我的。我後來之退出「東北義勇軍」，這是主要一個緣由。

我主持的錦縣民團組織工作，受漢奸谷金聲（縣長）的破壞，久而無功。先嚴乃親自出馬，編組遼西農民抗日救國軍。二十年十二月三十日，東北軍全部退出東北，開入山海關；次年一月二日，日軍進佔錦縣。先嚴當夜率部進入梯子溝（屬松嶺山脈），依山結寨。當時我們只有六百餘人，三百枝槍，大家原是武裝避難，並無抗日決心。我無權執法殺人，名爲「總指揮」，實際上誰也不聽我指揮。先嚴計劃退入松嶺山脈，和熱河的東北軍保持聯絡並取得給養，又被朝陽義縣士紳們領導的「牛馬會」所阻，不許假道：於是先嚴慨然把這部隊解散，自己避居山中；我便深入敵後，繞道赴平。在我聽到熊飛上面的「面諭」之後，便痛罵王化一、高崇民一頓，脫離了「東北義勇軍」和「救國會」。

試行「階級鬥爭」

這時，朱霽青先生由京赴津，組織東北國民救國軍。改組會自汪回國入京供職，本已正式宣佈解散；但朱先生還是東北革命同志的領袖，一切毫無私心矢志救國的青年以及一班同志仍然聽他領導。由他以指揮總監的名義，派我作熱河政治特派員，×同志作熱河軍事特派員，我倆秘密出關，轉入熱河。我試行了馬克斯所謂「階級鬥爭說」，運用降日地主和仇視地主的綠林之間的「矛盾」，不收民團，專編土匪，組織了柏蔭德根（蒙古人，漢名寶恩溥）的第四師，下轄王殿、劉振東、李深唐三個團，和趙寶玉一個營，實止一千二百餘人，及第九師劉存起（上列各位、除柏外，均係著名綠林魁首）五百餘人。我允許免除他們過去所犯的「强盜罪」，「放火罪」、「殺人罪」，並實行「抗日者有其田」。六月，我們迎接朱先生出關，派一部分隊伍參加第一次義縣之役，未能克復，朱先生遂返京作具體計劃。

秋天，朱先生再度出關，帶去六門迫擊砲，若干萬發七九子彈，三百個手榴彈，每一官兵每天六分七厘五的主副食：東北國民救國軍聲勢大震。十月十九日攻擊義縣，二十日攻擊錦縣，我指揮第四師參戰；二十一日攻擊錦縣，×同志指揮第九師參戰。

我悔不殺顧述武

但我們的部隊裡也滲入了「共產黨」：顧述武任副官長，而自稱副監，徐靜遠（大同）、國玉璞……都是「打紅旗」的。七七事變後，徐靜遠手刃殺敵的軍長李福和，大公報曾用社評捧過他，但他確是「共產黨」。這事不久，他陷身黃河，死於非命，不然也是呂正操、李運昌一流人物。國玉璞一別十五年，三十六年在瀋陽我又遇見他，已成了「共產黨」的高幹。當年他們三人沆瀣一氣，盤據朱先生左右，對於本黨同志尤其如我和×同志之握有兵權者，表面一團和氣，背地三把尖刀，分化打擊，不遺餘力。當時我認為這是「共產黨」的特性使然，而且相信手中有槍，他們不會成為大患，看了朱先生的面子，裝作不知。

查二十一年十一月八日日記，記起那天上午，×同志和劉級三（國仁）同志邀我到蕭家店的大廟裡一座萬佛樓下，坐在石洞裡密談。×同志說：「昨天，我們開會，決定『清黨』，並決定請你來執行。」級三同志說：「我從後方來，錢先生（公來）也有這個命令，讓你下手。」他們說我步槍打得準，一會兒他們約顧述武上東山坡去玩，由我在萬佛樓上開槍等語（註一）。但我以「我無實力」為辭，立地拒絕了。我當時內心有兩個理由：第一、救國軍已入敗局，打掉一個顧述武，勢將引起部隊離心，一鬨而散；第二、我不能認準他一定是「共產黨」，縱使他眞是「共產黨」，這也僅是二「黨爭」，只要像對付張雅軒，鬨走了他，也就够用了，何必殺他？事後想來，我不殺他；他却擠我：不久他畢竟把我和×同志擠出熱河，第四師隨之瓦解。我們一走，由我們精神上維繫着的其他部隊也大都星散，朱先生手下再也沒有「黨軍」，剩了一些雜牌，老命幾乎犧牲在蕭家店。這個結論，在二十二年朱先生脫險回津，我們才能作出，後悔已經來不及了。但顧述武輩以破壞抗日救國而實踐其「保衛蘇聯」的怪口號，也不能不算南轅北轍，倘教他的「老大哥」當年得知，也許會殺他的頭。

註一：見拙作「義勇軍日記」。

一〇 孤軍反「共」

「同路人」的「理論」

九一八事變後，中華民族面臨的任務，沒有第二個，只有抗日一個；而我在前方所遇到的「共產黨」，卻是「打紅旗」、「保衛蘇聯」之流，這已覺得是失去了中國人的立場。在後方的北平所遇到的「共產黨」和它的「同路人」，「理論」更覺離奇了。我記得，當我第一次奉朱總監命令（實亦自動），化裝回到淪陷的錦縣，正是二十二年三月一日，一個黃沙飛舞的大冷天，滿街懸掛着偽「五色旗」——紅藍白黑滿地黃旗，在慶祝偽「滿洲國」成立。夜間，天色漆黑，我徒步回鄉探親，通過許家屯鐵橋，遇到護路的日本兵，電光四射，子彈亂飛，對我打了一頓槍，但我終於跑脫了。匆匆在家裡和先嚴談了半夜，乘着天色未明，我又徒步轉往熱河，招撫了三部義勇軍，返回北平。這不足一月的期間，我完全過着恐怖和艱苦的生活，我痛恨日閥，也痛恨掛「五色旗」的漢奸，和由漢奸組成的偽「滿洲國」及偽「協和會」，情緒上眞是悲憤極了。

一下北平東車站，便到朝大去看一位同學——汪介夫先生，他却正在安閒地煮着牛奶麥片，分給我一杯，隨後談起這次關外之行。他冷然地問道：

「你這樣苦幹，這樣賣命，是爲了誰？」

我說：

「我替中華民族幹！」

他嘴角一撇，接着說：

「也不過是給中國資本家當走狗罷了！」

那時的介夫是「共產黨」的「同路人」。我沒有再答理他。隔了不過十小時，我又去看石嘯沖。嘯沖比我高一班，是大學和德國的交換學生，研究經濟，十九年回國，寫有三民主義問答等小冊子。二十年暑假前，曾替我代理過第一高中的國文課，交情很好。那時他是本黨的黨員。事變後，加入「東北民衆反日救國會」。我打算請他到熱河為我辦理游擊區的經濟業務，問他：

「你願不願隨我到前方去？」

他笑，笑裡含着冷嘲，說：

「你那幹法，不是社會科學的；是小資產階級的，是英雄主義的。抗日首應樹立無產階級政權。東北的反帝運動已達高潮，義勇軍不是發展到幾十萬了麼？可憐你們的領導是資產階級的領導，你們斷送了歪曲了民衆反帝的前途！——我是不去的！」

他自然是沒有跟我去；而我不久便藏着滿褲襠的白綾子委任狀出關，一直幹到顧逑武翟把我擠出總監部（見九段）。二十一、二、三年，嘯沖蹲在北平的公寓裡，寫列寧傳，於七七事變前出版。二十九年，他在郭逆沫若的文委會（屬軍委會政治部）工作，大家在重慶見面，還很親熱。三十三年，他仍跟郭在一道，相晤時，神色已經不屬。勝利以後，看到他寫的「歐洲新人民民主國」兩巨冊，是上海讀書出版社刊行的，把俄帝在歐洲建立的「囚國」（註一）都認作「人民民主國」，知道他一定成了赤色漢奸。三十八年我到上海，方曉得他早已受雇俄帝駐滬的宣傳機構，月領美金若干元，專作俄帝的代言人了。——介夫卻經我拯救出來，二十三年從僞「滿」返平，次年由我介紹入黨，幷加入東北力行社，屬於我的十人組，主編東北青年半月刊，嗣繼邵力甫先生為總編輯。

由上述兩個例子，我們可以看出九一八後一些青年的想法和作法。這種青年，大約從塘沽協定前後，差不多都作了「民先」（所謂「民族革命先鋒隊」），由俄帝透過「中共」的領導，漸漸變成赤色第五縱隊的幹部——所謂「抗戰幹部」。

我從總監部回到北平以後，在天津的後方辦事處工作了一段，主編東北國民救國軍戰史。二十二年三月四日熱河淪陷，張學良出國當時，我正在天津。那時緊要的任務是迎接朱霽青先生從日僞的包圍中脫險。直到六月，朱先生由俠客李義忱先生和裴春霖同志護送，經過缸窰嶺、西海口，航過渤海，到山東龍口登陸，回到天津。我和×同志業已達成衛護朱先生抗日並保護朱先生入關的目的，天津辦事處亦告解束，我便回平，從事寫作投稿，賺養爲了抗日而破產的家庭，一方面展開孤軍反「共」的工作。

認反共爲「黨爭」

這一段我反共的理由，老實地說，只因爲我是一個國民黨員，只根據黨的主張。本黨抗日，我是黨員，所以不該不抗日。本黨反共，我是黨員，所以也不該不反共。（我那時并不反對全部「共產主義」，更不懂得他們是赤色第五縱隊。）以一個國民黨員，親自看到「共產黨」不肯保衛中國，而喊「保衛蘇聯」，不肯參加抗日，反而破壞抗日，自然是要反共了。尤其是二十年十一月七日，毛逆澤東在江西僭立「中華蘇維埃共和國」，和國民政府抗衡（當年我沒有認識到，這已是俄造的一個僞「國家」），却說國民政府和國民黨是不抗日的。二十一年一二八上海戰事發生後，國軍在上海抗日，「共產黨」的「紅軍」却進攻長沙，牽掣國軍，致令政府被迫簽訂淞滬協定。我是國民政府行政院秘密派赴東北抗日的一員，怎能心服「共產黨」所倡國民政府不抗日的謬說？我是中國國民黨東北黨部的一個負責者，深知東北籍的中國國民黨的黨員如朱霽青先生、錢公來先生，和我們這一輩的青年同志，都在拋家捨業，身臨抗日前線，怎能還說國民黨不抗日？那時我認爲，說服了「共產黨」讓他們知道國民政府和國民黨確在抗日，是第一步工作；把「共產黨」變爲國民黨，和把一班青年變爲國民黨，大家一心抗日，是第二步工作。

我立在黨員的立場，開始反共。認反共爲「黨爭」。

我以「黨爭」的心情從事反共工作，於二十二年塘沽協定後，正式開始。那時，張學良早已下野出國，東北軍第六十七軍由王鼎芳（以哲）任軍長，劉維之（翰東）任百十師師長，黃大定（永安）任軍參謀長。我們在錦縣抗日時，維之先生是東北軍砲八旅的旅長，大定先生是他的團長，及景賢先生也是團長，經×同志（我的經理）的介紹，我和維之、大定、景賢諸先生都結成很要好的朋友。大定先生和我們的關係尤爲密切，他是本黨的老同志。塘沽停戰之後，六十七軍駐在廊坊，開始整訓。×同志和我經大定先生的介紹，往見王軍長，被挽留在軍部工作，×同志是軍民訓導部（這是六十七軍的特殊機構，等於後來的軍政治部）主任，我是軍民訓導部所辦的東望週刊的總編輯（實際是社長）。

「破天荒的一件大事」

東望週刊於二十二年七月九日，在北平出版，直到二十三年二月，我以全軍三萬官兵（每班一冊）爲對象，爽直宣傳三民主義而毫無顧忌，這在當年的東北軍中，眞是破天荒的一件大事。二十三年一月十一日，張學良回國，就任豫鄂皖三省剿匪副總司令，東北軍全部南下剿匪，我才把這個刊物交給王士達（後來知道他是「共產黨」，而這交接是「共產黨」搶去的）。

我手定的東望週刊大政方針有三：一、實行精神訓練，準備對日復仇；二、喚起軍人自覺，鞏固軍民陣線；三加重懷鄉感情，助長民族意識。出版第二月，它有一個專號，便是「反對內戰」。我設計這個專號，在當時是頗爲大膽的，確有打破「飯盌」的危險。因爲當時許多反抗中央的野心家，都來拉攏群龍無首的東北軍，要他們參加反中央的內戰。李宗仁、×××、×××都派代表來訪王軍長。在當時我雖獲有情報，但因爲和王軍長的關係還不夠深，當然不便參加發言。我每到軍部或北平護國寺他的公館，只能諷勸他「安心等候少帥（學良）回國」。或誠心擁護中央，不會正面說到問題。後來想到運用這個刊物，在全軍中造成一種反對內戰的輿論，也許可以防禦野心家的進攻；並使一些軍人知道全軍反對內戰，也許可以多存顧忌。因此先行刊登啓事，出題徵文。徵文共收到九篇，錄取六篇，並把我的意見補入各文，以原作者的署名刊出。

「剿共非內戰」

我作了一篇社論，大膽地提出：

「……我們相信：最近中國決無革命的內戰，決無義戰！除了剿共以外，再有內戰，便是軍閥作亂。所以我們反對剿共以外的一切內戰！因為反對內戰，所以拒絕參加內戰！………」（註二）

這些文字，消極的意義是告訴六十七軍（我們知道，當年這一軍是東北軍的重心）不要接納各方代表的引誘；積極的意義是鼓勵六十七軍去反共。這個專號的作者是一一七師李宗義、一一〇師方覺、一一〇師張治安、一〇七師劉秀東、一〇七師崔鳳儀、一一〇師劉達元（原文幸存行篋）。後來他們和全軍的幾十位投稿者，都由我介紹直接入黨，成為本黨的黨員，並作為西安事變前後我個人的通信員，如今都不知生死存亡了，來到臺灣的只剩治安同志一位。他原是一一〇師的二等兵司藥，二十四年起和我一道在蒙古工作，直到三十六年，任我的邊疆通信社副社長，主持歸綏總社。

預想的二次世界大戰

至於「實行精神訓練」，東望週刊作到了宣傳三民主義，擁護中央政府，使東北軍人認識自己是中華民族的武力，而不是一家的武力，以及軍民合作、準備抗日等等。這些僥倖保存的三四萬字，都編入我的「東望集」中。

二十三年二月十八日，交代當時，我寫過「編者敬告讀者」一文，結尾說：

「……二次大戰近了，三五年內一定爆發。民國十四年我預料日軍將佔東北，果然不幸而言中；現在我又已料到世界二次大戰將要爆發，平津甚至全國交通便利的地方，都將被敵騎所踐踏，我敢相信仍是不幸而言中的。屆時，我固然是不能再在北平鬼混了，讀者諸君難道能獨在平津之間鬼混麼？我已抱定決心，在世界二次大戰起來的時候，一定和親愛的讀者，立在一個戰線上的！我們勝利了，便一直殺回黑水白山的故鄉；敗了，我們要完遂了光榮的戰死！屆時，有一個學生裝的青年，騎着馬，提着槍，到戰線上去和讀者諸君共生死：這一個青年，便是今天的我！讀者，你們要記着……為了準備二次大戰的勝利，我們要保存民族的實力，決不參加內戰，加緊訓練，好去回家！」

六十七軍從此南下剿共。為此一文，我接到許多讀者的惜別信，大體都已懂得剿共不是內戰，而係抗日的一種準備工作了。

東望週刊的編輯費，每月是五百元，我用這筆錢付出印刷費、稿費及辦公費，維持了四個同志及其家屬的生活（石經理××、石編輯嘯冲、李編輯曼霖、李事務員是中），每月還可以節餘六七十元，原是可以裝入腰包的；但我把它捐作復社的經費。

「由左向中」路線

復社，發起原意，在我是為了安插東北失業青年，援助失學青年，而引導青年走入收復失地的正途上去，不要加入「共產黨」。動議之後，我便去找東北黨務辦事處常務委員——前吉林省黨部委員石子壽先生，商量聯名發起。他那時在辦事處裡負責青運，大家一談便妥。經過一番籌備，這個社團便正式成立了。子壽先生是常務理事兼宣傳部長，林西之先生（前吉林省黨部委員）是理事兼青年部長，周鯨文是理事兼財務部長，我是常務理事兼組織部長，陶宏德是理事兼總幹事，社址在地安裡門街北的一棟大樓裡，月租便是十六元。發行了名為「薇」的月刊，由劉漫兮、金端野、王維鎬和李曼霖等主持，這些都是幹事，每月給予津貼二十元，住在社裡，生活算已解決了。復社幫助不少失學的大學生和中學生升入學校，有錢讀書，為許多失業的青年找到職業。子壽、××諸先生出力最大。我們經常捐出十分之一的所得，樂捐在外。東望週刊這筆每月六七十元便屬於樂捐項下的。復社的理論是「社會提攜論」，已不是「階級鬭爭說」了。在我心裡放着的複社的目的，是「由左向中」（註三），也不是前幾年的「革命的向左轉」了。

這個社團自二十二年維持到二十四年四月白逆堅武在北平暴動。暴動之後不久，本黨在華北的機構大部南撤，一部轉入地下，子壽、西之隨黨務辦事處赴京，周鯨文惡化，我走向蒙古，它便無形地解散了。全部社員一百餘人，百分之九十成為本黨的同志，例如李曼霖同志，他不但由「共產黨」的「同路人」復歸於本黨，而且為了本黨的工作，死在「共產黨」的槍下了（詳見十六段）。也有些青年，如金鑒野、劉漫兮，畢竟走向紅色漢奸的歧路。

「理智」的抉擇

這裡要說一說我和組織的關係了。改組同志會在汪精衛回國入京就任行政院長共赴國難以前正式宣告解散，這在第九段已經提過。我們在熱河抗日，由朱霽青先生領導，這只是歷史的人際的關係，並不是組織關係。我回北平以後——二十一年十一月到二十三年九月，一切活動都是個人活動，也是一個黨員的活動，並不是改組會所命令的。以一個從十八年起便是改組會會員的我，自二十二年七月起，却公開地對着三萬官兵，强調擁護中央，完全是出自良心和理智。在國難省難之前，任何一個黨員也不應該反對本黨主持的中樞。我對於前改組會的前輩同志，當然還保持着人際關係；但我謝絕了幾個到實業部和鐵道部去做官的好意，因為我相信自己還有一枝筆可以吃飯。但前改組會以外的同志，如梅佛光（公任）、曹重三（德宣）、馬愚忱、卞宗孟、劉韶九、劉守光諸先生，却認為我既隨着改組會的解散而成為「無派」的黨員，便應當回到黨的正式小組中來，不能自由行動。他們不斷地和我接觸，都勸我重行「回黨」。昕初先生，十八年首先介紹我加入改組會；現在也再三敦促我了。二十三年春天，他邀我入京，我們長談了四夜。他告訴我，中央有一個整頓本黨的網狀組織，網綱上是十個人，文武各半，其中一位是陳立夫先生。立夫先生發展一個十八組織，其中有一位便是梅佛光先生。梅先生發展的網狀組織名東北力行社，社長由陳立夫先生擔任，佛光先生是總幹事。當時佛光先生的十八組織裡還缺少一人，昕初要我來充數。他和我是十年來同生死共患難的朋友，他把道理說得十分詳明，態度又顯得十分誠懇，我原是不應謝絕的；但我終於謝絕了，只允先擔任東北力行社的機關刊物——東北青年週刊的總編輯。我於返平之後，便把東北青年週刊接辦下來。這個週刊由東北青年學社發行，社長是曹重三先生，總幹事是劉韶九先生，組織部由鄭輔周先生擔任。當時我本算是忙人，正式的工作是復生新聞編譯社的編輯、北平晨報的編輯，黨員的工作是復社的社務、義救同盟的盟務、青年蒙古社的社務，現在又加上東北青年週刊的業務，夜間還要寫文章，每天工作總在十六個小時以上。東北青年週刊在我接辦時，每期印二百份，完全白送。第二卷開始，我便盡平生解數，看它一期一期地長大，半年之後，它已擁有訂戶二千七百位，東北的青年，遠至全國各角落（東北淪陷，自然在外），沒有不讀着這個刊物的。

「馬克斯誤國論」

我在東北青年週刊上所寫的第一篇文章，題爲「國難人生觀」（二十三年四月十日），第二篇是「戰鬥的學問」，第三篇便是「馬克斯誤國論」，在所謂「大革命」的「紅五月」（二十三年五月一日「勞動節」）發表。這篇文章裏，我引用汪介夫、石嘯冲（原文用王君、丁君作爲他倆的代名）作例，說明九一八後大學生吃了馬克斯的毒素，不但不肯親身抗日，反而嘲笑抗日者是「給資本家當走狗」，我的結論是：

「……於是我們得到兩個結論：（一）中國青年是廻避幹的，廻避作的。而掩飾他們不幹不作的最好烟幕，就是他們的馬克斯。（二）也有許多有堅的意志的青年，受了馬克斯『無產者才能反帝』的理論的薰染，因而走入第一步等待，等待久了，又走入第二步不幹不作的！——不論是馬克斯主義作了青年不幹的烟幕，抑是馬克斯主義停止了青年的幹，從國家民族的利益上說，無疑的馬克斯主義是誤了中國，誤了中華民族……」

我在熱河抗日的經驗告訴我們，「無產者」不能「反帝」，當時所謂「無產者」的「政黨」（僞「中共」）正在破壞抗日。我從寫「民族生產總動員論」的時候，便認定只有建設民生主義的國家才能抗日。

斥「階級鬥爭說」

其次我連續發表四篇「社會提攜論」（五月十一日至十二月八日），深一層地駁斥馬克斯的「階級鬪爭說」。發表五篇「國家支力論」，提出「中國新資本主義建設可能論」（八月三日至次年二月二日）。我在第一篇裏說：

「……國家支力絕對不是屬於意識形態的諸力，換言之：宗教力，道德力、都不是國家支力……宗教如能救國，猶太不會亡國，道德如能救國，中國也不會衰老。國家支力絕對是唯物的力；不是唯心的力。」

隨後我舉了美國、日本、土耳其作例，說明：

「……在她們還是農業生產的時代，便受資本主義生產諸國的壓迫；在她們自己成為資本主義國家時，便可以自由獨立。——這是鐵一般的證據：十九世紀二十世紀能和資本主義國家對抗平等的，只有資本主義的國家。」

「資本主義有強力的生產、財富，有強力的中央，有機關槍，有組織化的國民和動的文化：所以那樣的國家能在十九二十世紀自由獨立。」

「故：國家的眞正支力是新資本主義。」

「支力」即支撐力，就是起重時槓桿與重物之間的支點所付出的力量。——「國家支力」，係我創造的一個名詞，意思是支撐一個國家成為強國所需要的力量。這和通常的所謂國力，含義不同。我那時對於政治學有一點見解，主張「政」係實物，「治」係起重，「治者」必須用槓桿起重，而槓桿之下必須妥備支點，才能用力少而成功多。我這一看法，有似於後來的所謂「政治力學」。我一向主張「國家是有領土的社會」（社會却沒有領土，只有勢力範圍），看「國家」成為一實物，一法人（國際法的法人）。我辦過許多法人，有經濟作「支力」的法人，便辦成功；沒有經濟作「支力」的法人，便要失敗：所以認為治好「國家」這一法人，也必須先建設「國家支力」。我並堅持新資本主義（或可說民族底民生主義經濟，即德、意式的修正資本主義）是二十世紀國家的「支力」。當年這幾篇文章對於迷信「共產主義」的東北青年，直如打了一個晴天霹靂。我在學習着寶釵對付寶玉的方法——她爽直地向寶玉宣布了黛玉已死的消息，讓寶玉發過昏去，但也使寶玉的瘋病痊癒過來。

「新資本主義」

在第二篇文章裡我說明，我所說的資本主義不是舊資本主義，而是「新資本主義」：

「……第一次世界大戰後的世界，無論是法西斯的意大利，納粹的德意志，『社會主義』的蘇聯，抑是藍臏的美國，他們國家的支力都是一種修正的資本主義。我們可以說，第一次世界大戰前國家支力是舊資本主義，目下是新資本主義：歸終到底，資本主義是國家支力。」

「新資本主義——新國家支力的特徵，經濟上是統制經濟，政治制度上是獨裁政治。意大利、蘇聯、德意志、美國，全是如此。」

這是二十年前的文章了。那時，我指明德、意在實行新資本主義；現已被第二次世界大戰後的論壇所證明了。當時我說美國在修正她的資本主義，羅斯福的政權是獨裁政權，（我是看中它的效率），近來也被人漸漸證明了。而蘇聯的經濟制度是資本主義一說，直到去年（四十一年）十月才由史太林所撰的「蘇聯社會主義經濟問題」，自己供認了（註四）。

反對毀產的「共產」

第三篇，我專向「共產黨」說話了：

「……蘇聯目前是有這種能動員的戰時工業農業的……是因爲革命前有這種母體，即多少有了資本主義生產機構，革命後繼往開來，舊瓶裝新酒，由新革命政權一運用便得，反帝也好，抗日也好，都有應手傢伙，所謂有恃無恐的。」

「中國如何？能自造機關槍嗎？工業能動員嗎？農業能動員嗎？不能！何以不能？因為我們還缺乏革命前俄國那樣的資本主義生產機構……這些東西不能從石頭疙瘩裏蹦出來。說到這裏，我們就可以知道，幾十年來反英反法反俄反日諸役之所以不能成功，理由全繫於此；九一八以來，屢戰屢敗，理由也在於此。不論勞資并存政權也好，無產階級政權也好，沒有新資本主義這個國家支力——這個反帝抗日的基本條件，有什麼能人也無所憑依，祇有空喊口號，等候中國滅亡而已！而已！

「這種老生常談的理由，共產黨竟不明白嗎？你們的唯物辯證法不就是告愬你們如此嗎：沒有封建社會，不會產生出來資本家社會　沒有資本家社會，不會產生無產階級社會？這馬——列主義不是你們日常的讀本嗎？廢書不讀的結果，硬把封建勢力下的貧農充作城市的工人的領導，無暴不動，無動不暴，結果無產政權當然是建立不起來（因為母體還沒有成熟），就是勞資並存的政權也建立不起來，兩敗俱傷，中國才壞得如此！」

「經驗告愬我們：沒有實力，便沒法抗日。人家的砲打二十里，我們的砲打十五里，人家有坦克車，我們沒有，人家有飛機，我們沒有，人家用汽車運兵，我們用腳運兵，因此不能打……『實力』要新資本主義生產來給我們預備，給我們組織。新資本主義是國家支力，新資本主義生產才能讓我們重見剩水殘山。對於共產黨那種殲滅了中國幼年的資本主義以殉政權的方法，我們反對！」

這文寫出，已到二十三年九月，引起平津許多「左傾」小刊物的攻擊。但不久便隨着瑞金偽「中華蘇維埃共和國」的「二萬五千里」長逃而消聲滅跡了。

我對俄帝經濟的認識

他們如何攻擊我，已無文獻可徵；現在附存在拙作「青年集」裏有巴沙一文，雖反對我所說德意是新資本主義的一說，但也主張建設「民族資本主義」。我的第二篇原文裏有一段說：

「……蘇聯則以無產階級的立場也修改了國家支力。蘇聯現行的主義實是國家資本主義，生產手段歸於政府，剩餘價值歸於國民，分配雖然社會化了，還是爲市場爲剩餘價值而大規模地盲目地生產商品：這是百變不離其特徵的（除去剝削勞動階級的特徵）資本主義生產。」

巴沙表示反對，他說：

「……好一段巧妙的『曲解』！就我淺見所知，所謂資本主義經濟的特徵，不外：（一）雇傭勞動（資本家剝削剩餘價值）；（二）生產手段獨佔（資本無產兩階級更嚴厲地對立）；（三）商品生產，等三點。我們試看蘇聯，它除了把生產品以商品的形式傾銷國外以斥軋資本主義國家的商品外（這當然幷不是如你所說的盲目地生產商品），既不剝削勞動者的剩餘價值，更無資本家的生產手段獨佔，在國內，其生產品亦無絕對的商品型式，更無自由競爭的現象，何能說蘇聯的國家支力是資本主義？」

巴沙，記得是復社總幹事鞠宏德的筆名。此人二十四年在廣東某大學教書，抗戰以後，毫無消息。他當年不是「共產黨」，但這段話記得正和「共產黨」駁我的話有相同的地方。現在兩段文字都引在這裏，看出我當年所說「蘇聯現行的主義實是國家資本主義」這句主文，是不錯的，已經由史太林自劃自供而證實了，而且更進一步成爲「帝國的極權的資本主義」（註五）；他把「生產手段歸於政府」獨佔，使一切人民都變成工奴（遠不如歐美的勞工），這比歐美的舊資本家還要惡毒千百倍；它「爲市場爲剩餘價值而大規模地盲目地生產商品」，把俄國變成帝國主義者，以「鐵幕」爲市場，幷不斷擴大「鐵幕」（即市場）而進行侵略（即傾銷），也比歐美的舊資本主義烈害千百倍。只是當年我對它的研究還不透澈，致說「剩餘價值歸於國民」，其實現已證明今天俄帝全部剩餘價值是歸於史太林及其私黨，國民是歸不到的。我說它「分配社會化」了；現已證明是寡頭化了——分配只到新官僚，工奴們是談不到分配的。這算是我過去對它估計過高。

俄式「帝國極權資本主義」

巴沙所說，更替史太林的麻臉上搽了胭脂。他承認俄帝「把生產品以商品的型式傾銷國外」，但說是爲了「斥軋資本主義國家的商品」，這是爲史太林「帝國的極權的資本主義」的侵略作强辯。他說史太林「不剝削勞働者的剩餘價值」；今天史太林却承認了這點。他說俄帝「無資本家的生産手段獨佔」；却由史太林一家及其私黨來獨佔。他說在俄帝國內，「生產品亦無絕對的商品型式」；其實史太林已將工奴的購買力剝削淨盡，他們又那裏買得起商品？他說俄國內「更無自由競爭的現象」；對的，史太林已成獨頭極權的大資本家，當然在國內沒有自由競爭，却向「鐵幕」以外自由競爭起來，即侵略起來。以上當然是說俄式的資本主義的對內極權對外侵略，我們必須反對到底；但下一轉語，若立在俄帝立場上看，這種「極權的帝國的資本主義」却正是它的「國家支力」，使它成爲强而有力的國家。我們當年都以君子之心度小人之腹（對秋歌王朝，亦復如此），才容忍了長大了史太林這個魔王。

建成「民族底民生主義國家」

「中國新資本主義建設可能論」是「國家支力論」的第五篇，原文已經遺失。記得大意是說明當年中樞的「四年計劃」——抗日輕重工業建設，以及陳公博主持的部份，一定可以成功。我從抗日前線歸來後，曾和他長談。我說：今後中國經濟建設的前途，目的當然在於安定「民生」，手段却必須先行着重「國計」。我們必須工業能够動員，才能從事抗日。單單喚起民衆及聯合世界上以平等待我之民族，用之內部革命，固然可以成功，用之對外作戰，是不够的。換句話說，唯有把中國建設成爲一個新資本主義的國家，即民族底民生主義國家，抗日才有本錢。我大體估計，利用外資籌集內資都有可能。以四億人口作成國內市場也有可能。陳當時正搞實業部，興趣很高，我的意見似乎和他「所見略同」。他曾爲此很懇切地留我參加工作，直到二十三年秋天，他還有信約我到部。我確實因爲忍受不了南京夏天的酷熱，而且我經手的有關抗日的雜事太多，只好婉謝了。

我加入了東北力行社

二十三年夏天到二十四年春天，我大部份精力用在專心辦理這個刊物上。這個刊物和組織部主任鄭輔周先生協同配合得很好，為東北青年學社吸收了成千的社員，後來其中很大比例的社員成爲本黨的同志。在這段工作中，我體認了中樞抗日措施的正確， 蔣總司令抗日決心的堅定，確有擁護領袖（此四字係東北力行社誓詞上的話）的必要，以至「右派」諸君絕不如外傳的可憎或可恨，我對統制經濟、獨裁政治（效率方面），從十九年便如此主張：因於二十三年國慶紀念日的晚間，在黑白半月刊社宣誓，加入了東北力行社，監誓人是梅佛光先生。那天宣誓的人大約有三十多位，今天在臺灣的，除佛光先生外，似乎僅剩趙××先生和陳××夫婦了。後來我仍編入佛光先生的十八組。不久我領導的十八組也宣誓入社，名字如下：汪介夫、尹冰彥、欒法章，李海山，×××，呂存義，陳庸（大凡），裴春霖和×××。汪介夫等八位宣誓，仍由佛光先生主持，×××先生宣誓則由我主持，那已是次年冬天在歸綏的事了。

註一：「因國」係一名詞，詳見拙作「因國史」及本書二十五段。

註二：見「東望集」。

註三：「中」字語意双關：中華、中央、中正。

註四：一九五二年十月史太林在眞理報上發表「蘇聯社會主義經濟問題」，自認俄帝經濟中，商品、價格、貨幣諸種現象不但存在，而且具有極大力量。他也承認了剩餘價値在國內的地位及商品在國際市場上的作用。這正是「帝國的極權的資本主義」的自供，被他騙稱「社會主義經濟」而已。

註五：「帝國極權資本主義」內容詳見拙講「俄帝侵華史」。

一一　義救同盟

動員義軍將領

本文第十段裏，提到義救同盟。現在我有責任揭開這部保密十九年的歷史了。而且這段工作，對於「我爲何反共？」有絕對關係，因爲我從這段工作中體會出「共」是什麼來。

九一八事變以後，東北義勇軍奮起，極盛時期的民國廿一年夏天，大約不下八十萬人（號稱二百萬），給予日閥的打擊很大。廿二年三月四日熱河淪陷，夏天日軍在東北大舉掃蕩，義勇軍傷亡慘重。塘沽協定給予義勇軍的精神打擊尤巨。到二十三年秋，東北義勇軍差不多都被擊潰了。許多義勇軍的將領和少數官兵逃到北平，家毀產亡，無人睬理。先是，我在遼熱一帶的義勇軍中工作年餘，因爲一些報界同仁如林霽融先生（胡謅博士）等替我誇大宣傳，說甚麼「記者司令」（意爲新聞記者幹了義勇軍司令）等等，使我妄負虛名。廿二年以後，在北平重理新聞記者的舊業，得邀退入關內的義勇軍將領不恥下交，惺惺惜惺惺，大家來往得很熟。我鼓勵他們重行出關，埋頭苦幹，甚至潛入僞「滿」軍隊，培養實力，一俟二次世界大戰爆發，國軍正式抗日，便可從中內應，「內外夾攻」。（這就是下文所說的「隱體戰」。）大家都很同意。但他們要求由中央派遣，以免被人誤會是去作漢奸。

大約是廿三年的夏天，也就是張學良回國就任豫鄂皖三省剿匪副總司令不久，東北講武堂出身的東北義勇軍將領和失職軍官，組織了一個同濟學會，由耿繼周（濟舟）欒法章（棠山）諸位同志領導。我對他們作了不少的設計工作。他們出版了一個同濟月刊，請我任總編輯，我爲了要把這個學會轉化到本黨內來，並藉這刊物宣傳三民主義，便欣然接受了。因此更認識了許多義勇軍的將領。

「聯僞造僞」計劃

到了當年的國慶紀念日，我加入了東北力行社。翌年，我覺得我如從事革命和抗日，可以獲得本黨的全力支持，便擬定了一個計劃，內容係「聯僞造僞」。所謂「聯僞」，就是派遣入關的義勇軍將領，潛返僞「滿」，去聯絡僞「滿」軍；所謂「造僞」，就是由義勇軍將領去幹假投降，作僞「滿」軍官。「用敵人的餉，養我們的兵，消耗敵人，瓦解敵人。」

義救同盟及其要領

這個計劃的統馭要領，在於所派遣的義勇軍將領必須先成爲本黨的革命同志，卽由本黨領導，由本黨控制，由本黨支持，使他們對革命有認識，對本黨有信心，家庭生活有保障，才能認眞苦幹，不致弄僞成奸。所以我便由義勇軍的將領裏和同濟學會的會員裏找出欒法章、李海山、呂存義、陳庸、裴春霖（這原本都是我的朋友）五位，介紹他們直接入黨，然後編入我的十八組（宣誓加入東北力行社），動員他們發起組織義救同盟——東北義勇軍救國軍將領同盟。經他們和李涵光同志等的熱心奔走，進行順利，於九一八的卅九週月（廿四年三月）在北平昭義祠歃血爲盟。盟兄弟共五十五人，大哥楊泊航，係本黨老同志。二哥王紫宸（桐軒），也是老同志，以通化縣教育局長從軍，光復遼寧東邊十餘縣。他當年五十五歲，正月十三日建生，應是大哥，泊航也是五十五歲，十二月廿二日建生，應是二哥。但泊航係齊帮的廿一輩，桐軒則係廿二輩，我便硬替泊航長了一歲，變爲五十六歲，排爲大哥。三哥竇恩溥，就是本文第九段裏所記的蒙古師長柏蔭德根。誓詞、信條、紀律由我起草，當日滴血寫成，全文如下：

誓詞

余等誓以至誠，結成異姓兄弟，遵守信條，服從紀律，犧牲一切，終身救國。如違背誓言，先烈共殛，本盟嚴處：謹誓。

甲　信條

一、絕對信仰三民主義；二、絕對擁護革命　領袖；三、喚起東北武裝民衆；四、驅逐倭寇收復失地；五、生死與共甘苦共嘗；六、擁護本盟執行紀律。

乙　紀律

有違犯下列紀律者，予以最嚴厲之處分：一、通敵賣國者；二、破壞同盟者；三、同陣不救者；四、賣友圖功者；五、受本盟命令而不執行者。

義救同盟的盟員共五十五名，名單如下：

楊泊航——吉林民衆抗日自衛義勇軍第六路參謀長。

王紫宸——遼東民衆自衛軍第一方面軍武術隊司令、第十一路司令。

竇恩溥——東北國民救國軍獨立第四師師長。

閻雲亭——遼東義勇軍第三軍團第四旅旅長。

王曉春——遼西義勇軍第一路司令、中央陸軍暫編第五十五軍（按：軍長何遂）第一師師長。

岳仕臣——東北義勇軍第二軍團第六梯隊第一支隊長。

耿繼周——遼寧義勇軍第四路司令。

曹西賓——義勇軍第二軍團後方梯隊司令兼輜重司令。

張海天——義勇軍第三路司令（按：即「老北風」）。

王子豐——義勇軍第二軍團獨立第一支隊司令。

李海山——遼北蒙邊騎兵第一路司令、察省寶昌警備司令。（詳見本文第十二段）。

劉延芹——東北義勇軍第四路總部偵探隊長。

才鴻猷——黑龍江救國軍第四軍軍長。

韓立如——黑龍江省委兼民政廳長、軍署秘書長。（按：他並且代表馬占山將軍加盟。係十八年抗俄殉國名將韓光第之侄。）

劉振東——東北國民救國軍指揮總監部衛隊團長。（按：原係我所編組的第四師第十一團團長，已見本文九段。詳見後文。）

楊德三——熱邊一帶及後方工兵司令。

林振青——遼東義勇軍第十八路司令。
宋國榮——東北民衆救國義勇軍第八路司令。
于海須——東北義勇軍第五軍團第六梯隊第四支隊司令。
張慇深——義勇軍第三軍團第十二梯隊司令。
王　麗——東北國民救國軍第一梯隊長。（按：原係第四師第十二團團長。已見第九段，詳見後。）
孫秀岩——東北義勇軍第三軍團第十六路司令。
賈秉彝——東北義勇軍第十五路司令。
魏德堂——自衞軍騎兵司令。
陳鴻賓——義勇軍第三軍團第九梯隊司令。
李世膺——吉林自衞軍總司令部軍事政治特派員。（按：加盟後，知其係「共產黨」。）
劉麗玉——遼北蒙邊騎兵司令。
郭景珊——自衞軍第七路司令。
尙德顯——東北義勇軍第六梯隊參謀長。
王埜八——遼吉黑民衆後援會特派員。
呂存義——討日軍（按：孫殿英部）第三旅旅長（按：詳見第十三及十五段。）
龍[illegible][illegible]——義勇軍第四路副司令。
張占山——東北國民救國軍獨立第八師第一團團長。
趙濯華——吉林民衆自衞軍第三路司令。（按：加盟後，知其係「共產黨」。）
楊奇光——義勇軍工兵司令。
李涵光——東北國民救國軍軍事特派員。

關澧霞——東北義勇軍第二軍團第七梯隊司令。

馬　釋——東北國民救國軍獨立第八師副師長。

張　毅——遼寧自衛軍總司令（按：鄧鐵梅）部參謀長。

王全一——義勇軍第六路司令。

方文閣——義勇軍第五十路司令。

樊振山——東北義勇軍第十五路支隊司令。

李世鈞——東北國民救國軍第十二旅旅長。

汪元平——東北國民救國軍第十九師師長。

張東藩——東北義勇軍第六路副司令。

范清林——義勇軍第二軍團第九梯隊中隊長。

唐津波——東北民衆後援會直轄第四梯隊副司令。

趙尺子——東北國民救國軍熱河政治特派員、獨立第四師政治特派員兼副師長。

裴春霖——東北國民救國軍別動隊第一總隊長。（按：已略見第十段，詳見十二段。）

呂明光——討日軍第三旅第六團團長。（按：係呂存義的堂弟，詳見十三段。）

陳　庸——黑龍江省綏東縣長兼黑龍江民衆自衛軍總指揮。（按：已見第十段，詳見後文。）

李大光——遼寧民衆自衛軍獨立第四團團長。

項忠晉——東北義勇軍第二軍團第二梯隊第一支隊司令。

欒法章——東北義勇軍第五路司令、第四軍區司令官。（按：已見第十段，詳見後文。）

孟繁綸——東北國民救國軍指揮總監部參謀處長。

詳盡藏於崗譜。流亡多年，文物如洗；此譜獨存行篋，殆由同盟先烈精靈呵護，便利我將來爲他們寫這一段血史乎？（勝利後發願爲死難者作傳。惜大陸淪陷，未得完成。）

先烈王震

同盟結成之後，請由東北力行社備案。第一位由我請准派遣出關的將領是王震先烈。他字治民，係熱河省綠林的大首領。廿一年我和××（我的經理）招降了他，編入我們的第四師，任十二團團長。始終在朱霽青先生指揮下作戰。他的家——二車戶溝被日軍燒平，全村男子都被殺光。廿四年夏，他奉准在松嶺山脈重建游擊區，英勇作戰，秋天不幸陣亡。他出關時，家庭由我私人接濟。長子王樹德時尚年幼，其後由我培植長大（七分校畢業），卅二年加入我的蒙古抗日工作，娶妻生子，直到勝利。他們沒有直接花過本黨一文錢。

先烈劉振東

第二位是劉振東先烈。他字興亞，也是熱河綠林的大首領，我收編他作第四師第十一團團長，隨同作戰。朱先生脫險入關後，他也來到北平。廿三年夏，他自動回熱河去游擊了四五個月。加盟入黨入社後，廿四年夏，又奉准回熱游擊。同年冬（宋哲元「政委會」時代），竟在北平被日軍捕去，解往原籍，誘降不屈，終於殉國。本文第十三段還有關於他的遺族的工作詳情。

先烈欒法章

第三位是欒法章先烈。他字約三，又字樂山，東北講武堂畢業，在東北軍裏任連長。九一八後帶隊游擊。加盟入黨並入社後，奉准滲入僞「冀東防共自治政府」（殷逆汝耕）的僞「保安隊」任大隊長，係和賈秉彝（明倫）同志一起去的（賈後加入軍統局）。七七事變爆發，他到北平來見我，我告訴他「深深埋，苦苦幹」。不久，我報轉到京，面報陳社長，由乙本寺第六部給他一個密令，准他長期潛伏，陳先生完全負責。直到卅三年秋，我派××去北平看他，他已在齊逆變元的偽軍裡幹到旅長了，我簽他作我親自指揮的騎兵挺進總隊第五縱隊司令，已核准，但人事命令未能送達。卅四年八月日閥投降，「八路軍」急攻北平，王逆蔭泰束手無策。當時軍統局華北特派員周濟少將（本文十三段還要說到他）由地下出來，調他入衛。他和周濟少將艱苦支撐，打退了「八路軍」許多次的攻勢，守住北平，直到孫連仲長官所部空運到達，他才奉命進駐石景山，保護電廠。

陳庸的陰謀

卅五年多，我回到北平，和約三晤面。他的部隊已經改編，調任少將高參。他告訴我一段故事。——當他進駐石景山的時候，林彪逆部正向東北急進。一天，他接到一件由我和陳庸（大凡）簽蓋的信，大意是說，我（作者）早已加入「共產黨」，和陳庸一道去接收東北，要求他帶隊前去云云。他說：「我（約三自稱）知道大凡是『共產黨』，但我不相信你（作者）也會成了『共產黨』，因為從去年××來看我之後，我知道你還在中央工作着。但這信上有你的簽名，却是很像你的筆體，不能不令我起疑，於是寫了一封覆信，派一個貼己的副官，將你的照片給他看過，囑咐他一定要見你本人一面。假使你果然來了，我認真會帶隊跟你們上東北去的（按：他那時很受壓迫）。半天之後，副官回來報告，說是見到大凡了，要求見你。大凡真地也請來一個人，說那個人便是『你』，而那個『你』也真地對副官講了一些問候我並要求我去見『你』的話。但副官認得你的照片，你是方臉，那一個『你』是瘦尖臉，而且也不是東北口音，便看穿了。——我幸虧沒有上他這個大當！」

于復賡趙紹安等先烈

約三於卅七年調任傅作義部少將高參。我後悔沒有通知他來臺灣。四十年八月廿二日，他被偽「軍管會」判處死刑，立即執行！同時執行的共計二三七名，除了他之外，還有于復賡、李芳亭和趙紹安三位同志（載四十年九月四日香港時報）。于復廉同志，遼北蒙籍，經我介紹直接入黨。廿四年我到百靈廟去看德王，由他招待。淪陷期間，對於我的工作，很為幫忙。李芳亭先生，東北人，東北軍的老前輩，任過湯玉麟的參謀長，後任軍委會少將參議，奉何部長（？）派，潛入偽蒙工作。趙紹安同志，北平人，在廿二軍高雙成部任中校情報參謀，係軍統局的外圍同志。卅六年春，我介紹他在北平馬漢三同志處正式工作。

第四位由我請准派遣工作的是李海山先生，第五位是呂存義先生，十二段、十三段、十五段都要詳細說到。

先烈金甲三

當時有許多趕不上加盟的朋友，如王德林、鄧鐵梅、金甲山……不下數十位，一般也都相看成為盟員，幾次說到擴大同盟，惜未實現。德林是老同志，鐵梅、甲山均經我介紹直接入黨。鐵梅同志的黨證，直到廿六年七七事變後，我才由東北黨務辦事處的亂卷裡找出，交給他的公子，但他早已逝世了。甲山同志經我請准，廿四年秋潛入偽「興亞軍」任司令，不幸被日軍識破，在綏北遇害。

「白費了一番心血」

關於陳庸，我對他是白費了一番心血。他原來是東北瀋海鐵路的一個站長。九一八後，投効馬占山將軍抗日，任黑龍江省綏東縣長。日軍進攻綏東縣城（在黑龍江東北角）時，他浴血抗戰，歷時三日，使隔江的俄軍，為欽服，把他救過江去，為他治愈了重傷。廿三年由俄潛返赴滬，轉平，我們是在馬占山將軍處認識的。我在東北青年週刊上撰有「青年縣長陳大凡」（他任縣長時廿六歲）一文，並刊登他的照片，詳述綏東戰役，加以讚揚。以後我和于曉天先烈聯名介紹他直接入黨，加盟，入社編入我的十人組。但當年俄軍曾從死裡把他救活，並對他注射了二年多的「共產主義」毒素，給他的「第一印象」是太深了。從廿三年到廿六年，中間三年多，我為他解決離婚結婚問題和生活問題（和于先烈一同商請東北青年學社按月助他四十元），私人也接濟他不少，希望用熱情使他「由左向中」。但他對本黨是始終不滿的。七七事變後，彼此失去聯絡。直到卅五年冬約三說起了他，我才知道他淪陷入偽「共產黨」，在偽「冀中區」任偽「縣長」。他欺騙約三不成，便跟林逆返回東北，一度任過偽「黑龍江省主席」。三年前他已垮臺，任偽膠濟路局「局長」。

成仁與團圓

義救同盟的朋友，除了陳庸、李世庸、趙瀣華三人作了偽「共產黨」之外，幾乎全部由我介紹直接入黨，並始終効忠了黨國：泊航在天津殉職，死在津浦路黨部委員（？）任上（爆破中原公司案）；恩溥由我奉養十年，死於榆林。紫宸、曉春、繼周、海山、廷芹、立如（只有他後來加入「民盟」）、秀岩、秉彝、景珊、元平、繁綸……均曾抗戰八年，各有成就，勝利後才能重行聚首。鴻猷奉軍統局（？）派赴敵區工作，被捕殉職。至一和泊航在天津地下工作，爆破中原公司便由他行動，判處徒刑，勝利後獲釋，在瀋會晤數面。春霖在我一道工作，本文十二段將要說到他。——自大陸淪陷後，只有繼周七哥、繁綸五十五弟和我幸免一死，來到臺灣，其餘諸位兄弟都已闢入鐵幕，凶多吉少了！

「隱體戰」的意義

當年我組織義救同盟，對日閥展開地下戰鬪，所用的兵學原理，便是托羅斯基的「看不見的戰爭」，經我三十六年譯為「隱體戰」（註一）者。先是廿一年在熱河抗日的時候，讀過日文的托羅斯基自傳，曾經小規模地使用過戰術的「看不見的戰爭」，派李春陽、郝瑞臨等同志，秘密地到敵區作地下戰鬪（情報）。他倆都能英勇地達成任務。這固然由於他們和我感情水乳，主要更要歸功於我使他們成為本黨的黨員。記得廿一年冬天我曾作過結論：派遣地下戰鬪人員，先決的條件，必須他是一位同志。一位同志，為了信仰，為了革命，為了本黨，才能英勇地戰鬪，慷慨地成仁。用情感、金錢、官位或命令不是辦法云云。（註二）。所以當廿四年我設計「聯偽造偽」計劃，戰略地實施對日「看不見的戰爭」，便先由加盟，入黨，入社（東北力行社）作起。廿四年以後我看到意大利某記者寫「革命與叛亂技術」中的托羅斯基戰法，曾爲我所辦的「邊疆文語訓練班」排日講授（節本見拙作「草原紀事」）。其後又講過「組織學」（王康甫筆記），就是新聞網的組織法，和「看不見的戰爭」相通。尤其等到我二十七年以後讀到列寧所說的「一個黨員，便應是一個密探」（間諜），我更自信我上述結論的正確：一個密探，一定應是一個黨員。——「共產黨」都是「黨員」，依列寧的話，他們便都是密探。「共產黨」由俄國指揮，所以他們都是俄國密探、俄國間諜、俄國特務（俄特），此我所以稱他們爲「僞共產黨」也。

註一：「隱體戰」一詞係托羅斯基「看不見的戰爭」的拙譯。三十六年中央頒佈總體戰綱要，東北行轅所擬現地實施辦法，由我起草一部份。原綱要裡缺乏「看不見的戰爭」，我乃補入這一戰法，用「隱體戰」配合總體戰。

註二：見拙作「義勇軍日記」。

一二　「塞上風雲」

風起雲湧

本文第十段裡，也曾提到青年蒙古社。現在，我有責任揭開這部保密廿年的歷史了。而且這段工作，對於「我爲何反共？」也有絕對關係，因爲我從這段工作中體會出「共」是什麼來。

民國廿二年三月四日日閥佔領熱河之後，主力南下，而有長城各口之役，到塘沽協定告一段落；一方日閥改編了湯玉麟部下的團長李守信（詳見十三段），稱爲「多倫地區司令官」，命令他進駐察哈爾省的多倫，在戰略態勢上，這已等於進入內蒙古的大門，隨時可以升堂入室了。恰好在國人憂疑驚懼的時候，二十二年九一八兩週年後不久，北方報紙突然刊出一條新聞，報導說臨近多倫的西蘇尼特旗的德王，發出蒙文通知，定期九月某日在百靈廟召集蒙古王公青年會議，向中央要求「高度自治」即「獨立」。那時日閥導演的僞「滿洲國」已登場年餘，日閥編組的「便衣隊」即第五縱隊，打着「自治」的旗號，在天津、香河兩地均暴動過了；如果蒙古的德王也「獨立」起來，這還了得？這一條消息，對於國內和國際的刺激畢竟是太大了。

這時，我在雨時先生的復生新聞編譯社擔任編輯。他知道我認識許多蒙古朋友，便鼓勵我來發掘這一新聞。於是我開始第一次執行外勤，用去十天以上的全部時間，和留平的蒙古朋友同鄉攪在一起，埋頭研究德王要求「高度自治」的原因、經過，和探討解決的辦法。得力於王枕華同志的合作，我寫成二千多字的長篇社稿，於十月八日由復生社發出。——枕華現任監察院委員，是東土默特旗的蒙古青年，黃埔六期生，曾在熱河任警官之職。廿一年朱霽青先生赴熱河抗日，委王澤民先生（蒙古籍）爲第十六師師長，枕華任副師長，率部出征。次年，枕華全家逃到北平，開一間石印局謀生。我們時常見面。我跑這段蒙古新聞時，有許多蒙古朋友都是經他介紹的。

鬨動國內和國際的社稿

這篇社稿，被平津各報不約而同地刊在要聞版第一條或闢欄。天津大公報第一條是自己的簡短南京專電，第二條是我寫的蒙古新聞，第三條便是我的這篇長稿，經它標題爲「蒙事之探討」。這新聞的詳細、明白和機要，鬨動了國內和國際。以後，直到次年春天中央准許德王在百靈廟成立蒙政會，我發出大約三萬字的消息（一部見拙作「東望集」），一直爲復生社控制着新聞的王冠。我爲追求這段新聞，鼓勵枕華以蒙古青年的資格，出席百靈廟的蒙古王公青年會議，（似乎曾由我請求雨時先生幫助他若干旅費），並列席內政部長黃紹竑在百靈廟和雲王、德王的會議。枕華便將一切內容寫給我，由我選擇發稿。他攜一套照片，內有德王蒙裝小影，第一次見報，更引起國內外同業的艷羨。

爲了這段新聞工作，我結識了幾乎全部有關「高度自治」的蒙古青年及蒙古要人。德王對於我，尤爲感謝，派他的秘書陳紹武，由枕華陪同，赴平向我致意（當時外傳德王津貼復生社，這是同業因妒造謠，絕無此事）。紹武是枕華的親戚，中央政校畢業，後來德王親日任偽「蒙古聯盟自治政府主席」的時候，他幹過偽「廳長」。

「為黨國爭取德王」

德王的親日，完全是命定的。我由採訪新聞中，得到這個結論。當「高度自治」聲中，我自訂的「新聞政策」，就是不要揭破德王的面子，硬是說他的「高度自治」乃為了抗日，兼以挑撥他和日閥的關係。其次我便決心以黨員身份，為黨國爭取德王，縱使不能變更他的親日為抗日，至少也使他遲緩親日，及將來反正的前途。當時我的「聯偽道偽」戰法雖沒有成熟，但心目中已有大體的輪廓。我認定他是一偽。我多方設法建立德王對於我的友誼，並普遍和德王的部下建立感情。我對陳紹武等中央軍政兩校畢業學生約廿餘人，遇着機會便喚起他們對於三民主義的信仰和國民革命的回憶，並鼓勵他們立在黨員的立場，擁護德王抗日，防止德王親日。一面我決定在蒙古建立新聞網，以便深一層了解日閥和蒙古方面的動態。

我的第一批戰士

不久，我的想法便意外順利地實現了。——德王委託枕華替百靈廟蒙政會訓練報務員，他奉德王面諭，請我協助。我首先建議給枕華，報務員的人選必須是本黨的同志。能找到同志，那自然是最好的了；否則便要在訓練時把他變成同志。枕華的革命性極強，他自動主張盡個人的力量，使德王走「中央路線」，即不親日不親俄，所以立刻接納了我的建議。他由蒙古同鄉裡找出金庭槐、韓女士（金夫人）、王鍾岳、張樂軒和枕華夫人等七八位，都是他的親友，而將訓練他們成為黨員的責任交給了我。技術訓練，由他找三友無線電社的張忠孚負責（此人曾任朱霽青先生的電台台長，也是本黨同志）。他們下午在張同志的電社學習報務機務，上午便由我訓練三民主義（我詳解——「三民主義就是救蒙主義」）、中國革命史、中日關係史、中國史地（注重蒙漢關係）等課，不時開會討論革命和抗日問題。我秘密告訴張社長在教授技術的時候，也要側面造成革命抗日的氛圍，使令這些蒙古青年置身革命的環境之中。張忠孚同志和我合作得很好。三個月後，這批蒙古青年都經我介紹直接入黨。他們組織了一個青年蒙古社，刊出「青年蒙古」。我爲代籌東北青年學社捐助一筆印刷費，封面由我題署，文章由我選定，經樂軒同志譯爲蒙文，蒙漢合璧。我寫了「錫盟之前途」一文，諷勸德王不可親日（見拙作「青年集」）。不久，他們都作了蒙政會各電台的台長，枕華是阿拉善台台長，樂軒是土默特台台長，鍾岳是百靈廟台台長，庭槐是德王府台台長，其餘各台，事隔多年，我已不能記憶了。這事在廿三年夏秋之間完成，那時我還沒有加入東北力行社，不屬於社的革命工作範圍。

就「隱體戰」（「看不見的戰爭」）的立場看，這是我對日閥和親日蒙人所派出的第一批戰士（外部戰士）。

「金花」是「共相」

這批戰士經常由蒙古各地，用他們的電台，我的密碼，把蒙古新聞拍到我們的復生社來，有時也寄來長篇通信。能刊出的，我便發稿；不便刊出的，我便留作參攷。他們爲了革命，爲了抗日（他們都是九一八後流亡入關的東北蒙古籍青年），爲了救蒙，以黨員立場，無條件地，自動愉快地，以至冒着生命和失業的危險，爲我作着新聞工作。他們的工作，大部份都繼續了十年，直到抗戰勝利，沒有花過一文黨費（只有鮑國卿同志按月領過四十元，詳下）；反之却是花了日閥的錢，因爲廿五年五月德王幹了傀儡之後，我還是把幾十位同志留在蒙古（只在我的通信社中安插了樂軒作副社長，和他們聯系），作「隱體戰」。金庭槐同志立功最早，經我手抓到的日本大特務笹目恒雄（潛伏蒙古十餘年），原始報告人便是金同志。這個間諜案，二十六年經畫家沈逸千先生草成劇本，由陽翰笙修正出版，後在重慶拍成「塞上風雲」（註一）電影，其中所謂「東北青年」（陳天國飾），逸千意係指我說，要我「貪天之功」，所謂「金花」（黎莉莉飾），並無這位女主角，實是金同志和我的第二批戰士——蒙古同志鮑國卿、寶自修、谷易非（漢）諸同志的「共相」。他們報導給我有關德王的親日、日軍動向及日本間諜的「新聞」（註二）數量很是可觀。

「金花」的真面目

上文提到「金花」這個人，却在另一些「隱體戰」中出現。她姓武，名綠琴，「金花」是我給她的化名。爲了紀念這位可敬也眞可愛的朋友，現在顧不得許多的不便，讓我揭開這關閉了近於二十年的帷幕罷。

歸綏，這個陰山山下的古城，由於它是蒙漢貿易的市場，所以一部分漢人多少會說幾句蒙古語。也因爲它是一個市場，和其它市場一樣，也有出賣人肉的可憐蟲。二十四年秋冬之間，在百靈廟蒙政會任職的關懷卿同學、懷卿的堂弟關起義（字翼青）、財政科長陳賡揚和我，到龍泉巷的一個秘密所在，去看起義的女友——這位綠琴小姐。大家玩了一陣，也便各自散了。不久，起義又從百靈廟返來。他也是受東北力行社領導，在蒙古作「隱體」反日工作的，說是爲了取得聯系也好，或說我是他的側面指導人也好，他應該向我報告工作。我倆在綠琴的家裡談了半個下午。我發現綠琴不是一個壞女人，在那個社會裡，她的心靈可打一百分，像貌也可以打七十分。最可喜的是她還會說些蒙古語，這一點引起我的興味。不久，我發現許多蒙古朋友，包括効忠中央的和有心親日的，都時常到她家裡去玩。我便動起腦筋，有意把她訓練成爲一個「看不見」的戰士。

我怎樣訓練她？

大約十天以後，亢仁同志請客，我多貪了幾杯。返社途中，車經龍泉巷口，偶而想到吃點冷咖啡，便叫車夫拉到她家去。這是我生平第一次獨身一人到這個社會中來。正好她在家，沒有其他客人。她出乎意外地表示親熱歡迎。我們喝了一陣汽水，談了些朋友們的近況。對於起義，她說這人一定是親日派。從此以後，我便常常借她的客廳和廚師招待蒙古朋友。我囑咐她不要再說蒙古語，但要記住任何蒙古客人所說的蒙古語，然後轉告給我。她很聽話。漸漸我了解她是失學的初中二年半的學生，喜歡讀小說，看俠義和間諜片，還能寫出通順的書信。她的生活很艱苦，父母都是雅片鬼，自己也有嗜好，還要供給一個弟弟念中學。我在應付的茶錢兩元之外，每月送她三十元錢。

星期天的下午，她謝絕一切交際應酬，陪我談半天。我教她精讀了第一奇女、十三妹傳、紅樓夢、風塵女俠……三民主義和報紙等等，爲她講過西施亡吳，昭君和番，文成嫁藏……以至川島芳子嫁給甘珠爾扎布的故事。有一次我勸她禁絕雅片，去掉口裡的一顆金牙，力爭上流，我說許多「名女人」都曾經淪落風塵過的。下一個星期日我再去看她，金牙竟而拔掉了，這對於她，雖不免忍痛一時，確增加了美麗；並開始吃戒烟藥。到次年夏天，她已完全恢復了健康，可以打八十分了。記得我爲她寫過一幅對聯，是：

「一水護田將綠繞；

明朝有意抱琴來。」

上聯用王介甫句，下聯用李太白句，第六字嵌入她的名字。上聯描寫龍泉巷風景；下聯云云，凡是在歸綏住過的朋友，定會領略其中的綺旎風光，所謂「趕早」是也。但她對於「趕早」却不感到興趣，後來我才知道她害有不可醫治的「不感症」。因此她硬性地爲我介紹過一位小金玉蘭小姐，藉以自代。爲了她，每星期天下午，玉蘭也到她家來玩。我也有贈玉蘭一聯，是：

「有美玉於斯，如切，如磋，如琢，如磨，金剛不壞；

入芝蘭之室，可興，可觀，可群，可怨，小住爲佳。」

全用成語，內隱「小金玉蘭」四字，未免唐突經典，罪過之至。綠琴對這小玩意兒很懂得欣賞。

她成了川島芳子

這樣，一年之內，她爲我供給了至少一百件以上有關蒙奸的「新聞」。使用了我教給她的「隱體戰術」，完全自覺自動地在爲抗日革命而工作着。尤其在二十五年日僞攻綏的戰爭中，她出力頗多。僞「蒙」軍和僞「西北聯軍」反正以後，我交給她許多反正的僞師長、旅長、團長，要她偵查他們的言行，作爲改編時升降去留的參攷。有一個僞團長諾蒙袞額，是被裹脅而來，改編之後，仍圖叛變。一天，他和僞「蒙」派來的工作人員及「羽山公館」（

日本關東軍特務機關派駐歸綏的特務羽山喜郎）的漢奸，在她的下處吃雅片，用蒙語說話。她立即報告給我，我轉知傅作義。當天，他們被捕，訊明屬實，這一新編團也便被繳械了，幸未出事。諸如此類，我已記不清楚了。甚至三十五軍參謀處長李英夫、國民兵副司令李大超、團長孟文仰和蘇碩朋，所謂傅作義的「四大金剛」，以及傅部的許多要員，也都是她的相知；但也都在她自動地偵查之內。雖然我屢次拒絕她提供有關他們的材料，認爲她錯把目標對着自家人；她還是「一視同仁」，不分敵友，她認眞成了川島芳子，近乎一種狂熱了。我也曾多方試驗她對我是否忠誠，所得的答案是肯定的。後來我研究她的原因，主要有下列三個：一、她基本上有愛國思想，反日反蒙奸；二、她接受了三民主義的洗禮（但我未曾給她辦理直接入黨，這是我到今天想來還覺得抱歉的事）；三、我給她足够的熱情和我把她當「人」看。

「我辜負了這一位善女人」

二十六年上半年，省當局嚴厲地取締地下女郎。她幾次要求我和她結婚。我承認我在愛她，並準備培植她眞正成爲「名女人」；但我不够條件，無法爲她脫籍。曾懇切勸她出嫁。她說，那麼父母幼弟都沒有人贍養了。我說，若嫁給我，我也不能供給你的全家。她說，嫁給你，就是不能養活我的全家，我也心願，別人是不同的。糾纏許[illegible]，成爲地上女郎，我爲她改名「金花」，答應下半年支持她深入百靈廟。但她從那時起便完全不應[illegible]生活，一方由於「不感症」，一方她已決心爲我倆的關係而等待了。

七七事變突然發生，從此八年我沒有和她晤面。二十八年，我的特派員裴春霖同志從敵後返社，說到她仍操舊業，但我留在她家裡的用具書籍衣服原封未動，我的照片已經放大，我手寫的對聯揭裱一新，同住的紡織小屋也從不招待客人了，却又吃上了雅片。次年，我託一位走私商人去接她一回；她說來不了，因爲全家搬來，勢所不能，孤身內渡，又拋不下，但必會等到見面，再談嫁娶云云。三十四年冬，我復員到了包頭，背着太太，我倆通一回信，我告訴她，我已抵包，馬上就到；她回信也只有寥寥數語：「我的天啊！你竟是[illegible]亮了！」但這時平綏路恰被毛逆車截斷，接着包頭被困，我轉進寧夏。直到今天，我深深地辜負了這一位善女人。

逸千草創「塞上風雲」的時候，因爲本事裡沒有女人，不夠味道，便把金庭槐等同志「捏成女人」，和我商量姓名；一時興起，便告他可以叫做「金花」；也因爲「塞上風雲」劇中最先出力的金庭槐同志是姓「金」。三十五年，我有意地介紹這片子到歸綏放映，不曉得她看過沒有？

我的十人組

民國廿三年國慶紀念日，我加入東北力行社後，遵照它的黨網組織法，着手組織我自己的十人組。我的朋友和同志原來有很多，幾度熟思，才選定九人，分爲三類：一、文化工作二人：汪介夫和尹氷彥。（介夫後主編東北青年週刊，氷彥主持大路報。）二、「聯偽造偽」工作四人：陳庸、呂存義、李海山、欒法章。三、邊疆工作三人：我的經理、裴春霖和×××。

邊疆工作計劃

大約在二十三年十月下旬，東北力行社總幹事齊鐵生（世英）先生奉中央命令，經北平、張家口到德王府去看德王，轉道百靈廟，到歸綏去看傅作義。他臨去時，我把各電台的同志介紹給他，並請他面予慰勞，送些紀念品。一面我電告各台同志切實協助。他回平後，對於各位同志的艱苦工作，頗表欽佩。我遂擬定一個計劃，請他轉送陳社長看。這個計劃的目的有二：一、臨時的目的：抗日；二、將來的目的：治蒙（內蒙和外蒙）。對外蒙說，便是意識到今天的抗俄了。辦法有六：一、設立「邊疆文語訓練班」（將來改爲大學），將內地青年訓練成爲蒙古通、回回通及西藏通；二、設立「邊疆通信社」，宣傳三民主義，研究邊疆情況；三、設立「邊疆語廣播電台」；四、設立「邊疆劇團及電影廠」；五、辦理「邊疆通信報」（蒙、藏、回、漢文）；六、設立「邊疆貿易公司」。經費暫由中央借墊，俟「邊疆貿易公司」盈利後，自給自足並分期還墊。

我的第二批戰士

不久，得到齊總幹事的回信，說是陳社長已經批准了這個計劃，派我做負責人，先行設立「邊疆文語訓練班」，每月經費是二百二十元。我請××（我的經理）兼班主任，請樂軒做講師兼副主任。廿四年一月一日，這個訓練班便在北平溫家街誕生了。參加受訓的同志是裴春霖、劉鐵符、張治安、丁炳章和谷易非（一非）。上午學習蒙文蒙語，下午學習新聞技術。樂軒是蒙古青年，留學西藏，蒙藏文語都很好。春霖字滌塵，東北講武堂畢業。九一八後，率全連加入義勇軍，我收編了他，任為本師衛隊營的副營長，始終追隨朱霽青先生抗日並保護出險。七七事變後任本社綏包特派員，「隱體」偽蒙軍色令布部中任兼參謀長，為本社和德王及留蒙同志保持聯系，指揮我在淪陷蒙古的全部「新聞」工作。「日蒙協定」初稿，便是由德王親手交給他，經天津地下電台拍到重慶；但被管理這個電台的某部人員攘為已有了。三十年他的夫人陳頤女士由本社解款過包頭黃河事洩，被日軍逮捕，他便逃往漢口，秘密向本社報告經山火藥庫情況，經我機前往炸毀。後輾轉潛入劉昌義偽部任偽參謀長，卅二年帶劉昌義全部二萬餘員名，在晉南反正，擊斃日本西尾大將駐華派遣軍總部部附河口少佐、偽「綏靖軍」最高顧問眞野大佐、寸板少佐和偽「軍政部第一廳副廳長」王弼中將，克復了溫縣城，燬滅日閥正規軍一個營和野礮一個連，確保中條山一年有餘。他實任副軍長兼第二師師長後，始向本社辭職。三十五年，他指揮劉部死守臨城，反共八個月，後升入陸大特別班，現在××游擊中。治安字季光，係我主持東望週刊時代的二等兵作家。廿六年歸綏淪陷後，他以「××診療所」為掩護，工作八年。卅六年，我升任他為副社長，主持歸綏總社，直到董逆其武叛亂，他才來台，現任某中學校醫。鐵符初在土默特旗工作，七七後，在伊盟工作。本社發動成吉思汗移陵（註三），事先由他擔任蒙語宣傳，後以抄收日偽蒙文密碼成功，奉調任熱蒙黨務特派員。三十七年任商都警備游擊司令（同上校），後調多倫警備游擊司令，反共遇害。易非廿五年在達拉特旗工作，捕獲日本特務盛島角房（潛伏蒙古十六年）。廿六年，瓦解偽蒙軍森蓋麟慶一個師，率馬錫伯葉爾圖四百餘員名反正。廿八年陷身黃河，不幸去世。只有丁炳章，於廿四年白逆堅武在北平暴動時嚇得跑回東北去了。

這些同志，是我對日閥和蒙奸作「隱體戰」的第二批戰士（核心戰士）。

我的第三批戰士

白逆堅武暴動後，平津黨務機構被撤，我請求前進，深入蒙古，從事抗日、治蒙計劃的實踐。這也是我幼年景慕司馬相如的實踐了（見本文第三段）。我奉准辦理「邊疆通信社」（第二計劃），社址設於歸綏。東北力行社津貼本社的經費，每月共為四百二十元。（到三十二年，還是此數。）七月一日我們由北平前往。訓練班隸屬通信社之下，××調任本社經理，替我主持大部社務。樂軒調升班主任。除第一班照常進行外，新開第二班，受訓同志計李符桐、謝在善、張文友（凡林）、王康甫和寶自修五位同志。在善同志山東籍，店員出身的投稿者。廿六年我派他駐鄂王旗工作。廿八年七月一日「邊疆通信報」（第五計劃）出版，調他來任總編輯。卅二年，借給七分校，教授蒙語（樂軒也被借去教藏語）。卅四年他任西北大學副教授，後任教授。他在蒙古史方面的成就，被顧頡剛稱為「名山絕學」，因為他不單新譯出蒙文「青史」，並把「元朝秘史」還原成為蒙文，再譯成新本「元朝秘史」，較明譯本多三分之一，在學術方面，他的成功最大。他的蒙文恐為今日第一人了。文友同志吉林人，廿六年也派在郡王旗工作，和樂軒合作，逐走日閥大特務內田永四郎，搶救被內田脅迫投偽的王公——沙王、阿王和圖王，我們才有一個綏境蒙政會。後派駐鄂托克旗工作，截留下降敵的活佛策覺林（班禪之弟）。再派杭錦旗工作，逐走了毛逆所派的偽「民族事務委員會」的負責人趙逆通儒（廿七年）。再派烏審旗工作。卅二年，趙逆通儒策動烏審旗「四一五」暴動，文友遇害，係本社同志犧牲在毛逆手下的第一人（第二人係鄭榮芳，字新潮，第三人係劉鐵符，以下尚有××等多人被捕，情況不明）。寶自修，土默特旗沙賓地（鮮卑地）的蒙古青年，在「塞上風雲」間諜案裡，他也是工作人員之一。

這些同志，是我對日閥和蒙奸以及毛逆作「隱體戰」的第三批戰士（核心戰士）。

我的第四批戰士

我於廿四年奉命同志到達歸綏後，請准陳社長，成立邊力社（體系仿東北力行社）。×××同志這時由我監督，加入力行社，編入我的十八組。他的十八組，大體上都是百靈廟的同志。後來又經他介紹許多蒙古青年直接入黨，有些並已入社。我同經與領導鐵符、鮑國卿等九人，春霖領導在善、周東蕤、聶亞傑等九人；樂軒領導寶自修、亢仁、于役賡（見上段）、白音倉等九人，他們的九人也各領導蒙漢同志九人，蒙漢同志逐級都領導九人，截至廿六年六月底止，邊力社有案的本黨黨員約三十餘人，社員約二百餘人（當然也都是直接黨員了）：於是我的「隱體戰」戰士編成第四批（外部戰士），潛入偽蒙、內蒙各個角落，都是艱貞地為革命抗日而秘密工作着。廿六年十月以後，平綏路沿線淪陷敵手，德王的偽「蒙古聯盟自治政府」的「國境」西達包頭。但在這「國境」之內，到處都有本黨的同志，暗中活躍，我戲呼之為「青色第五縱隊」，由春霖同志駐包頭總領導，××在淪陷的歸綏，海山先生在偽「都」張家口，分別負責。三十年春霖失事，一度中斷；但三十二年我在偽「綏西聯軍」裡設立了秘密電台，先後派王幹事××、徐科長×.×主持，包頭以東的「新聞網」又告恢復了。

老將李海山

海山先生原任東北達爾罕王旗統領，九一八後任蒙邊騎兵第一路司令（北平綏靖主任張學良所委的中將司令）。廿四年義救同盟加盟以後，我介紹他直接入黨，後入社，編入我的十八組。廿六年春經我轉請陳社長並經劉伯華先生介紹劉健群先生，引見　委員長，以軍委會參議（支少將薪）赴德王處工作。七七事變後，他駐在偽「都」張家口，得德王全力保護，始幸免被日軍殺害。他和春霖及徐科長保持聯絡，春霖幾次密見德王，都由他秘密佈置引見，春霖得以完成工作，大體出於海山先生之力（自然也因為德王知道春霖是我派去工作的）。卅四年八月，日敵投降，德王及李守信無條件投誠，便是由於　領袖的德威所感召及海山先生和本黨其他同志工作的結果。

我打勝「隱體戰」

當時　領袖通令「淪陷區文武各員，一律保持現狀，靜待接收。非奉命令，不得接受任何方面的委任」等語。我於抄到後，立即加上上銜「希賢兄、子忠兄」（德字希賢，李字子忠），十萬火急拍交包頭陳縱隊長秉義（為防遺失，復發傅作義轉，陳未收到）。陳同志立即送交亢仁同志（偽蒙土默特旗總管，本黨同志，屬於欒軒的十八人組）；亢仁也立即由歸綏送交德王、李守信親自收到。時日軍已宣佈投降，而偽「外蒙紅軍」急攻張家口。德王奉到　領袖上述電報後，立囑亢仁同志回包頭去接徐科長，商討辦法；但平綏路已被共匪截斷。德王趕急找海山先生，拍電給我。（此電直到十月，我才收到。配屬傅作義的某部人員，誤了大事！）他等了三天，我沒有復信。海山先生乃勸德、李赴平，以免被姚逆及偽「外蒙軍」所俘。德王召集高幹會議，研究出處。而他的高幹，都是本黨本社的同志，當然一體主張赴平。德王遂率海山先生等到平，張家口便不幸淪陷。當時海山先生已老，非復當年。倘主堅守，大可有為。後來我們談到，他也後悔。九月二日，德王便飛到重慶謁見　領袖去了。

大捷

徐科長係我兼任黑龍江省政府調統室主任（三十二年四月至三十五年四月）任內的第二科科長。他是偽「厚和市」（即歸綏）市長徐榮侯同志的次子，童年時代在德王的膝上長大。卅二年我派他赴偽「厚和市」，送達我給他父親的委任狀（騎兵挺進第四縱隊少將縱隊長），看德王和補英達賴（德王的親信，徐的義父），完成聯絡，並為榮侯辦理直接入黨，發動偽蒙獻機（未作）。

當時，我指揮的騎兵挺進第一縱隊少將縱隊長係陳秉義同志，原係偽「綏西聯軍總司令」王英（際塵）的第一師師長，我請准中央（何部長委），委以此職，原駐包頭，擔任我和平綏方面的交通責任。事始於卅二年。卅三年我又面請何部長，給王英一封信，由我派員送去，委王英為第三縱隊中將縱隊長。

卅四年八月十一日早餐時，日軍行將投降的消息，由中央通告給我，我立即電令陳秉義（包頭）、王英（包頭）和徐榮侯（歸綏）三個縱隊長，完成前進佈署。 領袖播出上述命令後，我又急電他們「相機行事，響應國軍」，並告以我立即可進及十天後我的位置（惜以種種原因，我前進很晚）。十三日晨，包頭、歸綏已同時掛出「青天白日黑十字旗」（騎兵挺進總隊隊旗）。十五日日軍正式投降，日軍和陳同志商好，城內由陳部接防，城外由日軍對姚喆逆部警戒。陳同志並立即控制汽車八十餘輛，急赴黃河以西接運傅作義部前進。傅部於十七日到包，接陳縱隊防後，陳縱隊立即向歸綏前進。這以前榮侯同志率第四縱隊四百餘員（警察）及少數日軍，擊退姚喆逆部數度的進攻，但形勢更緊；俟陳縱隊到達會師後，歸綏也告確保了。傅軍接防歸綏後，陳、徐兩個縱隊又挺進大同。大同以東，因為姚逆已先機截斷鐵路，攻陷張家口，平綏的接收便到此為止。——張家口的淪陷，由於：一、德王等赴平太早；二、我方工作系統太複雜，上級缺乏統一指揮機構，偽蒙軍各有淵源，不服從李守信的指揮，他不敢打出五十八軍的旗（久斷聯絡）；三、毛逆的工作也相當的好。否則不會被姚逆輕易所搶去的。

這些「隱體戰」戰士——本黨黨員，為三民主義而奮鬥，同心抗日，終於瓦解了偽「蒙古聯盟自治政府」，並光復了包頭至歸綏之線，未落姚逆手中。我雖是這一段長時期「隱體戰」的設計人和負責人，在戰術指導方面似不無些微的貢獻；但運用這一戰術的先決條件——要有本黨黨員去英勇戰鬥，而這黨員則出自主義的薰陶，中央抗日方針的領導，和 領袖的感召。

「運用之妙，存乎一黨」

這十年我的工作結論是：「運用之妙，存乎一黨」。用辦黨的方式可以打出反侵略的「體隱戰」。——俄帝從一九一九年起，便用這種方式，辦偽「共產黨」，來侵略世界。日閥則於一九一二年起辦偽「宗社黨」等，侵略我國。

答覆景先生

這本小書用「我爲何反共？如何反共？」爲題，在戰鬪青年半月刊連載時，一位讀者景先生寫信給我說：「俄帝利用『共產主義』欺騙青年，把青年拉入『共產黨』，說讓他們幹『世界革命』，實際當作『赤色第五縱隊』來使用，以侵略中國：先生這一發現早在民國二十七年，誠然先知先覺，不勝佩服之至。如此說來，『共產主義』、『共產黨』、『世界革命』、『第五縱隊』都是我們必須反對的：先生這一主張，也是正確的。但先生自己敘述曾用三民主義，把青年組成國民黨，讓他們從事『國民革命』，而稱之爲『青色第五縱隊』，先生在『義救同盟』、『蒙古新聞網』、『騎兵挺進總隊』種種工作中，一貫用此辦法，一貫持此心情；然則先生恐或不免誤用了三民主義和國民黨了。希望先生對此有所解答。」函尾不附通信處，大約是要我公開解答。

景先生：我現在才能答復你，是因爲這本書到今天才能出版，並不是我廻避作答。我和你都知道：「主義」是動員的理論，「黨」是作戰的隊伍。這兩者本身都是客觀的存在。問題在於主觀（主觀依據政略，政略依據地略）上如何使用「主義」，如何使用「黨」而已。如果主觀上使用「主義」去反侵略，使用「黨」去反侵略，則「主義」和「黨」便是反侵略的即革命的；如果主觀上使用「主義」去侵略，使用「黨」去侵略，則「主義」和「黨」便是侵略的即反革命的。

帝俄有一種名爲「斯拉夫主義」的「主義」，景先生當是知道的。當年沙皇用「斯拉夫主義」動員俄國人民，反抗馬邁和拿破崙時，此「斯拉夫主義」是反侵略的即革命的；其後的沙皇在「斯拉夫主義」上加「大」字，用以統治白俄羅斯、烏克蘭，覬覦猶哥斯拉夫，在波蘭內導演「王黨」，以滅亡波蘭，則此「主義」此「黨」便是侵略的即反革命的了。

俄國有一種名爲「共產主義」的「主義」和名爲「布爾塞維克」的「黨」，在俄國是否有它們的客觀存在，我們管不着；但俄帝一經使用「共產主義」動員毛澤東，組織「中國共產黨」和我國作戰（以及動員金日成、胡志明……和世界各國作戰），則此「共產主義」此「共產黨」便是侵略的即反革命的了。——帝俄的「大斯拉夫主義」只能動員波蘭和猶哥斯拉夫等國內的斯拉夫人，而不能動員非斯拉夫人，因之俄帝乃改用「共產主義」動員各國的人，組織各國「共產黨」，以繼續完成帝俄的世界計劃（大彼得計劃），所以「共產主義」和「共產黨」（不問用什麼冠詞）毫無疑義是侵略的即反革命的。

至於我使用三民主義在日偽的組織裡組織「青色第五縱隊」，景先生一望便知，在主觀上，我是使用三民主義以動員偽組織中的革命抗日人士，這叫做「主義戰」，組織國民黨對傀儡漢奸作戰，這叫做「組織戰」，完全是反侵略的即革命的。除了「滿」奸和「蒙」奸反對我以外，應該沒有反對我的人。便是我將使用三民主義動員鮮卑人民，在鮮卑地方組織「鮮卑國民黨」，向俄帝作戰，此三民主義此國民黨仍是反侵略的即革命的。

這樣說來，我怎樣「誤用」了三民主義和國民黨？景先生？

註一：關於「塞上風雲」本事，詳見拙作「邊疆十年」。

註二：二十四年七月一日以後，「新聞」在事實上已有情報作用，故加引號，以示區別。以後十年，我共發出這種「新聞」三五千件。而沒有情報性的社稿，則約達五萬件。

註三：詳見拙作「邊疆十年」。

一三、工作動力

三個特寫鏡頭

十一、十二兩段裡提到李守信、呂仔義（和呂明光）、鮑國卿諸位同志的工作，覺得簡略，現在來三個特寫鏡

鐵」

／李守信，僞「蒙古聯盟自治政府」的僞「總司令」，曾統帥過十一個僞蒙騎兵師。我知道有他這麼一個人，始於民國二十一年的五或六月。那時，我和××（我的經理）招撫了十餘個綠林首領，編成了三個師（未集合），在松嶺山脈裡以杜里馬營爲中心，奠立了東北國民救國軍的原始游擊根據地。我們宣傳三民主義，強調抗日反「滿」，激怒了熱河省主席湯玉麟，派出了崔興武一個旅，進攻我們。一個早晨，崔旅進攻羊山——我們第九師劉存祀部某團的防地。劉師長不聽我們的勸阻（那時談不到命令），奮起抵抗，半日之間，其他各師也自由行動，向西北增援。到了下午，已把崔旅的三個團打得落花流水，退過小凌河北。這三個團是白團、宋團和李團，被喊爲「白送禮」。李團即李守信的一個團，我才知道有李守信這一個人。這一役我和××都負了責，成了「名」，湯玉麟懸賞一萬六千元，通緝我們這兩個「漢奸」。

李守信的歷史

二十四年夏，劉振東同志經我請准出關游擊，斬獲頗衆（見十一段）。秋天他勝利歸來，交來報告，轉呈陳社長及齊總幹事。我發現他作戰時所用的槍械彈藥竟是李守信所補給的。李時任僞「多倫地區司令官」，正是漢奸；何以會接濟義勇軍？原來因爲他是振東同志的聯襟。我詳問振東，才知守信字子忠，乳名三喇嘛，父子都是綠林渠魁。後被毅軍外八營李營長捕獲，殺掉李父，留下守信，並把大小姐嫁給了他；振東的夫人便是李營長的二小姐。——振東在北平被日軍捕去就義後，劉夫人和五弟劉某某，生活無着。我便代爲請准東北力行社，每月接濟八十元，搬到南京將軍廟去住下了。

二十五年的春夏之交，日寇把守信推進到張北（在察哈爾省），任爲僞「蒙古軍總司令」，屬於德王的僞「蒙古軍政府」。日寇另編王英爲僞「綏西聯軍總司令」，王逆道一爲僞××軍的旅長，一共有僞軍三萬餘，對着綏遠虎視眈眈。我參謀本部第五廳廳長時爲龔某某（名已忘），和本書十一段裡所記的周濟（原名裕岐）係親戚，遂派周同志任少校參謀，密赴張家口，意在策反守信。我和周同志早是朋友，知道他有任務；但不知他幹着什麼。夏天我過張家口赴京，周同志托我帶一自件，囑到京便親送第五廳徐祖詒（燕謀）廳長親啓。

參謀本部的策反工作

次日，徐廳長派員來找我。晤後，他單刀直入，要求我協助周同志去工作守信。這時劉夫人和老五月支八十元，不够生活，正爲我所關心，想替她們解决經濟問題。我馬上答應了徐廳長，尤爲介紹劉氏叔嫂去作中介人。徐先生聽我說明劉李關係後，認爲滿意，便派十五科科長李才桂（後任師長，在新疆殉職）去和劉夫人接頭。以後我僅知老五任了上尉，他們一道北上，會同周濟，去見守信，詳情我就不便聞問了。

這年六月一日，日軍發動僞軍攻綏，引起有名無實的「綏東大捷」，傅作義大出風頭（下文詳述）。不久之後，周濟同志跑來找我，他說：我對守信工作六個多月了。好不容易得到你介紹劉太太，我們一道密赴張北，轉往商都，見到守信；但參謀本部認爲我久而無功，却在這時把我撤職了。一定希望你接着完成這件工作云云。我當時沒有答應。周同志又約劉太太和老五來說，久纏不去。我對他們說：你們如果非讓我接辦不可，便要守信派他最親信的人來見我，光是你們來回跑，我還是不能辦的。

李的代表來見我

談話之後，我私人拿出一百元旅費，他們便又秘密地去看守信。大約十天之後，守信派他的女婿吳瀠鳳來見。我請他們在北平西長安街睿園吃飯。繼鳳說：「李司令官自己知道是作了漢奸；但這是被崔興武拖下水的，現由日寇玩弄，不能自脫。只要中央給個小小名義，知道他不是個眞漢奸就行。什麼時候，中央軍北上抗日，他便往熱河退，退到承德，他便反正。因爲他的長子被日本人拘在東京，老母家小和四百多家眷屬，也都被日本人扣在承德，非到承德，不能動作。『孝子忠已然不忠，守信不能無信』：這是李司令官親口對我說的話」云云。我覺得他的話還軍實擊，均注重和我「聯敵人蒙漢，與我們內兵」一內外原則相合。我不很同意參謀本部拉攏守信的辦法，因爲那便減少偽軍對我們內應作用，而且增加我方軍餉的負擔；於是答應向中央請示。

他任五十八軍軍長

就在這天下午，我接到本社的急電，要我立返歸綏。次日我到社後，參謀本部高參黎明（伯豪）和郭殿丞兩少將早已坐候多時了。他們拿出傅作義的介紹函，要求我協助去工作守信。這也正對我的意思，省得我自己向中央去辦，便告以守信代表剛到北平，可以介紹。但我也向黎郭兩先生提出條件：一、周濟應立即復職；二、劉老五實支上尉餉，並從六月補發。他們滿口答應了。

不久，周同志和劉太太秘密引導郭少將去張北見守信。郭回來之後，黎少將又去了一趟。據黎返綏後對我說，中央委李守信爲五十八軍軍長，黎任副軍長，委令已由黎親自送去了。八月一日偽軍第二次攻綏；傅作義又宣傳了一個「綏東大捷」。這一次守信的偽蒙軍並未出面。

功敗垂成

七七抗戰爆發，馬占山將軍任東北挺進軍司令，伯豪任參謀長，進駐大同。派周濟同志通知守信反正。守信已經遵令行動；但只差兩小時，不幸被日本傘兵所破壞，功敗垂成。守信花費了二百多萬銀元的賄賂，才把這事嫁禍給一個我記不淸名字的偽團長，作了替死鬼。（三十六年，周東我同志見告者。周屬於春霖的十人組。）當年伯豪當然不知道這個內幕，以爲李子忠不聽命令，使他無法向中央繳卷，遂自已組成五十八軍司令部，以副軍長名義招編民團土匪三四百名，張某某任旅長，隨馬占山將軍背進（三十六年十月）。過了黃河；進入郡王旗，又被郡王旗蒙古兵所包圍。當時本社特派員張文友同志知道黎先生和我有上述的一段關係，用蒙古語說服了蒙古兵（他那時兼任郡王旗保安隊教官），才得安全通過。

「五原大捷」的真像

守信反正沒有成功，卻為傅作義打了一個「五原大捷」。——七七以後，在徐州大捷之外，西北方面事隔數年，才有一個「五原大捷」，傅作義便以此發家。——先是，日軍唆使偽「綏西聯軍總司令」王英進攻五原。他派出三個偽師，第一師陳秉義（實係我的騎兵挺進第一縱隊司令）、第二師吳某某、第三師常子義，由日軍一個聯隊打先鋒，輕易地便拿下了五原；傅部西退，傅本人幾乎被杭錦旗的蒙古兵掠去。當王部偽軍西進的時候，日本人命令守信的偽軍去給王部開道同防地。守信奉命之後，便秘密告訴他的團長們，不要認真支援王部，尤其不能和國軍接火。王英侵佔五原後，日軍便返包，留下一百多個日兵替王英壯膽。幾個月後，傅部反攻。那時王英所部上上下下都和中央工作人員有聯系，因此誰也不肯抵抗，便一鬨而退。守信所部便藉口王部潰兵紀律太壞，來個迎頭繳械；王英的三個偽師便完全成了沉梓（後又經日軍補充起來）。等到傅部進抵烏瓦河（五加河）之線，守信所部向空放了幾槍，然後撤出五原，全部退回包頭，要求日軍增援。日軍來後，傅部也就停止前進了。——這就是所謂「五原大捷」！傅作義大吹大擂，其實真像便是如此。

「綏東大捷」的真像

回頭談一談二十五年的所謂「綏東大捷」。

第十一段註，我已提到呂存義先生。第一次和第二次的「綏東大捷」，便是存義替傅作義送的禮品。呂字路亭，山東人，遷居察北的獨石口。十九歲便帶過七千騎兵，作了褚玉璞的旅長。十七年北伐時代，他歸順了徐源泉，任旅長兼副軍長。二十一年，隨孫殿英赴熱河抗日，仍任旅長。二十四年孫馬戰爭（孫對馬鴻逵）發生，他在李剛經反正。二十四年，馬懋忱先生（介紹路亭反正者）把他交代給我。我介紹他直接入黨。他的綽號是「呂二小」，綏蒙五省的綠林朋友，沒有不佩服他的。呂明光，字正平，綽號「四閻王」，是他的堂弟，路亭的「門頭」，若千分也是「四間七」等他打出來的。在義救同盟的朋友裡，路真最爲有錢。他對於事業很灰心，因爲他反正後，兵被繳械；蔣委員長手諭讓他上陸大，而陸大却考不取。馬先生把他託付給我，原是讓我給他補習，好去再考陸大。我教他幾天，看他的確不够陸大特別班的材料，便鼓勵他東山再起，深入虎穴，培養實力。懶呀，懶呀地，好久他才被我推動起來，七枝長短槍，回到察北，不到三個月，他又拉起四五百人的一股，投入王逆道一的僞旅，編爲團長，冉國鎭和呂明光分任團附，日本人給他補充了四百枝新槍（俄式八米厘口徑），幾十挺輕重機槍。

呂存義送來「命令」

二十五年五月三十號，日軍下令僞軍進攻綏東，他的任務是佔領紅格爾圖。他收到油印的命令後，立派明光來平，向同盟報信。那時我在社內，明光會同王全一四十兄趕到歸綏，已是三十一日的深夜了，我馬上電話通知傅作義的參謀處長李英夫少將，轉知傅作義，已到六月一日天明三點；急電前方準備。紅格爾圖只有傅部一排，電話不靈，好不容易地打通電話，呂部已開始拂曉的攻擊；其他僞軍也向土木爾台等處開火，僞軍向空放了一頓槍，便自動分別後退，向日本人報告敗仗並要求補充去了。——這就是所謂「綏東大捷」！（呂同志下文，寫入在本書十六段中。）

鮑國卿同志的密報

現在要特寫鮑國卿同志了。他是熱河某旗的青年，蒙古名巴圖爾，南京邊疆學校畢業。二十四年冬任百靈廟小學校長。他和我的經理是同鄉，我的經理把他介紹給我。二十五年春，我辦笹目恒雄案，他也頗爲出力（詳見拙作「邊疆十年」）。我請准齊總幹事，由本社每月津貼他四十元。在蒙古工作中，這是唯一花過實的錢的一例。這筆款按月付出，由交通人員送去。二十六年十月以後，換付僞「蒙疆銀行」券。三十年因春霖夫人解款被日軍捕去，停發達二年之久。但「交通」恢復後，還是補發給他，而且始終發現洋，不給他的法幣。但那時（三十二年）本社由本黨所領的津貼，還是二十四年的四百二十元法幣，光是付他這四十元白洋，也不成爲一個數字了。

他於二十五年四月宣誓加入遊力社，屬於我的經理的十人組。五月十三日深夜，他由張家口去綏，向我提出報告：

（一）年來日人壓迫德王，不遺餘力。德王亦因環境困難，不得不虛與委蛇。奈日人得寸進尺，非逼迫內蒙脫離中央不可。去年十二月下旬，日人中島、漢奸陶克陶脅迫德王，飛往長春，約定內蒙自成組織，按月由日僞補助費用五十萬元。醞釀至於本年四月二十四、五、六日，錫、烏、伊三盟代表五十六名，在索王府開會。學生（按：鮑自稱）被指定爲僞出席代表。開會時由索王主席，吳鶴齡任大會秘書長。關東軍派田中隆濟（中佐）列席。通過要案如下：一、「蒙古軍政府組織法」；二、「蒙古軍政府」人選；、三「蒙古軍政府」成立日期：五月十二日；地點：加卜寺；四、「蒙古軍政府」旗式：紅黃白（豎）滿地藍；五、「蒙古軍政府」紀年：成吉思汗紀元七三一年；六、王公制度不許破壞；七、喇嘛教不許反對……

（二）「蒙古軍政府」組織及人選如下：

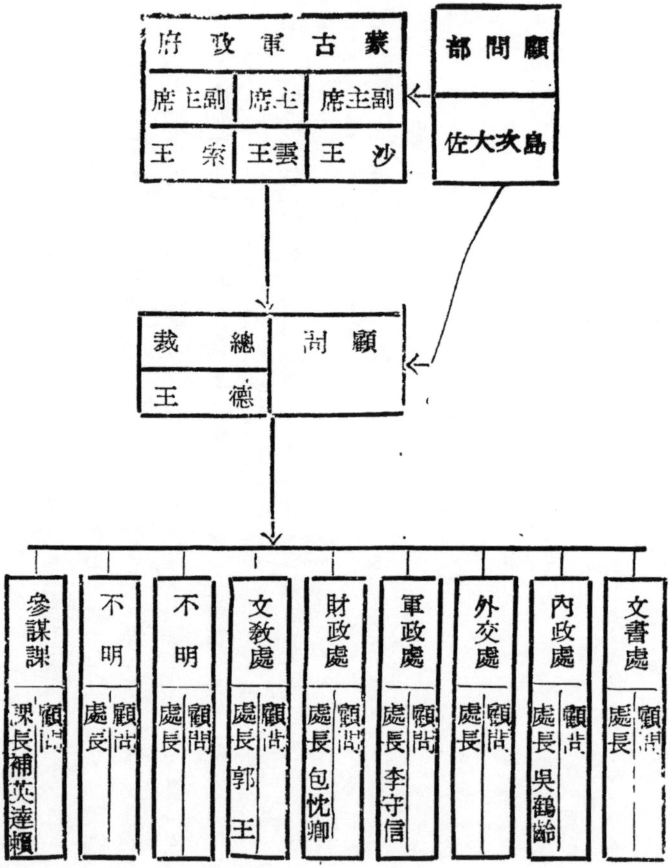

（三）在未開會之前，即決定編練二個軍：李守信爲第一軍，寶子宸爲第二軍。開會時又決定包忱卿爲第三軍。

（四）索王府閉會後，德王等即趕赴百靈廟，召開蒙政會四次全委會（仍縣青天白日滿地紅旗），通過要案如下：一、蒙政會仍設於百靈廟；二、繼續向綏遠交涉特稅（註一）。

（五）至五月十二日，「蒙古軍政府」如期在加卜寺舉行正式成立典禮。關東軍派參謀副長今井少將監督。日籍顧問來賓及察北七縣縣長等五十餘員均參加。禮堂交揮「蒙」（中）「滿」（左）日（右）旗。即日將成立經過通告日偽；但未向國際宣佈。

（六）截至學生離開德王府時止，日「滿」「蒙」防共協定草稿已由德王、陶克陶及關東軍駐德王府特務機關長山內，大體草定；簽字日期則尚未定。全文共廿餘條，要點如下：一、日「滿」「蒙」共同防共；二、日兵得自由在內蒙設防；三、日「滿」援助「蒙古軍政府」收復失地；四、日「滿」「蒙」交換使節……

（七）日方補助費已領得三、四、五月份，一、二月份待領。

（八）通告日偽之公文用蒙文。

（九）各重要人物對「蒙古軍政府」態度如下：一、雲王——表示年老，不就主席，亦不赴南京就國府委員；二、沙王——根本不知有此事；三、索王——表示身體肥重，就職而不負責；四、吳鶴齡——心在中央，表面就職；五、德王——應付利用成份各半（觀其不用「蒙古國」，而用成吉思汗紀元，可徵微意）。（註二）

這個報告，機要，完整，有血，有汗，絕對不是每月四十元所能「買」來的。而且他取得這一報告是利用了一、蒙古青年，二、偽「代表」，三、偽「文書處人事科交際股股長」的混合身份，及一年多邀得的蒙奸信任，尤其是他人所萬萬無法具備的。他何以不作蒙奸？不親日？何以不抱狹隘的蒙古民族觀念？何以「出賣」他的「王爺」德王（立在蒙古的立場，他可以說得是「出賣」了蒙古）？他何以如此英勇？而且長期工作？主要的原因，是我把他變成同志，引入革命[illegible]的正途上來。——這是他工作的真正動力。像鮑同志這樣的蒙古青年，如陶立濱、于復庚、吳亞傑、陶承俊、金延瑞、胡懷青、克仁、藍循如、索拉木坦、吉爾格朗（不是今天在臺灣的這一位）、張子明、寶××、錫拉奉、劉繼廣……以及我想不起名字來的大約二百多名蒙漢青年和偽軍軍官，直接間接，為本社工作，動力也都是如此。便是和德王關係最深的蒙古青年如陳紹武……老一點的如包悅卿、敖雲章……對於我的工作也都暗地協助，各盡所能，主要的也是由於他們對本黨對 領袖有信仰有希望，對三民主義有認識，對革命抗日沒有死心，最低限度也想在中央找一個出路。

總之：支配着這些同志的一種力量，絕對不是唯物的力量而係唯心的力量。我想如果再若具備了唯物的力量（能使令「隱體戰」戰士有富足的生活，光明的前途），嚴格的紀律和具體的戰略，當會決定當年全部內蒙古抗日抗俄的命運。

我自修了一些淺薄的「隱體戰」的戰術（看不見的戰爭），用三民主義作爲動力，用辦黨方式領導戰士，對日閥作反侵略戰將近十四年。民國廿七年以前，我綜合創造出來的這套戰術，專門用以抗日。二十七年以後，根據我的經驗，徹悟了俄帝侵略世界所用的「隱體戰」戰術，竟和我生打硬撞的這套相同：她是用僞「共產主義」作動力，用辦僞「共產黨」的方式編組侵略軍——僞「人民解放軍」。

註一：拙著「過渡十年」詳述經過。

註二：鮑同志原報告載於拙作「草原記事」。

一四 傀儡登場

日俄的戰術

近代日本侵略中國，所用的戰術之一是所謂「以華制華」（俄帝比她利害，是「以華亡華」），就是利用這一部分的中國人，制服那一部分的中國人。這種戰術，據我在民國十九年到二十年所瞭解，係出於班超的「用夷狄攻夷狄」，這是我從梁任公先生的飲冰室合集上（我預約一部並大體通閱一過）看出來的（註一）。讀者諸君看到這裡，請翻閱本文第八段「僞宗社黨與川島芳子」那一節文字。好，現在你又已看了一遍日本特務川島浪速利用僞「宗社黨」的招牌導演傀儡者，成立「後淸帝國」，編組僞「蒙古獨立軍」巴佈扎布，在東北竄擾五年的故事了。這便是民元以後日本「以華制華」歷史的第一課。從那時我便搞通了：日本人在光宣之際所喊出的「大東合邦論」，「黃人應享黃海權，亞人應種亞洲田」一套所謂「大東亞主義」，用今天的名詞說，就是要在亞洲建立「鐵幕」，由日本人統治亞洲。換句話說，日本人是用「大東亞主義」作烟幕，欺騙亞洲民族，而達到自己侵略亞洲的目的。

這一套戰術，多管齊下地在東北進行了二十年。上述的善耆醜劇閉幕後，她便一面導演張作霖，把他由抗俄游擊隊培植成爲土皇帝，用「東北自治」的口號，嗾使他和當時的中央——北京政府——相抗衡，而有兩次「直奉戰爭」。日本人從中漁利，巧取了不少的東北權益。直到張家父子覺悟，成爲狄托；她便把老狄托炸死（皇姑屯慘案），而把小狄托趕出東北（九一八事變的歷史意義之一，便是如此）。她一面暗中扶植僞「宗社黨」的餘孽，利用「同善社」、「萬國道德會」、「佛教會」、「法學會」（由趙逆欣伯爲首）作爲掩護，進行反張的「革命」。甚至利用了本黨老同盟會會員凌印清的反張。——近代的歷史作家所寫的九一八事變，都由日軍佔領瀋陽寫起；其實這是不完備的，也不正確的。她在九一八之夜，用「皇軍」直接行動，只是臨時改變戰術的結果，而她預定的計劃，却是另有一套的。

九一八的眞像

這所謂一套，便是利用僞「宗社黨」餘孽甘珠爾扎布（註二）的僞「蒙古獨立軍」、凌印清的「便衣隊」和張學成（註三）的「便衣隊」，在瀋陽暴動；而由石友三的部隊在石家莊暴動，牽掣入關的東北軍，不能出關抵抗。據我所確實了解的說來，當九一八前夕，日本大特務土肥原（關東軍特務機關長）在他的老師川島浪速的教唆下，作成了瀋陽暴動計劃：由甘、凌、張三逆的僞部合編二千人，潛入瀋陽城內，和東北講武堂模範總隊少將總隊長黃顯聲協同（註四），打出「反奉」「革命」的旗幟，共同暴動；然後日本軍藉口東北「內亂」，危及日本權益，出動正規軍，全面佔領東北，由漢奸「自治」。

當時我在東三省民報工作，雖然不負外勤職務，但消息也頗爲靈通，尤其我和東北官署務處長榮臻中將聯系得很好，他在事變前幾天就告訴我，夜裡不可上街，恐怕要有暴動。到九一八的下午六點左右，我們接通電話，他又告訴我，瀋陽東北撫順外圍的土匪已被擊潰，潛入市區的土匪已被捕獲了二三百人，盤據在馬路灣（日本站與市區交界處）的土匪也被警察打退了云云。當時他似乎未能偵知土匪的企圖，認爲只是土匪；九一八後我們在錦州相見，他才證實這是日本人的「便衣隊」。今天在臺灣的東北元老如董憲章（英斌）將軍，和東三省民報總編輯陳語天先生也許會記得這段事實的。

當日本嗾使的暴動部隊瓦解之後，臨時不得已才改變戰術，命令一小股二十餘人的「便衣隊」，扒斷了一小段南滿鐵道，她再以此小事作口實，準期於九一八之夜，出動正規軍，佔領了瀋陽。——當年東北軍開始的不抵抗，確是看輕這一事態的結果。

事變次日發展，土肥原便進駐青年會（在瀋陽大南門內），和于逆冲漢、趙逆欣伯籌備「自治」，其後演化成爲僞「建國會議」。川島浪速也由大連携帶川島芳子到瀋，住在大和旅館。川島誘惑李海山先生一月有餘，並由芳子實施媚術，要求李先生領導蒙古兵，「反張」「革命」。這段經過，我已寫入拙作「眞涅槃室扎記」川島浪速條，三十八年曾載臺灣中央日報（後收入拙著「鳳山集」）。從川島和海山先生的談話裡，也可以判斷九一八的暴動計劃是頗不簡單的。

土肥原是史太林的「學生」

我們都知道：三十八年十月一日毛逆澤東傀儡登場，曾經先串演一齣僞「人民政協會議」，但我們不懂僞「人民政協會議」的意義；當年日本導演僞「滿洲國」，不也曾先演一齣僞「建國會議」麼？現在我先來說明僞「建國會議」。

偽「建國會議」，事變後初名偽「東北自治籌備委員會」，由于逆冲漢、袁逆金鎧、趙逆欣伯、臧逆式毅（被脅）出名，而由土肥原主持。原來只想「東北自治」，沒有建立偽「滿洲國」的企圖。不意事變後不久的十一月一日，俄國已指示偽「中共」召開偽「蘇維埃第一次全國代表大會」，決定成立偽「中華蘇維埃共和國」，七日，毛澤東就偽「主席」。當時我們還以爲這是毛澤東的「革命」；但日閥和日本特務土肥原是了解俄國和毛逆的把戲的：因此決定導演偽「滿洲國」，乃佈置了一個「天津事變」，刦去溥儀，實行「獨立」。

天津事變

土肥原在導演「東北自治」不久之後，便去到天津，發動「天津事變」。先是，民國六年溥儀復辟，本出自日本特務的從中運用。其後日本特務之一的謝介石（註五），冒充遺老，作了溥儀的日文教師。他收買「帝師」鄭孝胥，勸他作申包胥。十三年溥儀由清宮裡被我們趕走，住在天津日本租界。據九一八後金息侯（梁）無意中對我洩漏的情況看，公開的日本特務如駒井德三等和秘密的日本特務如謝介石輩，勾結遺老，「反民復清」，一直也沒有停頓過。但到九一八事變發生後，溥儀爲抗日高潮所懾服，對於接見日本人，討論「反民復清」的事，確實是不起興趣或不敢生事了。——因此土肥原到津以後，立去看他，拉他到「滿洲」去「復國」；便被他碰了一個釘子。於是土肥原決定發動「天津事變」，刦持溥儀。

「溥儀被打敗了」

「天津事變」發生於二十年十一月八日。由李逆際春暴動，招募「便衣隊」二千餘員名，號稱「華北民衆自治軍」。前幾天，風聲已洩，市民頗爲恐慌，溥儀看報，也很恐慌。但他絕對不知道這是土肥原導演的。六日，土肥原由謝介石引見溥儀，告訴他華北要求「自治」，天津不久便要掛「五色旗」了。——這是他對溥儀神經戰的第一回合。七日下午，溥儀的「太監」接到一籃水菓，係用「太傅」陳寶琛（或寶熙）的名片送來的，內有香蕉鳳梨等品，在冬天的天津，眞是難得的鮮貨了，馬上便由「太監」獻給溥儀。他當然很是欣喜，親自取食。但他却由籃內發現了一個信封，內面寫道「日本人暴動。由溥儀主持。應該立卽停止。否則享以炸彈」云云，下署「鋤奸團啓」，已令溥儀惶恐無措；而信封之下果是一枚炸彈，便把溥儀嚇倒了。——這是土肥原對溥儀神經戰的第二回合，水菓和炸彈是他送的。於是日本特務謝介石、漢奸鄭孝胥奉召開會，研究對策。謝介石遂建議找土肥原派兵保衞「皇宮」。溥儀還在遲疑，大家也未散去。當夜直到次晨，天津暴動爆發，東北軍化裝保安隊，抗抵頗烈，火光滿天，槍炮之聲，隆隆不絕。——這是土肥原對溥儀神經戰的第三回合——大軸子。於是溥儀便被打敗了，遂電話土肥原派兵「入衞」。土肥原立刻親自駕車，送溥儀到海河，上了小汽艇，登時出口，坐上兵船。駒井、鄭孝胥也上了船。他們還以爲這是避難呢？第三日他們到了旅順，轉車下榻湯崗子溫泉，才知道已經到了東北。

溥儀與毛澤東之比較

土肥原隨後同溥瀋陽，召開偽「建國會議」，把當年偽「宗社黨」的餘孽、投降的紳士和地主，拉作「代表」，決定組織偽「協和會」（請你讀到這裡時，想一想偽「中國共產黨」），以偽「王道主義」爲建「國」指導原則（請你想一想偽「共產主義」），建立偽「滿洲國」（請你想一想偽「中華蘇維埃共和國」和「中華人民共和國」），擁護溥儀爲偽「執政」後　爲偽「皇帝」（請你想一想毛偽「主席」），偽「國旗」是紅藍白黑（橫）滿地黃（想一想偽「五星旗」），年號偽「大同」後改爲偽「康德」，建「都」長春，名爲偽「新京」（請你想一想偽「瑞京」和「北京」）。溥逆儀遂於民國二十一年三月一日傀儡登場（請你想一想偽「一九四九年十月一日」），鄭逆孝胥任偽「總理」（請你想一想周逆恩來），于逆冲漢任偽「監察院」大臣，趙逆欣伯任偽「司法院」大臣，臧逆式毅任偽「陸軍部」大臣，謝介石任偽「外交部」大臣（那時沒有人知道他是日本人），甘珠爾扎布任偽「禁衞旅長」……駒井則任偽「國務院總務廳」廳長，大權在握，操縱一切。——日本「以華制華」，在東北進行了二十餘年，由偽「後清帝國」到偽「滿洲國」，畢竟實現了。不久由謝介石起草「日滿協定」（請想一想史毛「協定」），便「一面倒」而喊日本為「親邦」（親爸）了（請想一想毛澤東口中的「老大哥」），她替日本帝國奴役着三千七百萬的東北同胞，替日本帝國「奉仕」出「大東亞聖戰」的血肉與金錢（請想一想「抗美援朝」）。

土肥原製造偽「滿洲國」的陰謀技巧，雖是「古已有之」，具詳拙作「因國史」，讀者可以參看；但民國二十一年三月的偽「滿洲國」是以民國二十年十一月的偽「中華蘇維埃共和國」為模型及直接刺激，也是顯而易見的。可惜的是，我們在偽「滿洲國」一經成立，便認準她是偽組織，溥儀是漢奸叛逆；而在偽「中華蘇維埃共和國」成立，一直到偽裝為「邊區」，三十八年十月一日改為偽「中華人民共和國」，十八年中，我們却認為這是「革命」，毛澤東是「革命領袖」！推原其故，是我們對日本侵華史讀得爛熟；而對俄帝侵華史則毫無了解。

帝俄侵華史

原來，俄國自從一四八〇年由欽察汗的羈軛下掙脫出來，便一直向東方侵略：起先為了報復蒙古人而吞滅了蒙古人的喀山汗國（一五五二年），接着便越過烏拉山，又吞滅了蒙古人的鮮卑汗國，到一六八九年，侵略去整個的鮮卑利亞，分向黑龍江、外蒙古和中央亞細亞三路殺來。一九〇〇年，它侵佔了整個的東北，迄一九一七年，俄皇尼古拉被克倫斯基推倒，俄國的國策實以吞滅整個中國為目標。這年十月，克倫斯基政權又被列寧所顛覆。

俄國兵學思想

自從東方正教（實為猶太教）「用埃及人攻打埃及人」（見舊約以賽亞書十九章）的戰術傳到俄國，欽察汗國的拔都再把班超的「用夷狄攻夷狄」活用成為「用斯拉夫人攻打斯拉夫人」的戰術留在俄國：於是蒙古戰術與猶太戰術便混血結胎，成為俄國的兵學思想。自一五五二年起，伊凡第四「用鮮卑人攻打鮮卑人」，「用蒙古人攻打蒙古人」，越過烏拉山，鯨吞了鮮卑利亞和中央亞細亞。一九一二年（民國元年）便「用蒙古人攻打滿、漢人」，導演了偽「蒙古帝國」，以哲布尊丹巴呼圖克圖為「皇帝」，年號「共戴」，外蒙古便向她「一面倒」了。——這是我從民國五年聆受先嚴講解「學首明」而愧巳忘淨（見本文一段）及十七年聽過劉彥先生講演而表示不信（見本文六段），直到二十七年我才讀懂的一部俄帝侵華史。其間，我接受了俄國透過僞「中國共產黨」所作的虛僞宣傳，總以爲「革命的」俄國應不會是帝國主義的俄國（註六）。等到我研究過僞「滿洲國」的全部過程，並根據我在十二、十三兩節所寫的經驗，研究俄國的歷史、僞「中共」的歷史、僞「蒙古人民共和國」和僞「拓跋人民共和國」的歷史後，千辛萬苦，才恍然大悟。

俄帝侵華戰術

俄國從列寧取得政權直到今天，始終還是一個帝國主義的國家。她對外侵略的戰術，和我用以抗日——反侵略的「隱體戰」完全相同（我的「隱體戰」本譯自托羅斯基的「看不見的戰爭」，即猶太及蒙古戰術的活用）。她於一九一九年，設立「第三國際」（等於日本的「黑龍會」），用辦「黨」的方法，在她預定侵略的國家中編組赤色第五縱隊。首先奉派到鮮卑利亞伊爾庫次克組設「東方執行部」的人名爲維丁斯基（我始終認爲他就是今天的維辛斯基，待考）。他於一九一九年設立「東方革命大學」（等於日本的「東亞同文書院」），招收中、蒙、回、藏、韓、越、日各國青年，給以兩種訓練：一、「共產主義」；二、「隱體戰」。民國十年，他把所訓練的蒙古青年，結成僞「蒙古青年黨」，蘇克拔都爲僞「黨魁」，編組僞「蒙古革命軍」，在外蒙古「獨立」，成爲僞「蒙古蘇維埃共和國」，然後「一面倒」入「鐵幕」。民十六年，又把鮮卑人的拓跋（即禿髮氏）兀良哈（即烏梁海）從外蒙古分化出去，建立僞「拓跋人民共和國」，於三十三年，併爲俄國的一個「聯邦」。這都和帝俄搞的僞「蒙古帝國」是相同的。

赤色第五縱隊的編成

先是，維丁斯基於民國八年（一九一九年）來滬，欺騙陳獨秀，於民國十年（一九二一年）七月一日，收編了

「馬克斯主義研究會」，成爲爲「中國共產黨」，展開侵華的大規模的「看不見的戰爭」（隱體戰）。民國十三年至十六年由鮑羅廷指揮。至民國二十年十一月七日導演成爲僞「中華蘇維埃共和國」。——這部侵華史，從三十年我和延安鬧翻了之後，到三十四年十月，我已記不清講了多少次，先後全部聽衆大約有五千人（陝北的黨政軍幹部及青年），在我的本報上也用蒙漢文逐期登載過。

清清楚楚的結論

我了解俄帝及毛澤東的全部陰謀，雖始於民國二十七年；但在民國十九年，我已覺察出毛由俄帝作「牽絲手」（見本文八段），二十年以後，僞「中華蘇維埃共和國」和僞「滿洲國」先後成立，我心裡已經不免發生疑問。當年我了解的自然不能透澈，但已恍恍惚惚有到一點：打朱毛不是打內戰（當然說他有「國際性」——見本文十段）和「馬克斯誤國」（見本文第十段）的形迹。因爲心裡還留着「共產革命」的印像及「共產黨」一個「黨」字作祟，閉塞了我的聰明，使我未當進一步把這所謂兩「國」兩「黨」兩「主義」和中日中俄歷史作一次詳細的對比。只憑我天真的理想的想法，我覺得毛澤東縱然殺人，但總是「一種革命」，在歷史也是「古已有之」。其後二十二年日閥導演「熱河事變」，二十三年有「冀東事變」，二十四年有「北平事變」（白逆堅武暴動），都喊着「自治」，都被國人指爲漢奸，二十四年殷逆汝耕也「自治」了，成立「冀東防共自治政府」，他雖也被指爲漢奸，但因他喊着「防共」，使人想到漢奸所「防」的「共」必是漢忠，因之我的疑問更未嘗自找解答。到我親自運用「隱體戰」，協助義救同盟諸友出關，以至二十四年起我在蒙古地方組織「新聞網」，其後大規模對日蒙展開「看不見的戰爭」，我才瞭解，我的戰術竟是和土肥原的戰術不謀而合，只是他們打的是侵華戰，而我打的是抗日戰——反侵略戰，有所不同而已。日本特務在蒙古扶置傀儡；我便在蒙古和日本特務爭取傀儡。不久，我便想到我們不好也在蒙古扶植同志麼？我想，如果把德王變成本黨同志，讓他以蒙古人的立場去抵抗察日，收復外蒙，不正是靖邊定國的百年大計麼？爲了這一大事因緣，我又於二十七年到了陝北。到了陝北，却親目看到「共產黨」，將他們的歷史、作風，和溥儀、殷汝耕、德王、王克敏……作一對比，由歷史的紀錄和我親身的經驗，加以融會貫通，我才清清楚楚地作出結論：毛澤東是俄國傀儡──俄國在中國國內編組的第五縱隊！儘管他自己認爲自己是「革命」──爲「共產主義」而「革命」，也只等於溥儀自己認爲自己是「復國」──爲「滿族主義」而「革命」而已。

註一：梁先生撰「班超傳」，詳細記述班超「用夷狄攻夷狄」的歷史，並說班超爲一「偉大的特務」。

註二：甘珠爾扎佈，係僞「宗社黨」武力的「蒙古獨立軍總司令」巴佈扎佈的兒子。詳見拙作「鳳山集」。

註三：張學成係張學良的堂弟，曾任團長，反張。九一八後與凌印清同被義勇軍張海天司令（見十一段義救同盟名單）擊斃。

註四：黃慕寬爲日本人荒木（名失傳）。冒閩籍，東北講武堂畢業，洊升至少將總隊長。九一八之夜，強迫模範總隊叛變，僞「滿」初期「國兵」均出荒木部下。詳見拙著「第五縱隊戰法教程」。

註五：參見「鳳山集」謝介石條。

註六：列寧「帝國主義論」說：「帝國主義就是資本主義的最高階段」；下一轉語，非資本主義國便不是帝國主義。這「理論」經漆樹芬的「帝國主義經濟侵略下之中國」洋洋三十萬言大著的宣揚，支配了民十六至九一八的中國青年。大家都認爲俄國既係「共產主義」，當然不是帝國主義。眞是誤盡蒼生，亡了中國！

一六　西安事變

我和張學良

俄帝僕華，打出的「隱體戰」，我名之爲「戰略的隱體戰」；而她的「隱體戰」之「體」——僞「中共」即赤色第五縱隊，在對自己祖國作戰中又自有其戰略的和戰術的「隱體戰」。——西安事變，便可作爲「隱體戰」史來讀。

我和西安事變的禍首張學良的淵源，起於九一八事變之前，我曾向他建議過「民族生產總動員」（見八段）。事變之後，我成爲「記者司令」，虛名四起，他看報時忽然想起了我，託雨時先生約我談話。這大約是二十一年十月的事，我還在前線，當然不得而知。十一月我回到北平，雨時先生正任他的情報（宣傳）處副處長，馬上要拉我去見。因爲有點小病，所以便謝絕了。

這時他的機關報東方快報舉辦新年徵文，題係他自己所出，名爲「東北失地收復策」，第一名也由他自定。雨時先生囑我投稿，我表面沒有答應；但用筆名「木堂」寫了一篇（載拙作「東望集」）。到十二月二十幾號，我的一篇竟獲當選爲第一名。總編輯張慶泰（註一）派人按照通信處來找「木堂」，才知道是我。這一秘密馬上便被拆穿了，雨時先生頗爲興奮，馬上用電話通知給他，並替我答應下除夕進順承王府去拜年。

到了除夕，雨時先生便把我接去，大家談了一會，頗爲合攏。我的文章的主要立意，是「欲收復東北，必須守住熱河；欲守住熱河，必須撤換湯玉麟。」我們便把這個作爲話題。他表示將用張輔忱（作相）去接熱河省主席，並按照我當晚的建議，由十九旅牛元峰和二十旅常經武去接熱軍崔興武和董福亭兩旅的防。臨行之時，他拿出來三百塊錢；經我委婉而堅決地謝絕了，我說：「徵文當選，我已領到一百元了。將來我還想多花張先生的錢，這三百元暫請記假」云云。雨時先生知道我的脾氣，說不要便不要，也從旁勸阻。他十分爽快，重重地和我握手，連說：「有事便打電話給我，我必幫忙。」不久，他和汪精衛鬧翻，便下野了。

他的「兩姑主義」

二十三年一月，他回國就任豫鄂皖剿匪副總司令。九月八日，我在東北青年週刊上發表了一篇「兩姑主義」。因為他在回國之後，曾對記者談話，題為「赴歐考察之三大感觸」，油印給東北軍看。第二段說：

「中國人第一個亡國病症是既不能令，又不受命，以致組織無力，團結難成。結果寧可受外國人的強力壓迫，也不許自家兄弟來統治。弄到今日國不成國，連自衛的能力都沒有。全國人若是不願當亡國奴，必須大澈大悟，痛改這個弱點，姑容許一個領袖有試驗的機會，姑擁護一個主義使得發展其效能。」

他的幹部如前東北大學代校長王卓然、前東北中學校長王化一輩（現均已靠攏）便由「姑容許一個領袖……姑擁護一個主義」的兩個「姑」字上着想，大作其文章，大掉其花槍，和「中共」秘密來往。我立在「黨爭」立場，當然不容許他們這樣胡來。一方為着向他公開陳說，希望他能立卽糾正，一方也向他們作個警告。原文後半說：

「有些長衫人物正替他想着不『姑』以後的問題。他是否知道？記者不得而知。記者僅知此『想』無論對於任何方面說，都是不利的『想』而已。

「其實，說句摩登的話，這種現象也正是『兩姑主義』之辯證法的發展：『姑』的母體中自然會生出『不姑』來。將來不是有個『統一』，就是有一個『矛盾』。

「東北諺曰：『兩姑之間難為婦』。張氏勉之！」

這篇文章，分量沈重。我雖用着「東風」的筆名，但不知被誰洩漏給他（一說經鄭輔周告給王卓然）。他便函告雨時先生，約我去談談。這年的國慶日我既加入了東北力行社，自覺着個人行動應聽命於社了。二十四年春天，他又託公來先生帶到車票和旅費，仍是邀我赴武昌一行。那時東北力行社是「兩頭政治」，我只好分頭請示，一頭允許了我，一頭却不同意。很久之後，那一頭也經我說通，遂於四月中抵鄂。

他在徘徊中

我們開門見山的談話，記得是這樣的——在由總部赴徐家棚（張之私邸）途中，上車之後，他便問道：

「尺子，你看我應該走什麼路線？」

我說：

「副總司令現在的路線，便很好了。——擁護 領袖，積極剿匪，準備抗日。」

我在漢口盤桓了半個月。臨行時，他囑我隨時貢獻整頓東北軍的意見。我也對他談到我的邊疆十年計劃；他很鼓勵我，並自動替我介紹德王。（他曾建議我赴新疆，替盛世才去辦天山日報。被我謝絕。）此行經我報告東北力行社備案。

他接受「安定計劃」

這個時期，在六十七軍裡以及大部東北軍裡都有我個人的義務通信員。綜合這些通信員的通信，我知道東北軍已經腐化，不能剿匪，而且正向惡化（投共）的路上走着。為了維護剿匪的國策，為了準備將來的抗日，我不能坐視東北軍壞下去。乃於回平之後，把我所收到的通信，塗去姓名，貼成一巨冊，並擬具了一個東北軍安定計劃，帶給了他。這個計劃的要點，是在湖北鷄公山設立新村，將東北軍軍眷集中一地，購田設廠，從事生產。東大、東中也都搬去。眷屬由村長管理，發生、送死、治病、求學，全不用軍官分心。軍官的一半薪餉，發到新村，轉交眷屬。軍官不幸陣亡，遺眷也由新村負責。我的着眼點是：「用盡唯物的辦法，才能收到唯心的效果」，使東北軍官安心剿匪。——他馬上採納了，派一位丁秘書去任鷄公山管理局長，買了許多水田，東中也搬了過去。正在這時（二十五年春），他受命為西北剿匪總司令，進駐西安，又在西安城外建起東北新村，在禁區一帶買了許多旱田。

中央不聽我的報告

西北剿匪開始不久，他的牛元峰、何立中兩師在大小勞山便被吃掉。我這年春（夏？）去南京時，曾向東北力行社報告，說東北軍需要澈底安定、訓練、補充，不要再作戰了。越作戰，越犧牲；越犧牲，越苦悶；越苦悶，越惡化。負責人似乎誤會我受了張的收買，替東北軍說話，沒有轉呈。（其實，我沒有花過張一文錢。離武昌時，他派張秘書松筠送我三百元旅費，不能不收，但我用它運回亡友管滌之先生的遺棺，也是表示不便花他錢的意思。）秋天，我收到的通信更多了，對於東北軍的「怠戰」以至「聯共」，瞭如指掌。我又晉京去說，仍是沒有下文。

防亂工作

回到北平之後，我祇好直接對東北軍說話了。先是同石子壽先生商量，請他赴津設法推動東北元老，赴陝勸張。元老王樹翰、張作相、翟文選、馬占山四位去勸過，而且碰了釘子。其次我給他一封「萬言書」，告訴他「反蔣必敗，聯共必亡」。勸他「爲先大元帥和東北流亡愛惜東北軍」，不要給赤匪「送禮」。以往我給他去信，立即得覆，十之八九是親筆；這回卻是石沉大海了。其次我發表文章，幾年儘用筆名，這回署了眞名。我判斷，信是被人截留不交了，希望他能看到我的文字。然後請我的經理去看王鼎方、劉維之、黃大定諸位。

「東北軍工作委員會」的「隱體戰」

鼎方軍長是西安事變的主力之一，（但他沒有想到用刦持 領袖的方式，）那時我不大知道。據二十六年我所知：先是，他的團長高福源在陝北兵敗被俘，被俘後立即投降，得以不死，經毛逆說服之後，被釋出來。他回到西安，老着面皮，唱「聯共抗日」的論調。他說：「東北軍如果再事剿匪，必全部被中共犧牲。共產黨是不打東北軍的，而且誠意和它聯合抗日，打回老家去。」在這以前，何立中、牛元峰兩師都被毛逆部所繳械，兩個師長陣亡。

高的理論，打動了鼎方軍長的心。

毛逆方面，在這以前，已經抓住了張的秘書處。部隊團長以下幹部來謁，當然先到秘書處請示意旨。中校秘書栗又文，原是周逆恩來主持的「東北軍工作委員會」的委員，便假傳聖旨地告訴他們說：「副總司令是主張聯共抗日的」。幹部見了副總司令，當然要先意承旨了。不出半個月，所有團長都向張分別談到「聯共抗日」，於是動搖了他的決心。另外，他的情報機關（機要室）也被俄特黎天才（機要室少將主任）掌握着，儘量為他供給中央如何企圖消滅東北軍、中央決計犧牲東北和日本妥協、各省如何準備反抗中央要求抗日、「七君子」是擁張的、各地學生也是擁張的……一大串虛情假報，把他送入五里霧中。——恰好鼎方軍長也同意了高福源的「理論」，引高來謁張，公開報告，便促成了西安事變的決心。起首是在王曲訓練新幹部，抄搜黨部，拘捕雨時先生。——他在辦西京民報，公開反對東北軍這一陰謀。

我的經理的運用

我的經理到西安和鼎方一談，知道東北軍非鬧事不可，王軍長也不是東望週刊時代的人了。維之師長却看得明白，不願同流，先期辭去師長職。大定帶着砲八旅住在洛陽，在我的經理和他談過之後，表示得非常明白，他決不參加。隨後大定偕同我的經理，到西安去看鼎方，勸他不要胡鬧，與其參加反叛中央，不如趕快辭職。鼎方答覆他說：

「辭職？辭了職吃什麼？」

二十七年大定告訴我說：

「我聽他說了這句話後，認為他是真正無恥，不可救藥的了！」

隔日，大定去看張，也勸他不可妄動，保存實力，準備收復東北。張不發一言，最後大定問他——要知道他的決心：

「如果那樣，我在洛陽，四面被圍，怎辦？」

「你自由行動好了！」

張拂袖而起。大定對我說：

「我知道他非胡幹不可了。趕快跑回洛陽，否則他想通了，或者扣起我來。」

「等候大風暴雨」

我在北平等候我的經理歸來報告後，完全判定東北軍不久定要演一次福建、廣西樣子的叛變；而我的努力是在兩方（中央和張）都失敗的了。不得已回社，等候這大風暴雨的來臨。所以在十三日晚間我聽到廣播之後，除了擔心 領袖的安全之外，對事變本身，毫不感到出人意表。想着的事，是我在中間如何効忠的問題了。

呂存義反正

首先，我想着要在北方防禦日閥，不要讓他乘火打刦。這方面我所能為力的是趕快召呂存義同志反正，決開偽軍反正的河堤。我電令郝瑞臨同志（他那時作了通信員，進駐興和），把我很久以前向傅作義代請委任呂同志為旅長的委任立即送過去，讓他立刻反正。郝同志潛入南壕塹（在察哈省），會到呂同志，他立即準備反正，快到手的日本軍火也只好犧牲。十二日事變，他十七日便開來興和，舉旗反正了。同時，金憲章、石玉山、王子修各部偽軍共二三萬員名，也都捧着援救 委員長的赤心，反正歸來，拆散了敵人攻綏的實力（註二）。各部反正不約而同，這可見中華民族每一份子是怎樣愛護他的 領袖了。

電報前給郝同志之後，我又拍一通電報給立夫社長，請他速告何部長立派飛機赴陝，散放天津大公報。大公報社論的「告東北軍書」（按：後知係張季鸞先生所撰），是血淚交迸的文字，如能散下十萬張，不異十萬噸炸彈——心理爆破的炸彈。第二天看報，知道這事也辦過了。

建議「親送　委員長」

那幾天，我全社的同志都在絕食狀態之中。不但這些青年們是寢饋不安；便是我這三十一歲的人也再不想吃，不想睡了。我在日夜冥想，還有什麼辦法可以向　領袖効忠？讓他早日脫險？可以給可憐的張解圍？我綜觀全局，他是「騎虎難下」了。斷定非要他立改前非，親自送出　委員長，事變沒有解決方法。但這一「要」字，大有問題。我用什麼方法「要」他這樣幹？想來想去，辦法有了：我在十六日這天，寫了一通電報，改了再改，是我平生最用心的文字。文曰：

「漢卿先生勛鑒：久蒙知遇，至危難時，不忍不進一言以報公。公此舉，動機純潔而行爲鹵莽。集寰宇之謗於一身，騎虎已難下矣！試獻一策：旣已兵諫；何妨屍諫？公誠能陪送　委員長返京，到京即表屍諫；則屍諫必不成，而危機可解。京之人亦無奈公何；倘有人欲對公不利，則天下人之援公，熱烈必同今日之援　委員長也。兵法云：『置之死地而後生』，公非下九淵不能升九天矣。至於此舉是非，尺當以史筆書之，必不使公遺詬千古也。趙尺子叩銑。」

這電報寫的時候，我考慮了許多點：第一、當然是爲了援救　委員長，也是爲張「解圍」；但我在措詞上儘能寫出爲張「解圍」一義。站在他的立場上想辦法。第二、他的性格是好大喜奇，變化莫測，喜歡聽大言壯語，有人批逆鱗。我要對準這一點，向他提出更驚天動地的辦法。第三、他的行動固是鹵莽的，但我許以「史筆書之」，這是給他一點安心之處（他平日對我的文章著作認爲了不起），一個理論根據。這三點之上的最高原則，是我由古今政略史上抽出來而定名爲「唯釋論」的一部。我在事變之前，發表文章勸他，也應用了這一方法。在文章上，我告訴他：你的部下要求抗日，是表面文章；內面是廻避剿匪。心裡想的是一回事；口頭說的又是一回事。隱衷不肯告人；言詞必很好聽。日閥佔領東北，表面理由是「防共」；內面却是要滅亡中國。表現物的反對物才是眞物，言詞（文章或口號）的內心，才是眞理論。（幾年之後我看見日本人赤神良讓發表「反對表現」一書，和我的拙見相合。）

政略上歷來是如此，「見母」必須「及泉」，這「唯釋論」不是後來的事了。

電報由傅作義代發

但這電報怎能達到他的手中？綏陝有線電報早已不通；他的左右必予扣留，這在事變以前已是司空見慣的事了；我們之間又沒有密碼。我冥想了兩天，想到託傅作義用密碼拍發這個電報。我斷定傅必肯代發——他也正和閻先生（百川）電商解決辦法。而且由他用密碼發出，也能增加這封電報的效力，於是我改用「巧」（十八日）日，並在署名之上加了兩句：

「今日同情我公者，僅傅主席與尺耳。」

這是事實。當時傅和閻先生來往電商的辦法，亦即傅的建議被閻先生獎為「辦法高切」的，是由閻傅兩人負責作成條件：東北軍過晉赴綏抗日；委員長則由張傅陪同飛綏視察防務。（這不也是「唯釋論」麼？事實上是恭送出險，口頭只說是視察防務。）

張把我的電報讀了兩三遍

傅接到電稿，立飭拍發。電到西安譯出之後，先呈交吳秘書長（仲賢）。吳先生的對面是洪秘書（舫），洪秘書的旁邊是爾時先生。吳先生讀過之後，一言未發，遞給洪秘書。洪秘書看罷，拿着電報對吳先生說：

「這是和副司令開玩笑的。」

但趙先生接過電報，看畢了說：

「你也不要說他開玩笑。傅主席如果不同意他的辦法，也許不會給他拍。」

於是吳先生親自把電報送上樓去。（那時除了機要電之外，已不送閱，僅送編目。因為各方電報雪片飛來，都是討和罵的。）張正在房中踱步，立即看了，而且看了兩三遍，壓在書下，這個電報一直沒有發還歸檔。

西安事變離奇解決的三理由

幾天之後的十二月二十五日，出人意外，他打破古今歷史紀錄，更讓世界輿論莫名其妙，張竟「陪送　委員長返京」（大公報巨字標題）了。知道我這通電報的曾純甫秘書長（傅把我給張的密電交曾拍發）認為這是我的「功勞」——他在新年請客席上當衆喊着「尺子兄功在黨國」。同業楊令德追問理由，我立刻請曾不要發表。這不是撝謙，因為我始終相信我的電報不會有這樣大的效果。後來證實他的悔悟起於這個電報之前。但也可見我的電報並不是「開玩笑」，他能和自己「開玩笑」麼？他有這個覺悟了，我的電報也許盡了些「促現動機」的作用。

他為什麼有這個覺悟呢？後來我多方研究，這出於三個重要原因：一、他原先信任了黎天才的情報，以為　領袖真是「藉口剿匪，消滅東北軍，決心犧牲東北。」他於獲得　領袖的私人日記和各種機密文件後，便終夜披覽，十二、十三、十四日共看了三個通宵，所得結果，完全和黎的情報相反，　領袖對於東北軍是愛護備至，對他個人也期許頗大，絕不犧牲東北，正在積極準備抗日。他於是疑惑黎的情報另有作用了。這時他才想起黎乃是「共產黨」，已暴露了身份，便判定以往種種都是受黎所騙。二、十五日，周逆恩來對他鄭重表示，西安事變必須「和平解決」，　委員長還要領導抗日等語，更使他大出意料之外。他原來和「中共」本已多次商好，他發動事變，如能達到「全面抗日」，當然很合理想；如果萬一失敗，「中共」允許對他全力支援，共同反抗中央，組織「聯合政府」，自己抗日。現在，他已發動事變，引起全國全世界的痛恨，各方全然沒有響應，某方答應供給他二千萬元的軍火，他派李金洲去催，不但不給，而且發出「三乎」的通電，內有「我兄將何以善其後乎」等語（還有兩「乎」，我已忘記），使他無法下台；而周逆又這樣表示：他才知道，已受盡各方的欺騙。他似乎對於「中共」的騙他，更為痛心，因而認為周恩來和黎天才既都是「中共」，便都不是好東西。三、這時，黃大定旅長不但沒有遵照他的命令，在洛陽叛變，把守潼關大門；而且自動向祝紹周繳械，致中央軍輕易地到了華縣，在軍事上，他已完全立於必敗之地。他本想萬不得已便開往察綏，現已無路可走。——這三點便是他「陪送　委員長返京」的「動機」所在。那時他除了走這一條路，確已沒有第二條路可走，我在電報裡說他「騎虎難下」，是不錯的。

兩個俄特

事變期中，我在「辦事技能」（由我主編，爲大路報副刊之一）上寫過「西安事變政略解」，三次續稿，約六七千字。那時我所說的「政略」，便是後來我所說的「隱體戰」。我指出西安事變純是僞「中共」對東北軍的一種政略戰，由栗又文、黎天才等來執行的。栗逆的爲人，在第九段和本段上文，兩次提到，他作的當然是「隱體戰」。黎天才原姓名是李才，維丁維基的「東方革命大學」畢業。當年在這個名爲「大學」實是赤色第五縱隊即俄特訓練班畢業的中國學生，凡屬幹才，被派回國後，都按預定計劃，潛入各軍事學校或其他政黨中工作，只有低能者才分發給「共產黨」使用。李才回國，便滲入東北憲兵。民國十六年，他已成爲有名的「李排長」了，因爲他是寄籍安東縣的山東人，身高體健，動作熟練，辦事能力確是很强的。在民國十六年四月六日，張作霖圍抄北京俄國大使館的時候，和李大釗等一案被捕，共十八個（內中也有本黨同志路友于、張挹蘭等），一道發交京師警察總監陳興亞去執行。這位陳興亞是最怕殺人的，聽說一次要槍斃十八個，於是大發佛心，來個點名，意思是赦免幾個。等他點到李才名下，李才很標準地喊了一個「有」，脚跟靠攏，聲音淸越。陳總監平素很知道有個「李排長」，但記不淸名字，經他這一「有」，引起陳的注意，又經他說明過去，曾作憲兵，便忽然想起來，說：

「你是李排長？」

李才說：

「報告：總監，我是李排長！」

陳興亞想了一想，便道：

「誰說你是共產黨？你那裡像個共產黨？你給我滾蛋！」

李才於是「滾蛋」——被開釋了。他馬上跑到陳公館去給陳總監叩頭，認了乾爸爸，又向陳太太黎女士認了乾媽媽，改姓爲黎，更名大才。眞是「天才」了。以後陳興亞有意提拔他，送入東北憲兵學校。遷升連長。久了大宗也都忘記這個經過。到二十四年武昌總部時代，他已爬到政訓處的上校副處長，西安總部時代，他已是機要室的少將主任了。──我的文章裡揭發類此許多的西安事變秘密，引起廣大讀者的注意，續稿一到，便有人強入排字房去看原文，每天報館接到電話，詢問文章是誰作的？因爲我那時作文照例一文一名，不寫眞名的。

這篇文章，留給大路報總編輯尹氷彥同志的印象極深。到民國二十七年春，他任五戰區司令長官李宗仁的秘書，奉派招待自動逃出請求保護的「中共中央華中局組織部長」項硒光，他倆談到我的文章。項先生是當年「中共」對東北軍作「隱體戰」的負責人──周逆恩來是「委員長」，項先生是「秘書長」。他對我的那篇文章，予以完全證實。三十六年，氷彥告訴給我，我們跑到北平圖書館去査當年的大路報，據說還有，可以借抄，但須一禮拜後才能找出，因我去了瀋陽，竟至蹉跎，未及重看。

「眞是好險」

三十八年秋，我在鳳山遇到項先生，並和馬紹周少將談到當年周恩來何以鄭重主張「和平解決」。他們告訴我一段從未見報的歷史。他們說：

「事變後的十四號上午，『中共』在三原開會。決議十六日在西安召開群衆大會，鬪爭 領袖。下午，莫斯科有電到達，主張和平解決。會衆嘩擾不休，力主拒絕。於是周恩來起立發言，說明『中共』必須接受『國際』的命令，因爲『中共』必須服從『國際』。衆議始定。眞是好險。」

我曾就全部俄帝侵華史的材料，硏究俄帝何以有這個電報？其實這是很容易說明的。俄帝在九一八事變後，提出「保衛蘇聯」的口號，並命令僞「中華蘇維埃共和國」通電「對日宣戰」，都是爲了防禦日本攻俄。直到二十三年十一月，我們五次圍剿成功，打垮這個僞組織，至二十五年西安事變，在俄帝的眼中，「中共」已經沒有自建「國家」，抗日衞俄的能力。因之史太林又想和中國復交，暫時把「中共」「隱體」中國之內，留待將來再用。當時他只

希望　委員長領導抗日，以免俄帝陷入日德兩面夾攻，便是大利之所在了。

從西安事變的內幕看來，豈不正是一部「隱體戰」史？俄國利用這種戰術，在全世界上搞出大小幾十個毛澤東；毛澤東也利用這種戰術，在全大陸上搞出許多個張治中、陳明仁、邵力子、程潛……。日閥則用它搞出溥儀、德王、王克敏、汪精衛……。我最痛心西安事變，所以我最痛心俄帝這一戰術，也最懂得俄帝這一戰術。我那時已懂得什麼是「中共」了：但也僅僅懂得他們是親俄的，還不懂他們竟是俄國的武裝間諜部隊——赤色第五縱隊。

註一：張慶泰那時便「左傾」，七七後成了「共產黨」，三十五年以後，任偽「遼北省政府秘書長」。

註二：偽軍反正時，將日閥培養多年化裝蒙古人的日本特務三十多名一齊逮捕。其中有大佐一員，似姓橋本，係有名的「蒙古通」。日特菁華，殲於一彈！

一六　「中共論綱」

由經驗得來的結論

民國二十一年，我讀過托羅斯基自傳，稍微懂得一點「看不見的戰爭」（隱體戰），在義勇軍中對日閥使用過間諜；二十三年，我在德王的組織裡佈置了新聞網，客觀上也是一個情報網；二十三年年底，我籌辦義救同盟，請准中央，派遣盟兄盟弟去「聯偽造偽」；二十四年一月一日起我訓練蒙藏文語的青年，七月我組織邊疆通信社，領導它在蒙古從事抗日活動，計凡十年，主觀上它不只是一個情報網，抑且是一個別動隊了。我領導這些工作的最高的原則，是由辦黨着手，使我派出的人員，先信仰三民主義，然後直接入黨（註一）；他們發揮革命的精神，自動自發為抗日而捨死忘生，並不需要威脅利誘，也不需要欺騙監視，每一個同志都成為一個「隱體戰」戰士（註二）。這種戰術在二十四年八九月以後，構成了一套，我用「組織學」的題目，為我的訓練班講過十次，有王康甫同志的筆記。（三十七年寶鷄初度淪陷，燬於火中。）但我沒有想到用這套戰術去和史太林的戰術對比研究，也沒有瞭解「共產黨」便是史太林在中國（及各國）編組的戰略間諜團，及他們對我們作戰也是用着這一套。直到二十五年西安事變之前，我才恍恍惚惚看出僞「共產黨」對于東北軍（一如我之對於德王及僞軍）也在使用着「看不見的戰爭」。西安事變後的次年，我携帶陳立夫社長的親筆函，到西安去接雨時先生，乘便澈底研究僞「共產黨」導演西安事變的手法，已完全證實他們所用的便是「看不見的戰爭」——「隱體戰」——間諜戰——第五縱隊戰。

二十七年七月，我通過延安，進駐楡林，收容了我的「人自爲戰」的同志，重新調整對日閥對僞蒙的工作陣容。那時樂軒、在善，特別是文友同志已和僞「共產黨」的僞「民族事務委員」趙逆通儒戰鬪了八個月，並把他打出伊克昭盟了。記得文友先烈交來的第一篇報告（中央有卷），就是他個人和趙通儒鬪法的經過。那時我已瞭解「共產黨」完全聽命蘇俄，「看戰」而不抗戰，用「七分發展、二分應付、一分抗日」的策略，和中央爭取平衡，配合蘇俄的對日外交了。

七七事變以後

現在爲了行文的必要，我須追溯七七事變後一年中我和僞「共產黨」的若干戰鬪。七七事變後，我赴北平接眷。不久北平淪陷，平綏路不通，我遂困處城中。八月底我化裝和介夫、氷彥等到了南京，一面佈置我的通信社社務，一面電請海山先生入蒙，及法章、明倫深入潛伏，一面接運雨時先生南下。九一八日，介夫發瘋，十八天後他便死去。我和氷彥將介夫厝於板橋，氷彥奉第六部派赴陝西組訓民衆。十月，綏包淪陷，我的通信社在呂存義部隊（他已受馬占山將軍改編任旅長）的掩護下，由我的經理領導着背進伊克昭盟。這時雨時先生由北平脫險到京，奉令出長東北中學。因爲這一工作是我替他佈置的，他向我提出條件，非我去作訓育主任，他便不幹。我因爲通信社短期內不易恢復工作，南京和伊克昭盟間的道路又不能走（須經延安），只好答應唱唱墊戲，爲期三月。十一月中，他先去鷄公山（東北中學校址），我不久也便上山了。

我們到了鷄公山，才知道　北中學已被「共產黨」（「民先」）所控制，拒絕教育部及湖北教育廳的命令，不許我們接收。學生有步槍五百枝，輕重機關槍多挺，企圖全部下山，赴侯馬去入「民族革命大學」卽參加「共產黨「打游擊」了。相持半月，雨時先生不得視事。他是事事講「法」的；我看這種局面，講「法」已到山窮水盡，徒勞無功，便拿出我的老法子：講「黨」。許久，我才說服了他，由我秘密地把東中學生裡的東北青年學社社員鄭懷義、臧××（犟子）、姜××、王××（名均已忘）等，組織成「內應」的學生；一面赴漢謁見果夫先生，要求他運用駐在鷄公山的湖北保安隊派兵一連，歸我指揮。我選定一個大風雪的夜間，裡外夾攻，未放一槍，繳了學生的械，我們便接收了學校。

接收了東北中學之後，除高七高八兩班爲了畢業文憑，及少數職員、黨員、東北青年學社社員、病號，沒有行動而留校外，其餘四百多名學生在「共產黨」教員引導之下，都跑到武昌明月橋，去找王化一、高崇民、王卓然、進行「反趙」（校長雨時、教育主任公皎、訓育主任的我，都姓趙），實卽反黨。而高七高八兩班裡也有不少「民先」，和他們互通聲氣。我便把留校的學生共七十餘名，開辦了一個「游擊訓練班」（他們原有「民先」主持的這種訓練），用社員及黨員監視着不穩的學生，嚴格訓練了兩星期，講解三民主義，批判「共產主義」，分析抗日前途，教授游擊戰術。結果留校的學生都了解「共產黨」游擊戰的別有企圖，及三民主義的崇高，　蔣委員長的偉大，也明瞭了雨時先生對於東中的抱負及教育計劃。我對於幾月來無人睬理的病號學生十餘名，提高伙食，每人早晚給兩瓶牛乳，並請來校醫，多備藥品，下心診治。他們受了感召之後，我便叫這七十餘名學生，寫信到明月橋，或親自前往，每人約回三名最要好的學生返校。二十天之後，被「民先」誘跑的學生絡續回來。三個月之後，只剩楊凱等六十多名「民先」在武昌流亡着（馬校長廷英接雨時先生長校前數日，他們也回來了），東中便重歸完整。

李曼霖之死

在東中接收過程中，曼霖同志不幸犧牲了。我在第十段裡曾略寫到他。他是一中和朝大的後期同學。在瀋陽一中時，他已是一個小作家，刊有「燈下戀者」新詩集。二十二年，他由朝大失學。二十三年，爲我的東望週刊作編輯。我引進他入復社，編輯「薇」月刊，並爲我的東北青年週刊寫長篇連載「奴隸地帶」。二十四年七月，通信社成立，約他作總編輯。二十五年到七七事變，他的思想立場始終在國「共」之間徘徊着。七七事變後，他加入了石友三部游擊。二十七年春，他到鷄公山來找我，表示受了「共產黨」的欺騙（詳情已不記憶），頗爲悔恨。我任用他作訓育員，幫我領導「內應」學生。那時我們正準備武裝接收，「民先」嗾使學生，不時襲擊雨時先生的辦公處——東北中學臨時辦公處。鷄公山管理局魏局長經言派警士兩名，保護我們。一天，星期日，學生又來騷擾，響了一槍，辦公處的木牌也被搶去。局警馬登雲，也鳴一槍彈壓（純係自動，確未奉命）。曼霖那時正追木牌，中彈倒地。彈中右膝，傷勢不重，但三天後却發高燒死去了。他究竟是被學生打倒抑係被馬登雲打倒？當時看到學生所打的一槍，由東向西，彈着點在辦公處廊下，曼霖位置，正在彈道之上，所以軍警和法院都認定係學生打中的；但曼霖死後的次晨，馬登雲却逃跑了，已令我們起疑，判斷是他打的，畏罪潛逃。多年之後，另一警士張應順才告訴給我，馬登雲早是「共產黨」，逃跑之後，便加入了軍隊，後來任「新四軍」的游擊隊大隊長了。——總之，曼霖是在反共之後死於「共」手了。

悔之已晚

我們把東北中學從「共產黨」的手中搶救過來，把四百多名被「民先」劫持的青年，轉化爲本黨領導的青年。不到四個月，便由廳派馬延英校長完整接辦。雨時先生調任東北青年教育救濟處副主任，我便回社。

十月我由榆林（社址）經延安赴漢，到延安交際科遞名片，訪問毛澤東（註三）。一出交際科，便遇到三個學生，二男一女，向我敬禮。一個學生神經性地大聲說：

「趙老師什麼時候來的？」

沒有等我答覆他，他又喊道：

「趙老師可是來入『抗大』？——你老可千萬不能入『抗大』啊！」我看他們的神色，頗不正常；延安街上又怎能談這些話？遂請他們去吃小館。待他們安靜下來，我才問明，這些都是東北中學的學生。他們談說，在東中的時候，聽我說「共產黨」欺騙青年，沒有人性，沒有自由；他們是不相信的。東中接收不久之後，他們便投考了「抗大」（時「抗大」公開在武漢招生）。到了延安，連大公報都看不見，什麼自由也沒有。其中一位男生和那位女生，在東中時已經訂婚，後來同居了。但「抗大」的隊長看中了女生，竭力破壞他倆的婚姻。以前不久，隊長正預備把女生留校，男生分發到晉西北去。他們三人也正在堅決拒絕中。一個男學生說：

「這回好了，趙老師一定要救我們出去。我們沒有路條，跑出延安，是要被當作逃兵——槍斃的！而且我們道路不熟，又沒有錢花！」

我對他們說，這次是來不及的，因爲我的護照上只開列着我一個人，若携帶穿「八路」衣服的三個人，是走不出的。允許下次轉來，爲他們帶來便衣和護照，遂約定一個月後的聯系方法，並每人送給十元銀洋而別。——這時交際科派人由小館引導我去看毛澤東。

兩個月後，我由漢返陝，再過延安，按地址去找他們，却已不見。據那小商店的老板說，一個月前，他們三個人每天來問；這一月來，便不見了。——我晚來了一個月，這三個學生的命運便不可得而知了。而我爲何來晚？却是因爲武漢撤退。

用新方法研究「中共」

我那次經過延安到達漢口之後，在工作上開始兼爲中央執行委員會調查統計局的「蒙旗負責人」，領導蒙古地方的抗日工作。（二十四年九月起，我雖與中統局有所聯系，但係「外圍」。）局長徐可均（恩曾）先生爲我在交通銀行請了一次客，果夫、立夫、騮先、雨濃（戴笠）、兆民（康澤）、張冲……諸位先生均被邀在座，由我報告蒙古問題。當時（二十七年九月起）中統局每月津貼我四百九十元，中宣部津貼我五百元（兩者直到三十二年還是這數）。不到幾天，放棄三鎮，我便經由漢水，退往西安。

我在上船之前，由冰彥的書架上，發現了「諜報勤務草案」一冊，係鄭介民先生所寫，印着「密」字，覺得不應留給日本軍，便拿下來。又不記得由誰的手中借到史諾的「西行散記」一巨冊。坐上江船，在漢水裡航行了半個多月，讀着「西行散記」。我想到：

「中國共產黨十幾年的存在到發展，和在政治、經濟、外交、軍事、民族、交通、思想、文化、道德、理性方面的破壞工作，是政府和國民一致注意、研究的大問題。尤其七七事變以後，『中共』始而宣言信仰三民主義，服從國民政府，『紅軍』受編，暴動取消，一致團結，共同對外；繼則游而不擊，擴大『邊區』，刦奪國軍，妥協敵僞，公開武裝走私，恢復『土地革命』……究竟是如何居心？將何所爲？把國人弄得莫名其妙。公私兩方所刊行的書刊報紙，種類也不爲不多；但是我們留心閱覽，總不能得到一個正確的了解。

「說『中共』的份子是中國人麼？他們爲什麼不愛中國？他們不但不出力抗戰，而且破壞抗戰，不但不參加建國，反來妨害建國。說『中共』是一個『黨』麼？爲什麼這個『黨』不肯代表中國國家民族的利益，而去代表蘇聯的利益？他們十幾年來歷次錯誤，歷次糾正，糾正到何時是了？說他們是中國社會上本生的事物麼？何以大部分的社會和他們不相容？說他們是因爲錯估了中國社會經濟性質，才作出一串錯事；但毛澤東、周恩來文章作得那樣的好，這表示他們未必不是有些學問的人，又何以錯估了中國社會、中國經濟？研究者和書刊的著作者們對於『中共』不能不說是用心觀察，發爲議論；可是爲什麼始終不能說明眞象，或者讓『中共』看懂這些書刊而幡然悔悟？

「我覺得這是研究方法上有了問題，有了毛病。毛病的第一點，就是把『中共』當作中國本生的事物來研究，主觀上承認『中共』還是中國人，還幹中國事（革命）。第二點，就是還把它當作中國政黨之一來研究，主觀上把它和其他政黨並列起來。因爲這兩點主觀方法作祟，研究者縱然費了很多心血，也找不到它的眞象。

我深感研究『中共』，要首先注意它的派生性和國際性，然後從世界政治內幕史上去找它的眞正根源，從第三國際的陰謀方面，研究它的動力所在。主要的，是不存反共的成見，離開黨派的立場，儘客觀的科學的加以透膜的剖視，求得眞實，才能讓讀者們看明它的本來面目，便是『中共』看到，也不能不表示低頭……」（引自拙著「中共論綱」自序）

這裡我提出研究「中共」的「方法問題」。在我研究它以前，一般人所用的方法，「主觀上承認『中共』還是中國人，還幹中國事（革命）」，而且「主觀上把它和其他政黨並列起來」，「把它當作中國政黨之一來研究」。「因爲這兩點主觀方法作祟」，所以「研究者縱然費了很多心血，也找不到它的眞象。」我的研究方法，則是客觀的，「注意它的派生性和國際性」，「從世界政治內幕史上去找它的眞正根源，從第三國際的陰謀方面，研究它的動力所在。」一般人的主觀方法和我的客觀方法，中間有着絕大的差異，一般人用政治學去研究它，我則用軍事學去研究它，一般人用放大鏡去看它，我則用X光去看它即我所謂「透膜的剖視」。我從民國二十七年提出這個客觀的方法，由拙著「中共論綱」到拙著「因國史」及「開始第二抗戰」，儘用我的方法，首先發現它是第五縱隊，發現它的「國」是「因國」，「黨」是僞黨，結論是它必會把中國送給俄國去作屬國，如今已完全證實，這表明客觀方法確是精確的方法。反之，直到今天一般人還在用主觀方法來研究它（而且這一方法還是有力的），無怪投降者投降，靠攏者靠攏，幻想者幻想，反共者儘管反共，爲「共」的還是大有人在。實在是一樁痛心的事了！

「最完備的諜報教程」

當年我所依據的軍事學，便是這本「諜報勤務草案」和托羅斯基的「看不見的戰爭」（隱體戰）。

這本「諜報勤務草案」，據我記得，直到今天，恐怕還沒有一本像這樣最完備的諜報教程。那上邊說到，在敵國之內組織間諜，必須利用敵國的「政黨」，使它在「政黨」的僞裝之下，爲我們作諜報工作——情報、宣傳、破壞等等云云。由「諜報勤務草案」，我參照「西行散記」裡坦白記述的蘇俄和「中共」的關係，印證我民國二十一年以後所了解的「看不見的戰爭」，於是我澈底地證明了：所謂「中國共產黨」，原來乃是蘇俄在中國所編組而用以達成諜報勤務的「政黨」（好個僞裝「政黨」）！我在「中共論綱」自序上又寫道：

「……說起來是二十七年十月的事了。漢口撤退的時候，我在人家扔下的書籍裡檢出印着『密』字的一本書——『諜報勤務草案』，帶上江船，在漢水裡走了半個多月。日長無事，我用心地讀着這本『密』書。同船上有四個工作單位的同志，包括着黨務人員、特務人員、特種軍事人員。我們輪流地研究這本書，一面談着中共問題。偶然地我把中共所做所爲的，和本書所載的間諜工作，對比起來，發覺它們是若合符節。又經過許多次研討結果，獲得共同的結論：中共是間諜團……」

到老河口以後，我把這一發現告訴給李司令官和他的參謀長徐祖詒將軍及某集團軍總司令孫震將軍，他們驚爲一大發現。我到洛陽去看大定先生，那時他正任砲六旅旅長。我倆談到這個問題，他又爲我補充了一些「中共」在東北軍及西安事變裡的活動，證實他們確屬間諜。回到西安後，我爲紀念西安事變二週年，寫過一文（見拙作「中共論綱」第六版附錄），初次使用這個觀點（但未說露骨）。我又在書攤上買到曾廣勛所著「國際間諜史話」一書，約二十萬言，查出所引蘇俄的「國外間諜機關雇用華人充當職員或僕役兼作間諜之準標」六條，第三條說：

「三、絕對不要使他覺得他是爲着蘇俄使館作間諜；應該使他深信着：『我是爲祖國——中國××黨××主義而在效勞。』……」

原文打××處定是「共產」二字的略文。更進一步證實了我在江船上的結論。

我被開除了會籍

回榆以後，我和文友同志們討論這個問題。我從義勇軍、義救同盟、我們的僞蒙工作，及東中接收，船上讀書……他們也根據在伊克昭盟所看到的「中共」工作，互相印證，證明不差，「中共」確是蘇俄的間諜團，對我國打「看不見的戰爭」。

二十八年九一八前夜，老舍、劉會棋、張西洛覺隨張溥泉、賀君山兩先生慰勞團到楡林，受「青年記者學會」的邀宴。劉等攻擊中央，大捧「中共」，並大唱其「我們的家在東北松花江上」（係「中共」用以製造西安事變瓦解東北軍的一支歌子）。我忍無可忍，又根據這個觀點，發表演說（載拙作「中共論綱」第六版中），痛罵他們一頓。遂被他們登報聲明，把我開除了「靑年記者學會」，並運用鄧寶珊總司令部政治部主任，電報上級，誣我為「汪派漢奸」。

我雖然發覺「中共」不是「政黨」，而係蘇俄的武裝間諜團；但我從二十七年到二十九年下半年，並沒有在工作上對「中共」作戰，有時我還指示我的同志：不要以「中共」爲對象，仍以日蒙爲對象；當時我發表文章，應用這一觀點申斥「中共」的游而不擊、襲擊國軍等等，也都頗有涵蓄，並不署眞名。此間我又晤毛澤東一次，朱德數次，延安人物多次，却會暗示這一觀點（舉溥儀的「協和會」、德王的「青年團」、王克敏的「新民會」作例，與「中共」比較），試圖說服。我不便說得明白，他們自然也不能聽得明白。

團長看到我的講稿

二十九年秋天，中央調統局召我赴訓練團受訓。敎育當局因我係由陝北到渝，命我報告「中共」的情形。我那時對於「中共」在伊克昭盟的活動，雖然明瞭，在晉、豫、魯的行動，也大體知曉，但對延安方面，除了他們種鴉片，和俄國人來往，及在「解放日報」上所看到的公開言論以外，並無特殊資料。遂以「中共的性質」爲題，在降旗時作了二十分鐘的講演（註四）。事後，團本部命我寫出呈閱。不久，團長召見，交回呈閱之件，並手批「充實內容」四字。我覺得，團長只要我「充實內容」，並沒有否定我的理論，可見他也同意我的觀點。當時我就原稿加以增補，寫成一篇「中共論綱」再行呈閱。並在　總理誕辰那天，發表「立在民族立場追思　國父」一文（益世報社論，見拙作「中共論綱」附錄）。中宣部曾詢問係誰所作？評爲「本日各報社論中最新穎精彩正確者」（文見該部週刊。）

「中共論綱」全文

「中共論綱」共分五段。第一段題爲「中共的性質」，原文說：

中國共產黨究竟是什麼？解答這個問題的說法，大體上分爲三個：

一、土匪說——從十八年起，國軍進剿江西共產黨軍隊，呼之爲匪。把他們看作一群『土匪』。國難之後，抗戰與文化和抗戰先導等刊物，呼他們是『流寇』，比於歷史上的黃巾、張角、李自成。這種『流寇說』實在由『土匪說』演化而來。

二、軍閥說——在上述兩種刊物裡，有人說共產黨是『軍閥』。認他們嘯聚武裝，侵佔地盤，反抗中央，剝削民衆，和北洋軍閥是同一屬性的東西，共產黨是新軍閥。

三、革命政黨說——這是共黨的自我宣傳，一些奸僞份子也幫同鼓吹的一說。自認他們是擔負中國革命任務的黨，團結無產階級，發動共產革命。有時也自稱是『無產階級的先鋒隊』。

依我們透膜剖視的結果，可以說，中國共產黨自然不是『革命政黨』，也不是『土匪』或『軍閥』；而是蘇聯派駐中國的武裝間諜團（第五縱隊）。

何以說他們不是『土匪』呢？第一、『土匪』是沒有『政治性』的集團。鄉村的破產農民，不能生活，嘯聚成夥，打家刼舍，甚至作起『眞命天子』，這純是一個經濟鬪爭。根據十幾年我們熟知的共產黨的行動和作風看來，他們的『政治性』是極爲濃厚的。第二、『土匪』是道地的土貨，他們並不會聽命令於外國人。至於像九一八以後，有些『土匪』受了日寇的收編或收買，來和國軍搗亂，這『土匪』也就變質成爲日寇的武裝間諜團了。

何以說他們不是『軍閥』？『軍閥』不敢公然勾結外國。他們都和任何帝國主義有些來往，這是事實；但他們絕不會自認是某一帝國主義的『支部』，隨時隨事請命主子而後行。中國共產黨並不如此，無事不聽命於蘇聯。

至於『革命政黨說』，上邊說過，那是他們的自我宣傳，不值一笑。

何以說他們是蘇聯派駐中國的武裝間諜團（即漢奸或第五縱隊）？以下各節，我們準備用世界革命史、間諜學與中國共產黨的理論、行動略作比較，證明我們的結論之絕對可靠性。

「中國共產黨是蘇聯的武裝間諜團」

第二段題為「革命黨就是間諜團」：

首先我們打開世界革命史來看，甲國的革命黨，為了奪取政權或爭取獨立，必須和乙國結成密切的關係，乙國幫助甲國的黨，革命才能成功。這種密切的關係，在甲國主觀上看來，是外交關係（利用乙國），而在乙國主觀上看來（在研究者是客觀上看來）是間諜關係。換一句話說，乙國把甲國的革命黨當作自己的間諜團，加以利用，以達到某種目的。

舉例來看：第一個是朝鮮的一進會。梁啓超外史鱗爪、日本併吞朝鮮記云：「滅韓者，日本也；助日本滅韓者，韓之一進會也。一進會者何？冒政黨之名，而獸媚於敵，以獵取富貴者也。一進會之領袖曰宋秉畯，曰李容九；而秉畯尤為主動。秉畯者前以國事犯罪，遯跡於日本者十年。及日俄交戰，乃為日軍嚮導（尺子按：即間諜）以歸國者也。其人本有陰鷙之才，而巧於因利乘便，日軍方席累勝之威，被茹柔吐剛之韓民，既思得新主人而顧盼以為榮，秉畯乃利用此心理為號召，以日本明治三十七年八月開一進會於漢城，標舉贊助日本為第一政綱。不數月而全國響應，會衆號數十萬。平心論之：即微一進會，日本固未常不可以滅韓；而有一進會，則日本滅韓更不費力。』『初，一進會首領宋秉畯列席於李完用內閣，為農商部大臣。去年（尺子按：清光緒十一年）七月，秉畯與完用齟齬，翻然辭職，作汗漫游於日本；而一進會長李容九入京。伊藤遇刺後九日，容九率會員三十萬連署，呈日韓合邦請願書於其政府及統監府，統監會彌荒助拒不受，而合邦論已風起水湧於全韓。秉晙逍遙日本，不識何作？容九與其會員則日日游說各部，稱道合邦之利，其言曰：「合邦得請，我韓民自今遂爲一等國民也！」以此相號召，韓民信之者日益衆。自上請願書後八閱月，宋秉晙忽歸自日本，越旬日而合併協約成。』

第二個例是列寧的革命。列寧實實在在是德皇威廉的一個巨大間諜，俄國的共產黨也是德國的間諜團。當威廉製定征服世界計劃當時，他感到東方的俄國是一個勁敵，必須先破壞了俄國的沙皇政權及其武力，征服世界才有可能。他派遣了一個名叫孔聊白的人，在紐約開設一家銀行。孔聊白以資本家的身份，公然表示贊成社會主義，因而結納了列寧、托羅斯基一班俄國革命黨，用大批金錢資助他們從事革命。在列寧，也許至死引孔聊白爲同志，其實孔聊白正是一個偉大的間諜組織家。（參看牒報勤務，參謀本部版。）

第三個是×××。×××的成功，像世人皆知那樣，是繫於聯俄。俄國共產黨當時戰略是『不斷革命』，在歐洲到處縱火。這種戰略和×××革命戰略偶然合拍，×××也就無意識地，不知不覺地作了俄國間諜團的首領。

第四個輪到×××。×××是德義合組的間諜團；而×××方面却是蘇聯獨立支持的間諜團。這是昨天的事，不待多說。

以外的實例極多。一部世界史，打開內幕來看，也可以說是一部間諜活動史。總而言之，甲國的革命黨就是乙國的間諜團。

革命黨雖是間諜團，但在歷史上看，從來沒有一個革命黨是甘心或有意作爲外國的間諜團，不是爲了革命而成心利用外國，便是不知不覺地受了外國的利用。一等到革命成功，必要把間諜團的身份脫退。革命黨和間諜團的分野，就看間諜團能不能在革命成功（或必要時機）之後，便背叛他們的組織國家（者），而還原爲本位的黨。甲國的黨如果始終接受乙國的支配，便不成其爲革命黨，而僅是眞正的間諜團了。

普通的政黨和外國的密切關係是『結合』而成，在客觀上都可構成間諜關係，例如九一八前日本床次竹二郎領導的民政黨，她可以接受張學良一百萬元的津貼，而承諾在床次競選獲勝，對東北侵略比較放鬆（據張氏口述）；至於中國共產黨，本來就是第三國際的一個支部（所以可把世界的共產黨叫作第三縱隊），這關係不是『結合』的，而是『派生』的。他們逐月領取第三國際的津貼，執行第三國際的一切決議，在中國一舉一動都緊密配合着蘇聯的國策，經常地爲蘇聯供給情報（這些地方在後面還有分別的記述），尤足正確地說明中國共產黨就是蘇聯派駐中國的武裝間諜團。

俄帝組織間諜的方法

第三段題爲「高級的間諜組織學」：

組織間諜的古老方法是利誘，利用金錢和祿位，收買敵國（敵軍或敵黨）的失意失業份子，潛在敵軍之內，執行偵査和破壞的任務。這方法很拙，第一、讓這個間諜可能自覺是沒有人格的人；第二、間諜的工作不會偉大而艱鉅；第三、間諜不會甘心賣命樂意犧牲。

聰明的間諜組織家，於是想出較爲進步的方法，便是佈教和辦學。在外國設立敎堂，開辦學校，用宗敎的信仰，敎育的薰陶，造成敎徒或學生，讓他們自動地發生偵査或破壞的作用。

但蘇聯的人們尤其聰明，他們發明了最高級的間諜組織學：用馬克斯的主義，表面上是組織革命黨，讓你信仰主義，參加革命；骨子裡是把你變作自動的誠意的忠心的至死不變犧牲一切的間諜。給你一個『革命的頭銜』，一頂『前進的高帽』，使你到死不知是間諜，而自認是爲無產階級犧牲的志士與仁人。這法方的高明可謂已臻絕頂；而且風行世界，墨索里尼用法西主義到處組織黑衫黨，希特勒用納粹主義普遍組織褐衫黨，日寇用『新民主義』組織了王克敏，用『新三民主義』組織了汪精衛……這都是照抄莫斯科的講義，史太林的一脉眞傳。蘇聯正用共產主義組織了毛澤東。在青年的認識上，汪精衛是叛逆，毛澤東則是革命先鋒；但在客觀上學理上歷史上事實上，汪不過是白衫黨，毛是紅衫黨，汪是日寇的間諜班頭，毛是蘇俄的間諜首腦；一邱之貉，有什麼幹輕？

其實，青年們是太缺乏常識。我們知道，在蘇聯，共產黨三字便等於間諜二字，這是公然不諱的事，不但我們從世界革命史和間諜學上可以這樣考證出來。列寧說過：『一個黨員，便是一個密探（間諜）』。那麼自然的推論，一群黨員便是一群密探（間諜）了。中國共產黨是一群黨員，而且是擁有『百團』武裝的黨員，當然是『百團』武裝密探（間諜）了。

一般原理，間諜學和心理學是有着密切關係的。這種史太林式的用主義組織間諜的方法，是一種心理學的正確實用，是高度的集體催眠。間諜必須善用催眠術，間諜組織家更得精通高度的催眠心理學。史太林讓他在中國的被催眠者（中共）『革命』，『前進』，『奪取政權』，『保衛無產階級的祖國——蘇聯』，就科學的心理學見地看來，這一串口號也不過是等於普通催眠時所用的暗示——『眠了』，『熟眠了』之類。文字上雖有分別，催眠對象雖有單人和群衆之分，其同爲催眠術——如間諜組織者常用的那樣——是並無根本不同。

「馬列主義」的作用

第四段題爲「馬列主義和史太林間諜訓令」：

馬克斯和列寧的主義，在一般被催眠的青年看來，是無產階級的革命寶典；但在史太林看來，這洋洋數十巨冊的遺著，正是他組織蘇俄駐在各國間諜的秘笈。

一、唯物論——最理想的間諜，是肯犧牲生命而執行任務的間諜。但這種間諜的養成，絕對不能稍恃金錢的收買。給這種間諜一個哲學——世界觀和人生觀，比給他億萬金錢還好。馬克斯的哲學——唯物論成了最理想的『間諜哲學』。

二、辯證法——最高級的偵查術和破壞術是辯證法。它指明『事物皆滅』，成爲破壞術的哲學根據。它指明『事物皆變』，『互相關聯』，『動地觀察』，也是偵查的精確方法。

三、階級論——階級論包括馬列的國家論和工人無祖國學說，是組織間諜的高級政治學。接受這種政治學催眠的間諜，視背叛祖國爲無關輕重，絕無國家至上的觀念。國家觀念和民族意識在人心上消滅了，他便無惡不可爲，作蘇俄的奸細，毀滅自己的祖國，正是題中應有之義。

四、資本論——資本論包括着帝國主義論，是組織間諜的高級經濟學。連共產黨宣言在內，馬列的全部經濟學說，指示給他們的門徒，先要憎惡資本主義，其次揚棄了它。這樣，各國的共產黨（中共在內），對破壞祖國經濟的工作，會自認是頂合理頂合法的而且是頂革命頂英勇的。自認是在作着『打倒資本主義』和『打倒帝國主義』的工作。

總之：不論馬列主義的任何部分，哲學也好，政治學也好，經濟學也好，沒有一種不是組織間諜的理論。信仰了馬列主義，實質上是史太林的間諜團，而自認是革命的共產黨。

這四點對於「馬列主義」的認識，有血有淚，當年發前人之所未發；但直到今天還沒有被理論專家所普遍承認。我在寫這文章之前，足有十三年之久，始終迷信「唯物論」、「唯物辯證法」、「階級鬪爭」以及「資本論」與「帝國主義論」（見本文四、五、六段），認爲這雖然不同於我所信仰的三民主義，但終不失爲一種「主義」。其後，我懂得了帝國主義者爲了侵略他國，在他國裡編組第五縱隊，統通先用「主義」作號召，嗾使迷信了它的「主義」的人組「黨」，對本國「革命」「獨立」「自治」：日本用僞「王道主義」編組僞「協和會」，建立僞「滿洲國」，以溥儀爲傀儡；用僞「新民主義」編組僞「新民會」，建立僞「華北政委會」，以王克敏爲傀儡；用僞「民族主義」編組僞「蒙古青年團」，建立僞「蒙古聯盟自治政府」，以德王爲傀儡；希特勒用僞「納粹主義」編組僞「捷克國社黨」建立僞「蘇臺區」，以漢倫爲傀儡：我才恍然大悟，俄國也在用僞「共產主義」，編組各國「共產黨」。在政治上，他們是傀儡，在軍事上，他們便是第五縱隊。而且俄國可以算是用「主義」在各國編組第五縱隊的原始倡首，十七世紀，它便用「斯拉夫主義」編組僞「波蘭王黨」，吞併了波蘭，在一九一二年，它用僞「民族主義」，在外蒙古扶植僞「蒙古帝國」，以哲布尊丹巴呼圖克圖爲傀儡，在一九一九年，它用僞「共產主義」，又在外蒙古編組僞「蒙古青年黨」，建立僞「蒙古蘇維埃共和國」，以蘇克拔都爲傀儡，一九二一年，它用僞「共產主義」，在我國編組僞「中國共產黨」，至一九三一年，僞「中華蘇維埃共和國」出現，毛逆澤東也成了傀儡——俄國駐華第五縱隊——武裝間諜團——的「總司令」，比日本用僞「王道主義」編組溥儀的僞「滿洲國」還早三個多月，比希特勒搞漢倫更早四年多。至此，我完全明瞭「共產主義」的妙用，這是俄國編組第五縱隊的一種騙術。它被俄帝宣傳到那一國來，則那一國內便出現了第五縱隊。我對於「共產主義」可謂毫無迷戀了。

這第二點講「辯證法」爲「最高級的偵査術和破壞術」處，當年認識自然不够深刻；但我從那年代起，已不再認「辯證法」是哲學是邏輯，而是戰略與戰術，今日已爲大家所覺解，證明不差了。

下文係「中共論綱」第四段的後半段：

其次，我們引用史諾的研究（他是中共最有力的宣揚者），看一看史太林對於他派駐各國的間諜團（共產黨）所指示的戰略與戰術。史諾的文章發表在紐約的 FOREIGN AFF IARS 之上，譯文載於本年五月二十一日出版的文摘第七十一號上：

『蘇聯的策略措基於類似下述的信念：第一、帝國主義者聯合進攻蘇聯的戰爭幾乎是不可避免的……在他們口中蘇聯是「受威脅的世界革命根據地」，一切其他都使之與「資本主義包圍」這一中心事實聯繫起來。第三國際重覆了列寧在早期所說的話：「一切世界政治，必然地會圍繞着一個中心——世界布爾喬亞反蘇聯的鬪爭」。

『在史太林秉政之下，這一信念取得了一更特殊的意義：一切其他國家革命政黨的利益都應從屬於莫斯科外交政策之需要，並在必要時爲之而犧牲。那些利益，在性質上是片面的，『地方』的。無產階級政黨之一般利益就是保護蘇聯的「根據地」。任何足以增强蘇聯的戰略地位的步驟，總是有裨於各國共產黨的悠久利益——即使因之而犧牲其本身生命……國內階級矛盾與國際間的矛盾之加深，可以延長蘇聯鞏固其本身地位的喘息時間。

『共產黨人認爲布爾喬亞國家可能採取各種不同的政制——軍事獨裁、國會民主政治、法西、納粹……但是在本質上並無區別。不過第三國際把資本主義國家區分爲對蘇聯積極敵對與暫時友好的國家兩類，而蘇聯可以與其中之任一國家聯手以「利用其間的矛盾」，並「將帝國主義戰爭轉移」給其他國家。史太林並不反對限於資本主義國家間的戰爭：因爲如他去年三月中所說：「第二次帝國主義戰爭會引起一國或數國革命的成功」。所以各國共產黨的任務是「轉變帝國主義戰爭爲內戰」，以及以一切合法及非法的手段——包括破壞本國（帝國主義國）使之失敗——以保衞蘇聯……』

史諾自稱這是他『研究了十多年』的結論，我們也完全同意他研究的結果。他把列寧、史太林的全部敎條和第三國際歷次議案（公開部分）用經濟的手段壓縮成爲寥寥數百字的大綱，眞不愧爲一名記者。這個大綱，明白點說，就是帝國主義者聯合進攻蘇聯的戰爭是不可避免的；蘇聯是『受威脅的世界革命根據地』：所以蘇聯駐在各國的間諜團（中共在內）都應從屬於莫斯科外交政策，並在必要時爲它而犧牲。間諜團的一般利益，就是保衞蘇聯這一根據地。任何足以增強蘇聯的戰略地位的辦法，總是有益於間諜團的悠久利益。……即使因之犧牲本身生命，亦無不可。祇要有益於蘇聯，間諜團便可以出賣自己的國家，顚覆祖國的政權，以至讓祖國滅亡。『第二次帝國主義戰爭，會引起一國或數國革命的成功』，所以間諜團的責任是『轉變帝國主義戰爭爲內戰』，以及『以一切合法及非法的手段——包括破壞本國（因爲本國是帝國主義國！）使之失敗，以保衞蘇聯。』這不就是史太林對於間諜團的訓令麼？第三國際實在是世界赤色間諜的總部，史太林是它最高的組織家。

「中共」幹些什麼？

第五段題爲「間諜工作的內容」：

如上所述，我們便不必再誤認中國共產黨是中國的革命黨。可以打開間諜學一類的書，把間諜工作一條一條地開列出來，和中共十幾年來在中國的所做所爲作一對比，更進一層證明中共的工作純粹是間諜工作。

間諜工作主要的內容是偵查和破壞兩種。情報工作是偵查工作之一；宣傳工作、反間諜工作也是破壞工作的兩個部門。偵查和破壞的對象，分爲下列的十項：一、政治的偵查和破壞，二、經濟的偵查和破壞，三、外交的偵查和破壞，四、軍事的偵查和破壞，五、民族的偵查和破壞，六、交通的偵查和破壞，七、思想的偵查和破壞，八、文化的偵查和破壞，九、道德的偵查和破壞，十、理性的偵查和破壞。

一、政治的偵查和破壞——蘇聯派駐中國的間諜團（中共）所作的政治偵查工作，是他們的間諜小組（即各級黨部）呈繳延安（過去是上海、瑞金、各地蘇聯使領館）的政治報告，和延安現在每夜四個鐘頭向莫斯科拍發的電報。這些報告和電報裡，除了政治偵查以外，還包括其他九項偵查。

政治破壞方面，是在中國現行政治制度之外，他們的『蘇維埃』、『邊區』、『游擊區』一類政治制度的建立。以及進攻戰區及合法各省政府，破壞了中央統一的行政系統。這和日寇建立『滿洲』、『華北』、『蒙疆』、『中央』各間諜政權（第五縱隊政權）是同一作用。

二、經濟的偵查和破壞——關於經濟的偵查方面，和政治偵查報告相同，不必多贅。在破壞方面，便是他們的『煽惑罷工』，『暴動』，『土地革命』，『合理負擔』，『救國公糧』，『發行鈔票』等等打倒民族資本一類的工作。這和日寇經濟攻勢也是同一性質。

三、外交的偵查和破壞——破壞方面爲『陣線外交』口號的提出，『單獨聯俄』主張的强調，鼓吹『對日宣戰』，惡意攻訐英美，以及八路軍在華北公然和敵（日）僞作軍事妥協，賀龍承認敵（日）人佔領區域爲『貴治』等。這一武裝間諜團的武力正力謀和國軍『平衡』。『平衡』如能到來，便有布列斯特條約出現。

四、軍事的偵查和破壞——過去的紅軍，七七以後頂着國民革命軍的帽子的八路軍和新四軍，都是反抗中央違抗命令的軍隊。八路軍在華北收繳國軍槍械，新四軍在江南數十次圍攻國軍，擴大武裝，求取『平衡』等等，我們絕不要把這種行動誤認爲軍閥作風；他們正是奉蘇聯訓令幹着軍事破壞工作，和日寇所組織的僞軍是一樣的屬性。

五、民族的偵查和破壞——延安方面至少派出了三百個工作人員（小間諜），在邊疆小民族中活動，攻擊中央的民族政策，鼓吹邊疆民族自決——自己建國和中國分離，進一步和蘇聯聯邦。外蒙是中國領土，被蘇聯強佔，這是千眞萬確的事實；但中共一切公私刊物都承認外蒙是蘇聯的一邦。這也和日寇導演的『滿洲國』、『西藏國』、『蒙古國』並無二致。

六、交通的偵查和破壞——中共要割據地盤，發展間諜勢力，所以他們最反對便利交通。他們在華北大量吸收交通員工，口頭上說是破壞敵人的交通，實際上是防止員工重返未淪陷交通機關工作，準備戰後破壞國家的交通。

七、思想的偵查和破壞——中共在這一破壞工作上用力最多，成功也最大。中國的歷史思想、現實思想——特別是三民主義——政治思想、經濟思想、教育思想……一切都在他們的破壞之中。

八、文化的偵查和破壞——中國文化是偉大的，悠久的，嚴肅的，中國文化是獨立的。中共在哲學上、文語上、文化型式上……都提出蘇聯式的主張，用以攻訐和破壞中國本位文化。長衫的文化間諜主持着幾十種報紙和雜誌，對準中國文化和思想進攻。

九、道德的偵查和破壞——中國的道德最高標準是忠孝仁愛信義和平。中國人格是『餓死不作賊，窮死不失節』。中共在這方面的破壞工作，成績至足驚人，他們讓中國人忠於外國（保衞蘇聯），憎恨人類，殺人，放火，甘心作蘇聯的奸細。

十、理性的偵查和破壞——這一破壞工作是一般間諜學上從來沒有列舉過的，我們專從中共工作上抽象出來。他們在破壞中國人理性方面，在他們活動的地域和人際關係當中，可以說是作到百之百的成功：子可殺父，夫可背妻，國民可以賣國。這不止於是道德破壞問題，實是根本破壞了人性。若干萬的中共部隊，若干萬的中共人物，無論在性情，在行動，在裝飾，在居處，在語默以及任何一方面，都把中國人性消滅淨盡，成爲最暴戾，最乖張，最浪漫的人羣，令人一看便知不是中國子弟。

上述十項的偵查和破壞工作（間諜工作），是在史太林的訓令及每月每日的臨時訓令指示之下，進行了十多年。最終目的是把中國變爲蘇聯的聯邦，等於『日韓合併』、『日滿不可分』、『日支滿共存共榮』、『大東亞共榮圈』。這也許是『紅色共榮圈』罷？九一八以前的間諜戰略是赤化中國，九一八以後是『保衞蘇聯』，近兩年來是建立北方根據地，和中央爭取『平衡』；將來是打倒中國國民黨，推翻國民政府，達到最終目的——中國亡於蘇聯。

右列「中共論綱」全文，全依二十九年冬天所寫原文，標點也都照樣。文中「第五縱隊」四字，係三十一年初版時所加，上下都有括弧。因爲二十九年我雖知道「第五縱隊」這個名詞，但還不很懂得它的戰術，故只用「武裝間諜團」五字。其後，我已精研佛朗哥「第五縱隊」作戰史，遂用作補助名詞。以後作文著書，才創造了「赤色第五縱隊」一詞，如今已經通行。

我預言了大陸淪亡

今天重讀這個小册子，深感它比我以後的研究如甲申六十年祭、開始第二抗戰、因國史、俄帝侵華史、第五縱隊戰法教程、心理作戰實施綱領、匪黨理論及策略批判等拙作，過於膚淺，過於初級；但這幾種拙作的中心理論，如「中共」不是政黨，也不是革命黨；如「中共」是俄帝侵華的第五縱隊；如「共產主義」不是「主義」；如俄帝必將使用這赤色第五縱隊「打倒中國國民黨，推翻國民政府，達到最終目的——中國亡於蘇聯」等原則，大體上都在原文裡寫了出來。尤其最後幾句話，可以說在民國二十九年十一月已預言了民國三十八年十一月的大陸。這是一個警告，而當年竟沒有被多少人所睬理，令人不勝痛心之至！假定這書中的理論成爲我們製定國策的準繩，友邦對華外交的參考，我相信不會有以後的「雅爾達秘約」、「政治協商」、「三人小組」以及李宗仁輩逼宮「和談」的一串悲劇，大陸也不會變色，南韓也不會被侵，俄帝也不會如此豕突狼奔。「吾謀適不用耳」，令人徒喚奈何而已！

鄭新潮同志的犧牲

大約三十年的一月，我在延安的特派員鄭新潮同志（名榮方，軍校十期砲科）不幸被捕了。我派他駐在延安，雖是秘密的，但當時我的確沒有不利於延安的意圖，一如我派許多同志秘密住在德王處工作，沒有不利於德王的意圖是一樣的。我派人駐在僞蒙，是要運用德王走上抗日的前途；派鄭同志駐在延安，也是希望將來能把毛澤東輩引上反俄或抗俄的前途。因爲那時我對內蒙已工作了六七年，覺得中日問題解決之後，我們勢不可免地要解決外蒙古問題。而延安方面關於外蒙古的言論，是太荒謬了，他們認爲柴巴桑是「自決」了，並不了解柴巴桑和德王是一樣身份：德王是日本傀儡，柴巴桑則是俄國傀儡，日本是帝國主義，俄國却也是帝國主義。

鄭同志被捕不久之後似已被殺（後經證明屬實），我便在內心中和毛澤東翻臉了。但在表面上，我和他來往榆林的代表還是客客氣氣的。我向他們要求釋放鄭同志，並保證以後公開派員。他們根本否認有逮捕鄭同志的事，硬說他已加入了「共產黨」，並赴晋東南游擊去了。

毛澤東絕不會變成狄托

交涉三個月，毫無結果。這中間我研究蘇俄和「中共」，判定蘇俄用「共產主義」所組織的間諜，一定和我用三民主義在蒙古青年中所吸收的「通信員」（在軍事學上看，這也是間諜，或如列寧所說的密探）一樣，至死不同：「中共」不會叛離蘇俄的。因之，在三十年三月一日的本報上，我第一次用我顯明的立場公開了我的「中共是蘇聯的間諜」的觀點：題爲「民族自決」，原文末尾說：

「現在有兩種人想在中國實行列寧式的『民族自決』，讓滿、蒙、回、藏各建一國，脫離中國。一種是日本特務機關雇用的漢奸，一種是蘇聯特務機關雇用的間諜——中國共產黨。」

從此，我在本報絡續發表了「民族戰鬥體」（三月二十二日）、「假定蘇倭訂約」（四月十二日）、一日寇的失敗」（四月十七日）、「蘇倭果已訂約」（四月十九日）、「評蘇倭條約」（四月二十六日）、「論偽蒙古人民共和國」（五月二十四日）、「蘇倭又一協定」（六月二十一日）、「史太林之失敗」（六月二十八日）等文，不只反共，而且抗俄。尤其七月二十六日題為「第三縱隊應退出中國」一文，反共抗俄，已完全成為「眞面目」的了。原文說：

「『中國共產黨』不是政黨，更不是革命黨，他們是蘇聯派駐中國的武裝間諜團。頂着革命、共產、前進的高帽子，奉蘇聯的命令，到中國來作偵查和破壞工作——間諜工作。我曾把他們叫作『第五縱隊』，在性質上，這是對的；其實應當叫作『第三縱隊』，因為他們是蘇聯以第三國際的名義派來的，這樣名、實、數才都相符。

「蘇聯向世界各國派遣『第三縱隊』，已有二十二年的歷史（一九一九年三月二日第三國際成立）。在各國國內建立的『第三縱隊』數目也很多。內面作間諜，表面幹革命，這方法也高級、陰毒得很。因為各國國民都缺乏諜報學的警覺，認不清他們的本來面目；他們自己受了間諜學上的所謂『催眠作用』，也不自知是作了蘇聯的間諜，而誤認自己是革命黨：『共產黨』三字才掩護了『第三縱隊』這許多年。

「我們研究了幾十種中外『共產黨』的自首文獻，各國『共產黨』能自知為『第三縱隊』——間諜者，僅有日本共產黨佐野學、鍋山貞親二人和我國盧福坦一人。盧福坦別號老山東，民國十五年就參加『中國共產黨』，曾任『青島市委書記』、『山東省委書記』、『中央政治局委員』、『代理中央總書記』等偽職，可以說是『中國共產黨』裡的要人了。他的自首宣言上說：

『同志們！我們……為的中國革命，只有站在三民主義的旂幟之下，剷除這些中華民族的漢奸——蘇聯共產黨的間諜！』

遠在八九年前盧某就看出『中國共產黨』是蘇聯的間諜——『第三縱隊』，眞是空谷足音的事了。

「現在，蘇聯這種陰謀，已被全世界全中國的人看透了。英、美已正式要求蘇聯，以停止『第三縱隊』在該國的活動，列爲援蘇的主要條件。蘇聯危在旦夕，不得已而接受了。我們特別建議政府：要求蘇聯，命令『第三縱隊』退出中國。

「日日冒着『中國共產黨』名義而作蘇聯『第三縱隊』的青年們，也要覺悟，回到祖國——中國的三民主義的旂幟之下來罷！」

這裡我在「第五縱隊」之外，創造了「第三縱隊」一詞。自二十八年「第五縱隊」這一名詞在馬德里成功成名之後，我便把「中共」叫作「第五縱隊」（有時也用「武裝間諜團」一詞），隱名發表文字，以留回旋餘地，便利我來往經過延安。至此，爲了鄭同志失踪問題，我忍無可忍，才在本報上用蒙、漢文同時不斷發表。次年（三十一年）三月十二日，我更把「中共論綱」加上上述的等等文字，編成一個小册子，英勇地刊印了三千册。

我被喊為「漢奸」

「中共論綱」出版後，我用雙掛號寄往延安九十多册，毛澤東、朱德、葉劍英、林彪、聶榮臻、林柏渠、董必武、賀龍、伍修權……及各級機關每名一册，收回紅色蓋印的雙掛號收信條，厚厚的一疊。這一攻勢，迫令延安沉默了三個月。

三個月後，他們開始對我反攻了：首先擬好了一個「大綱」，翻印了許多原書，發交他們的僞「小組」討論批判，結論是否認了他們乃「第五縱隊」、「第三縱隊」或「武裝間諜團」；說他們自己還是「無產階級的先鋒隊」，只不過「策略有似於第五縱隊」而已。其次，是由留延的東北團體召開了一個三五百人的「大會」，聲討「漢奸趙尺子」，說我「破壞抗戰，破壞團結，汚辱友邦蘇聯」（六月）。最後是通令誰遇着我便「就地活埋」。這些消息，我都立即知道（對不起，我的另一位駐延安特派員及許多通信員是直到三十四年十月才撤回的），而「活埋」的情報還是由他們的僞葭縣「縣長」倪偉密告給我的朋友張宇拂先生（他是我們的葭縣縣長，現在臺），要張縣長關照我千萬不可再走延安。

我成了「日本特務兼CC特務」

爲了這本小冊子，他們手忙脚亂整整一年。而這一年裡，第五戰區翻印了五千本，第八戰區翻印了若干本，馬占山將軍和魏鴻緒少將翻印了三千本，第一戰區胡宗南將軍竟至翻印了一萬本。延安看我的理論越流行越廣，從四面八方進入他們的全部「游擊區」及「邊區」去。 得已於三十二年九月十六日在僞「解放日報」上，用了第四版四分之三的篇幅，刊出「曾是國民黨又是趙尺子老朋友」金肇野（參見十段）的「誰是武裝間諜團？」（見拙著「中共論綱」第六版附錄）一文，長約六七千字，副題是「給日本特務兼CC特務趙尺子的一封公開信」，說「據我所知乃爲久已投敵的汪派又是CC份子趙逆尺子，現在榆林一帶活動，指揮邊區北線特務份子的破壞工作。」——據後來肇野對我的特派員說：「我不能罵趙先生，因爲趙先生曾把我從飢餓線上救了起來。但他們知道我和他的關係，硬要我『坦白』，迫不得已，只寫了一點，並引用他的原文多處，意在把他的主張，廣播給全體知道。不意解放日報增添了五六千字，都用我的名字發表了。眞使趙先生看了傷心。請轉告他知道我的苦衷。」不久之後，他們還是把肇野殺掉，可惜一位東北籍的天才木刻家！（請求讀者帮忙，爲我找出這份僞報。）

這篇文章，三十三年一月下旬（我在重慶時），又經延安廣播了一次，所有僞報，一概刊出。誠如肇野所說「意在把他（指作者）的主張，廣播給全體知道」，他的原文寫道（這裡已被加入許多罵我的話）：

「這本小冊子是公開造謠毀謗世界革命史，誣衊中國共產黨和盟邦蘇聯的。從其封皮上的兩行字中，便可知道其內容荒謬到什麼程度。玆將這兩行妙文抄錄給讀者賞識：『一部世界政治外交內幕史便是一部間諜活動史。中國共產黨是蘇聯派駐我國的武裝間諜團。』」

這「兩行妙文」能登在他們的僞報上而且廣播，眞也够了。然後，原文又擇錄我的「主要論點」，說：

「在這本小冊子中的主要論點，爲世界上一切革命政黨都是外國的『武裝間諜團』……」

僞「解放日報」默認了我的「中國共產黨是蘇聯派駐我國的武裝間諜團」的理論，在經過增益的全文裡並未曾否認這一論點，却說僅僅國民黨是「日本的武裝間諜團」，趙尺子、吳開先、陶希聖、錢公來、曹重三、石子壽都是「日本間諜」。而沒敢直說「中國共產黨」不是「武裝間諜團」即不是「第五縱隊」。我於三十二年十月三日在陝北日報上寫「外國間諜沒有言論自由」一文，說他們「把話說得走板了」，意即他們反來替「中共論綱」作了義務的擴大宣傳，所以下文我說：「這篇文章長至六七千字，對於我的小冊子的基本命題，沒有一字的駁覆，而且完全應用了即承認了我的方法論，只是潑婦罵街顛倒黑白罵一頓國民黨和我個人。」（見拙作「中共論綱」第六版）

「中共論綱內容反動」

在我們方面，二十九年看過我的原稿的趙雨時先生和徐兆麟先生，立即贊可我的理論。趙先生自二十九年十一月以後，直到三十七年十一月他被捕，次年二月殉國，整整八年，在益世報、重慶中央日報、瀋陽中央日報、瀋陽和平日報所作社論，談到「共產黨」，必說他們是蘇俄的「武裝間諜團」或「第五縱隊」（見二十段引趙作）。國際宣傳處於二十九年把它（重慶手寫本）譯成英文，送給英美首要參攷。「中共論綱」出版後，李宗仁、傅作義、馬占山將軍、胡宗南將軍及文化驛站都曾大量翻印。中央宣傳部給我奬狀：「殫力著作，頗多貢献，至堪嘉許。」軍委會政治部函覆：「內容頗有見地。」侍從室第三處函：「揭發奸謀，闢正邪說，譬之燃犀角而照物無遁形。」馬占山將軍說：「此書應寄給　委員長看看，和國策太有關係了。」傅作義函：「內容精闢，於中共陰謀，燭照無遺：確為匠心之作」（可惜他後來忘記了）。李宗仁函：「剿奸匪多年，此為最重要之發見。蓋人均知其惡，而不知其所以為惡之緣由也」（可惜他後來也忘記了）。胡宗南將軍函：「吾兄以蒙古問題之專家，發見『共黨赤間』之秘密，可謂一針見血。吾人剿匪二十年，至此始打出道理來，曷勝欣快！」高雙成將軍說：「你把人家的根子都掘出來，難怪人家恨煞你。」朱綬光將軍說：「國軍十年剿匪，不足以服中共之心；至此，剿匪始有理由。」曾慶錫先生（綏境蒙政會秘書長）說：「中共論綱有世界價值。」氷彥說：「此論絕非凡響。李長官（宗仁）亦已看過，備極稱道。」又云：「中共論綱經呈德公閱後，譽為防奸利器，即交訓導團印講義。」（尚有多件，不及詳錄。）——

但我們的某一權威機關，卻給我一電，文曰：「中共論綱，內容反動，應即銷燬」云云。不久，邵力子看到這書，找到中統局去把我大罵一頓，並囑中宣部把我的五百元津貼（這時已僅值兩斤花生油錢了）予以取消。

俄帝「隱體戰」的源流

自從二十七年十月武漢撤退時我確實究明「中共」的性質以後，我蒐集了二三百種俄國人及「中共」所寫的書物，研習他們的全套戰術。並托人由北平帶到勞倫斯自傳、黑龍會秘史、希特勒征服世界計劃，買到時與潮社、統一出版社、文摘社及各書店出版的有關「第五縱隊」及間諜活動的書，並參攷我們的古兵書如孫武子十三篇、呂不韋的呂氏春秋、六韜文伐篇，絡續讀了一年，並重讀濟公傳、小八義、封神演義、水滸傳和東周列國志等，發見二千餘年以前的孫子已發明了「看不見的戰爭」（用間篇），漢朝已盛用「第五縱隊」。這種戰術經契丹傳入女眞及蒙古，又由蒙古傳入俄國，成爲蘇渥洛夫的「致勝科學」，與猶太人舊約的兵學合流（註五），成爲托羅斯基的「看不見的戰爭」。民八以後由「東方革命大學」傳給「中共」。十六年北伐，由羅亦農在上海指導，使北伐軍很順利地得以佔領。我由托傳上看懂了它，應用多年。積此經驗，我才體認出「中共」的本質——赤色第五縱隊，和通悉了蘇俄侵略世界的全部戰術——「隱體戰」。——所謂「中國共產黨」，只是史太林在毛澤東前胸所畫的「隱身符」或給他的「避髮冠」而已。至於希特勒征服世界計劃，也全無新義，只是學史太林的。

註一：直接入黨辦法，引起許多物議。但我擁護中央這個辦法。當年我如果沒有這個方便，想來不會發生偌大的作用。

註二：「隱體戰」工作有四：一、情報戰；二、游擊戰；三、破壞戰；四、內應戰。詳見拙作「第五縱隊戰法教程」。

註三：我六月由漢到陝，持有中宣部護照，並託谷正鼎先生索得西安行營護照，但均不能通行延安。只好去看林伯渠伍修權，並遲電毛澤東，要求採訪。那時已無新聞記者敢去延安，毛似頗感枯寂，覆電歡迎，並給我「周興」署名的護照。（以後持此來往無阻，直到二十九年六月。）去時因搭從德專員何紹南先生的車，過延未停，故我返來，乃晤毛談一小時餘。勸他赴漢謁　蔣委員長。看他的「相」便「不似人君」。他狂吸「大砲臺」紙菸，一枝接着一枝，通宵吸雅片，據說肺病很重。

註四：在中訓團時，楊宣誠將軍講演，有關諜報。我向他提出問題：「中共」是否蘇俄的間諜團？後得到書面答覆，不證實，但說是「可疑」。

註五：參見拙文「摩西戰略與史太林戰略」，收入「鳳山集」中。

一七　保衛伊盟

艱苦中的愉快

民國二十七年臨代會以後，東北力行社和各省所有組織一律取消，但它的工作繼續到三十二年四月以後，才完全停止了，我被分配到中央調查統計局，任黑龍江省政府調查統計室主任。——二十七年起我本兼中統局的「蒙旗負責人」，三十年起我兼它的專員，都沒有編制。三十二年調統室成立，有十一個人的編制。但由特支費改名的經費還是二十七年的四百九十元，雖按比價發給，但維持十一個編制內的工作人員及其眷屬的生活，已缺乏三分之一。我的通信社及通信報裡外八十餘人，連眷屬共有一百五十多人，加上印刷費、紙費、外勤旅費，舊存的節餘，因為通貨澎漲，早已不成數目，時常陷入無米為炊的苦境；乃選擇與調統室業務有關的十一員納入編制，其餘社內一部人員調借各方，「為他人作嫁衣裳」，於是把張副社長和謝總編輯借給了七分校，齊編輯憬靈借給了烏審旗政府，（其後被趙逆通儒擄去）……本社派駐敵後人員則改用「用敵之餉」辦法及「搶運」（我經濟部發明的走私之美名）辦法，於是我苦撐四年全國惟一的蒙漢合璧的報紙只好停刊，通信稿改為三日刊：我的六大邊疆工作走上最惡劣的途程。我運用了一切智慧（除不肯向地方當局要錢外），維持了社及室共二十餘人（眷屬在外）的工旅費及生活費，度着我向來所沒有度過的苦惱歲月。雖然如此，但我對日閥僞蒙及僞「邊區」的工作，却大體照常進行。因爲邊力社同志都在固守黨員的立場，爲三民主義而奮鬪。他們除一人外，沒有花過黨的錢。所以我的騎兵挺進總隊日益擴張，平綏（淪陷的內蒙古）「新聞網」愈發深入，日軍的一擧一動，沒有不在我的洞鑒之中的。除少數眞正蒙奸外，德王、李守信、劉繼廣（僞包頭市長）、徐榮侯（僞「厚和」市長）、森蓋麟慶（僞騎兵師長）……可以說僞蒙政府及僞蒙軍都成了敵人的包袱：敵人已衷心承認自己的「蒙古工作」（一名爲「善隣」）的失敗了。許多在內蒙潛伏十餘年的日本特務如盛島角房、內田永四郎、笹目恒雄等，都紛紛轉職，不敢再留蒙古工作。在僞蒙古軍裡擔任「顧問」的日諜，自從巴王、林王反正，殺死兩個日本顧問後（註一），也都視駐隊爲畏途，下晚班都赳回包頭、歸綏去住宿，說不定什麼時候就會「殺韃子」的（這是我的同志們所造的恐怖）。在這種情形下，我的同志可以從包綏直到北平，通行無阻，甚至我的太太也可以由僞軍上校陪同，自由赴平，接太夫人來後方就養。——時家嚴於洛陽失守之日，大哭後逝世於北平（註二），我的家產也已損失三分之二，其餘也毫無收益。在生活上，我眞是「公私交迫」。不過工作上（除我的新聞記者本行外）却是愉快的。

我對延安自認失敗

惟有延安工作不能展開。我的特派員（鄭新潮的上級×××）和通信員，除了「情報」（這不能叫作「新聞」）保持平均每天五件外（但都很機要，得了許多甲等）；用我的「辦黨」方法，確實不能展開工作。這個原因也很簡單：一、在蒙旗，王公青年等於白紙一張，給他三民主義，他便成了黨的信徒；在延安，青年是已奸化多年了。二、在蒙旗，王公青年自明地瞭解和日人合作，便是漢奸；在延安，久受欺騙，認俄國爲「世界革命的根據地」，和俄人來往「有革命的必要」，你無法說服他——使他明白「共產黨」也是漢奸，俄國也是帝國主義。總之，「五四」以來二十多年的親俄教育，加上蘇俄二十多年不惜工本，極力宣傳「馬列主義」，發生了巨大的排他作用及澄淸作用，使我的「聯體戰」的「體」（在「赤色第五縱隊」中編組的「青色第五縱隊」）無法形成。

「抗蘇從反共着手」

太平洋戰爭爆發後，我統觀全局，抗戰必勝，已成定局，「八路」在淪陷的內蒙大青山一帶只有姚喆支隊，沒有辦法和中央各部份所作的地下軍相抗衡；在投僞的王公裡，因王公制度天然可以對付「共產」制度，「八路」也無法活躍：故認將來內蒙不成問題，遂將精力注意伊克昭盟（未淪陷的內蒙）。因爲這塊地方，隔一道長城，南接延安，延安有「民族事務委員會」，專作內蒙「自決」（淪入俄國）工作，有「民族學院」，專訓練蒙回青年，由高崗趙通儒兩逆負責，工作頗有基礎。兼之蒙旗獨立旅旅長白海風和他的幹部雲澤（詳下）等，都是黃埔學生，留學俄國，始終誤認「共產黨」係「革命政黨」，而不是俄國在中國的第五縱隊。白兼綏蒙黨部主委、青年團綏蒙支團部主任，底下潛伏着許多「共產黨」。烏審旗、鄂托克旗靠延安尤近，旗下仕官如奇國賢、奇金山等，也都和延安秘密往來（註三）。其他各旗也都有活動（這些情報都由本社駐各旗的特派員及延安特派員調查淸楚）。我判定，抗戰勝利後，伊克昭盟却是大有問題的。先是，二十七年以後，我本已把「共產黨」弄得明白，對於它已毫無迷戀。（這迷戀存在了十二年，眞是好不容易。）這時，我對「共產黨」的本質已更爲淸楚，對「共產主義」也毫無迷信了。（這迷信存在了十七年，也眞是好不容易。）知道它和日本造的「協和會」、「青年團」（德記）、「新民會」、「新中國國民黨」（汪記）同係帝國主義在華編組的「第五縱隊」，而「共產主義」也和「王道主義」、「新民主義」、「新三民主義」（汪記）相同，係帝國主義編組「第五縱隊」的一種魔法，至於「滿洲國」、「蒙古聯盟自治政府」、「華北政委會」、「中華民國」（汪記）固然是日本造的僞組織；便是二十年至二十六年的「中華蘇維埃共和國」以及二十六年以後的「邊區」，也屬俄國造的僞組織，日、俄的目的，同在用這全部事物，鯨吞中國。現在我們在抗日，將來避不可免地也要抗蘇。抗日，在我的能力所及，要由反僞着手；抗蘇，在我的能力所及，也只有從反「共」着手了。所以我當時的計劃，是在伊克昭盟及延安對他們取攻勢：使他們無法在那裡立足；在淪陷的蒙旗則取守勢：使他們在日本失敗後，不能搶收，最終目的，在於防止內蒙成爲第二外蒙。——我就此擬定一個工作計劃，於三十二年年底，面送中央調統局核備。

建立伊克昭盟「會報」

但在這一計劃完成之前，我已零星地先自執行起來。在這以後，便照計劃實施。我和蒙旗獨立旅的參謀長包××、×××的褚大光（三十八年靠攏，被殺）、參謀本部的陳××（名姑隱）、蒙藏委員會的楊××（名姑隱），以及所有黨、團、軍、政機關合作，並運用我在伊克昭盟的全部同志，透過蒙政會、盟政府、旗政府、旗保安司令部、旗小學校等，普遍建立了各級的反共組織——會報。關於這部份的檔案，三十七年春已被毛偽軍焚燬；但我相信中央都有案可查。不過當年工作詳情，我已無從詳記了。

自三十三年起，憑我的記憶，參考幸存的日記，可以追述的反共工作，約有下列的幾點（但這也許不過是若干分之一二）：

鄧寶珊為何靠攏？

一、伊克昭盟衛戍工作——三十一年起，伊克昭盟在軍事系統上屬於晉陝綏邊區總司令鄧寶珊。一般人對於他三十八年在北平投降，都表驚訝；其實他心理上的投降，似早始於他到榆林任二十一軍團長之後的二十八年。三十一年「中共論綱」出版，受到普遍的重視；只有他表示反對。他影響下的陝北日報和陣中簡報都是「次紅色報紙」，我的反共言論很不容易在這兩報上刊出。對於我的本報的反共言論，他一向勸我「顧大體」，不要「磨擦」。——若說他不通悉俄毛的情形，也不盡然，例如三十四年四月十三日，我倆有一段談話，我的日記載：

「……十二時陪仲毅、宣漢（註四）赴桃林山莊。總司令談：羅斯福於前日下午四時以腦充血逝世。座客均極悲悼。談及蘇聯對日宣戰問題，總司令稱：至少中東路要出麻煩。余稱：蘇聯必將在東北培植偽組織。總司令稱：然。」

可見他不寸分胡塗。他三十四年冬也曾在歸綏幫助傅作義打「八路」，三十六年春，又解榆林之圍，也和他們兵戎相見過。——但他心中總認「共產黨」是「政黨」，而本黨是越走越壞的。他在北伐後曾作了甘肅省主席。西安事變前中央派于學忠接他，他一直失意。我判斷他對於　領袖是不忠的。

陳長捷守備伊盟

三十一年，他的副總司令是陳長捷，駐防伊克昭盟，指揮二十六師何文鼎。何師駐在伊克昭盟桃力民、烏審旗、鄂托克旗一帶。七七以後，桃力民是僞「民族事務委員會」的舊中心，二十七年以後，被文友同志運用孟文仲旅，把他們打跑。何師係中央軍，反共而不能行動。陳也反共，但上面有總司令，也不能行動。我對這種情形知道得很清楚：於是多次建議並運用傅作義，至三十一年底，中央發表陳爲「伊克昭盟守備軍總司令」（我的原建議係「伊盟衞戍司令」），進駐扎薩克旗（伊盟中心），將伊克昭盟七旗聯成一片，澈底反共反僞（蒙）抗日。陳雖不免操切，以至激起三十二年的伊克昭盟事變；但三十二年直到三十四年勝利他調職（註五），伊克昭盟境內已無毛踪（地下不免）。——鄧後來以乎知道這一任命是我促成的，表示這正好不妨害他「應付延安的立場」，即他不負反共的責任，却滿表高興的。（我以爲他應當反對我，因爲我建議把陳長捷、何文鼎由他的建制裡獨立出來。）

關於雲澤

二、雲澤逃出伊盟——僞「內蒙古人民政府主席」雲澤字時雨，土默特旗人，蒙名烏蘭夫；黃埔六或七期畢業，留俄在「東方革命大學」畢業。二十四年，在德王的保安隊裡任中隊長。二十五年，保安隊由朱實夫、雲繼賢等領導反正（傅作義作的）。二十六年，改編爲蒙旗保安總隊，白海風任總隊長。白，黃埔一期，也是「東方革命大學」畢業。雲澤任他的參謀處長。我在二十七年以前便認識他，經任秉鈞介紹的，但我查出他係「共產黨」。「烏蘭」二字蒙語意爲紅色，「夫」係俄文，全意係「紅色丈夫」，這是他在「東方革命大學」受訓的學名。七七事變以後，白海風部經馬占山將軍改編爲蒙旗獨立旅，白任旅長，包××同志任參謀長，雲任團長。三十年白兼綏蒙黨部主委，雲任組織工作。我認爲這太危險了，向白提及。白說：「我擔保他已不再幹共產黨了」。後白兼三青團主任，許錫五同志任書記，雲又兼團組織工作。許同志是邊力社的社員，我關照他注意。不久，許同志便把雲的一切活動作成紀錄（長十行紙十頁），和我討論，我指示他逕報中央團部；結果免去雲職。白爲此事對許極爲不滿，認他越級呈報。後來知道係我指示，對我尤爲不滿，我們的交誼也便中斷了。不久之後，白把許同志也免職了。

雲澤從此逃往延安，任僞「民族事務委員」。勝利後，任僞「蒙古支隊」支隊長。三十八年，傅作義投降，董其武也隨着投降，雲任僞「內蒙人民政府主席」，兼任僞「綏遠省人民政府第三副主席」，成爲柴巴桑型的人物。

呂正操與張學思

三、呂正操、曹凱臣事件——呂正操曾任萬福麟部五十三軍的團長。七七事變後，在河北游擊，部隊擴大到十餘萬人。張學思（學良的四弟）任他的參謀處長，後受「八路」改編。三十二年，全部退住晉西北的臨縣，和馬占山將軍一河之隔。呂第一次派代表謁見馬將軍（大約在三十一年），馬不肯見。馬對我說，在未奉中央命令前，他不能和「中共」來往云云，其實這是託詞，他是不肯得罪毛澤東，和鄧寶珊一樣的。三十二年，我兼任黑龍江省室主任，他是主席，我在省政府及東北挺進軍裡是代表中央的人物，他便把呂正操代表的事告訴給我。正好不久之後，呂又派代表于兆祥來哈拉寨（省府所在），我引他見馬將軍（詳見拙作「眞涅槃室扎記」呂正操條）。馬將軍便把改編呂部（在我即認爲呂部反正）的工作，交給我作。我密派閻××和邢××（名姑隱）兩同志赴臨縣晤呂和張學思；他們欣然接受。我允許在東北挺進軍裡給他們（七個團）編一個師；馬將軍也同意了。可惜勝利來臨，大家沖昏頭腦，這事終成泡影。以後呂逆率部進入東北，張逆也作了僞「遼寧省政府主席」。但現在也都垮臺了。

曹凱臣反正不成

曹凱臣是「八路」的僞團長（屬於僞曹健民旅）。他的一個××××（姑隱），係××畢業，在團部任職，擬策動他投降我方，向我在安邊的通信員陳××密談。我知道曹團是僞「民族事務委員會」的武力，趙逆通儒在伊克昭盟的活動由曹團掩護。我便指示陳同志和他接頭。其後，又指示另一陳同志（任××旗保安隊參謀長），另線努力。我擬定的辦法是：一、曹凱臣編爲一師，曹任師長，在原建制內潛伏；二、陳同志（通信員）任副師長；三、陳同志（參謀長）任參謀長，二人均由曹引入僞團部，給以名義；四、由曹派一部官兵，用譁變方式，將趙通儒等一干僞黨捕送來榆；五、並先期送出齊憬靈、黨士秀兩同志（（註六）。我的日記載：三十四年一月二十日，陳通信員引曹之堂兄輔臣來見，詢反正的保障；我仍允編爲師長。輔臣滿意而去云云。——但我此間屢爲凱臣請委，自上年九月迄今，毫無具體辦法。凱臣的有意反正，可說出自眞心，由他曾用雅片三十兩給我的陳同志（參謀長）及二陳來往「邊區」由他保護，和後來許多同志（特別是劉同志鐵符的部下）的通行「邊區」也都由他保護，並設法使黨士秀同志逃出（齊同志時已被送往延安，至今下落不明），便可推知。可惜勝利誤了這事。

命運乎？人事乎？

四、薛應九的工作——薛應九同志是安邊的一個大地主兼大財主，但也是一個大「耍人」的（紅幫的山頭），曾任團長等職。二十四年，毛逆進入陝北，他被清算了，家敗人亡，恨之入骨。每年，他都率部回陝北去打游擊，人熟地熟，神出鬼沒，直到延安，三天便可往返。我二十七年到榆林後，經高志青先生（曾任中央騎二師長，賀蘭山的山頭）介紹給我，相處有年。三十三年，他已窮得斷炊，我向高雙成軍長（二十二軍）爲他要了一個參議的名義，按月給他一份餉，聊以推持。不久，他去打游擊，一路順風，搶光了三個僞「縣合作社」，他發了一筆大財，並把潛伏在「邊區」之內的一部分幹部（一百餘人）帶回我區。但卻沒有人敢收編他，因爲鄧寶珊、高雙成都不肯得罪「八路」。這些人槍便借給韓子佩的保安隊，得以糊口。

他向我談到一個計劃。這個計劃，據我三十三年九月三日的日記說：「如按預定辦法完成，將爲國家免一大戰。」但我無法實踐他這計劃。不久，劉鐵符同志以第一戰區副司令長官部楡林通訊組上校組長的工作來楡。——劉同志自三十年奉派爲熱蒙黨務特派員，深入僞蒙工作，於三十二年返渝，三十三年，我介紹他給周烈範先生，至此周先生派給他這一工作。我認爲第一戰區可以批准薛同志的計劃，便把他介紹給鐵符。鐵符也認爲薛可以幹出這樣驚天動地的大事，便代爲呈報上去。以後，我便不問了。直到快要勝利了，鐵符才報告我說：上級的電報來了，說「政黨鬬爭，自有正途」，否定了這一計劃云云。

註一：這是傅作義派人工作的結果，我曾側面爲傅請奬。

註二：先嚴自抗日失敗，隱居北平。汪逆組「府」後，曾派員送僞幣五萬元，先嚴拒收，又擬任爲僞「立法委員」，亦經堅拒。

註三：爲了賣皮毛。時我方官價爲每斤三千元，延安却提高爲一萬元，且付雅片。雅片到我方，這一萬元又變成兩萬元。我曾多次建議中央，提高我方官價；但經濟部始終不作。

註四：劉宣漢係朝大同學，時任縣長。三十五年冬在横山縣任內被毛部所殺。

註五：陳長捷三十七年任天津警備司令，死守天津，殲敵數萬，陷後被俘。

註六：三十二年四月十五日，趙逆通儒導演烏審旗暴動，張文友同志被殺，齊憬豐、冀士秀兩同志被捕去。

一八　「東北再見」

總裁說「中共」是「第三國際的特務」

我的邊疆通信社隨着抗戰的艱苦而日漸艱苦。我本有許多關係方面，可伸手向他們要錢；但我寧可窮到散伙，個人教書或賣文爲生，也不願和「竹槓記者」如楊令德（大公報的特派員，時駐楡林，大打秋風，後當選爲我監察委員，隨鄧寶珊、傅作義輩龔攏）輩同流合污，於是從事生產和「搶運」，得僞軍中工作同志的掩護，經濟漸漸好轉。三十四年七月一日，本社十週年紀念日，我復刊了本報的漢文版，社稿也恢復了每日一次。社稿照常供給蒙旗新聞，但偏重奸僞新聞。本報除了繼續一貫的「啓蒙運動」（註一）之外，也特別着重延安動態，並依照「中共論綱」的理論，逐期揭發「中共蘇間說」，本報復刊啓事上說：

「啓者：趙社長尺子所著『中共論綱』，由軍事諜報學之見地，論證『中國共產黨』絕非政黨，亦非軍閥，更非土匪；實爲赤色第五縱隊（孫武子所稱之『內間』），冒政黨革命之名，作出賣祖國之事。毛澤東與汪精衛、溥儀、王克敏、德王等漢奸，實係同一型質，不過導演者國籍不同而已。出版以來，風行遐邇，再版多次，所接獎狀獎函不下三百件，足證此書爲最正確、最深刻的理論。本報此次復刊，決將『中共論綱』出版三年來之新的研究，逐期刊布，並將僞黨動態，儘可能予以刊載，可供黨、團、政、軍、教育、新聞、青年各界之參考。定價極爲合理，歡迎定閱，請多批評。」

出版之後，立即風行。在延安僞「邊區」的北面，堂堂正正樹起反共抗俄的大旗。復刊第二號（通一一九號），我刊佈了僞「中共」「第七次全國代表大會」所選的僞「中委」和「候委」的名單，標題爲「赤色第五縱隊」，與日本所編組的「太陽牌第五縱隊」、希特勒所編組的「褐色第五縱隊」並列，並揭發當時鬨動國際的索菲斯間諜案，係「中共」所派遣（第一版）。第二版我寫「 總裁論『中共』」專文，根據「中國之命運」中 總裁說他們是「第三國際的特務人員」，引申立論，並公佈「歷史上中國內僞國家表」。在本號的社論中說：

「……爭取自由的黨派，必須是中國人爲中國利益而組織的黨派；不是僞中國人爲別國利益而組織的僞黨派。中國人爲中國利益而組織的黨派，這才是眞正的政黨，才有自由；僞中國人爲別國利益而組織的黨派，這是僞黨、僞派，絕對不能有自由。披着黨派的外衣，精神上心理上作別的國家的第五縱隊的僞黨派，如果也有了自由，那麼中國便遲早會被它送給別國去作一個屬國了。」

這原是民國三十三年春天我爲益世報所寫的社論，題爲「民主政治的先決問題」，又一次在本報刊出。當時重慶沒有多少人注意這宗理論；僞「新華日報」却於益世報初載此文時，撰小評兩則，大肆調侃（附載拙作「中共論綱」中）。尤其沒有多少人曉得「中共」便是「赤色第五縱隊」。今天自由中國已是家諭戶曉，可惜晚了，大陸已經淪陷，毛澤東果然「一面倒」，把中國「送給別國去作一個屬國了」。

截至勝利以後（八月十九日），我在本報寫社論和專論五篇：一、民主政治的先決問題，二、祝中蘇會談成功，三、「共產黨」的罪狀，四、怎樣消滅「共產黨」，五、「內戰」正解。寫專文兩篇：一、總裁論「中共」，二、我觀外蒙。寫通信五篇：一、僞「中共」駐美間諜——索非斯等定罪，二、僞「中共」籌備僞「獨立」，三、僞「中共」承認僞外蒙，四、延安怪劇：新籌安會，五、淳化事件經過（註二）。

「甲申六十年祭」

按：法國帝國主義扶植安南的僞「黎興黨」等，以侵併安南，日本帝國主義扶植朝鮮的僞「一進會」等，以鯨吞朝鮮，至民國三十三年（甲申）正好六十年。時郭逆沫若寫「甲申三百年祭」一種，捧毛澤東爲李闖王，誣領袖爲明懷宗，洋洋二萬多字，無人反駁。我便寫了這本小冊子，也是二萬多字，用上述史實，證明毛澤東正是阮文祥、李容九一流人物。我的結論說：

「朝鮮奸黨從開化黨、東學黨直到一進會，越南奸黨從黎興黨、英豪會直到遊棍黨，由它們的屬性上研究起來，沒有一處不和中國共產黨相同。梁啓超說：『一進會者何？政冒黨之名，而獻媚於敵，以獵取富貴者也』（日本吞併朝鮮記）；王芸生說：『一進會者，冒朝鮮政黨之名，而獻媚日本，以出賣祖國者也』（六十年中國與日本）；趙尺子也說：『越南的黎興黨、英豪會，朝鮮的開化黨、東學黨、一進會，中國的共產黨者，何？冒政黨之名，而獻媚於敵，出賣祖國，以獵取富貴者也！』

「黑龍會等於第三國際；畢尼約、牛場、內田等於維丁斯基、鮑羅廷；大東合邦論等於世界革命；阮文祥、朴泳孝、李容九等於毛澤東。」

本文於三十三年十一月成稿。但在鄧寶珊影響下的陝北日報和陣中簡報上，未能刊出，寄到陝壩的奮鬪日報，該報在崔逆載之控制之下，也予碰壁。次年春，胡宗南將軍面索原稿，說是去印，也未見出版（秋後始由他刊出），所以在本報復刊後，便改名「乙酉六十年祭」，連載數期，然後刊成單行本，但抗戰也就勝利了。

抗戰勝利時的預言

「八一五」日軍投降，八月十九日，本報停刊，決定復員。在這最後一期上，我寫一篇專文，題爲「勝利聲中。僞黨新企圖」，副題是「在東北建立新僞國」。我從二十四年來的僞黨陰謀史寫起：

「從『中國共產黨』的作風上粗淺看來，它似乎是軍閥、土匪或流氓；但從它的自我宣傳上聽來，又似乎是政黨或革命黨；如果從它的背景上確實加以研究，它確是一種赤色的第五縱隊，也就是孫武子所謂的『內間』。

「民國十年，它們被人家以樹立第五縱隊的目的，扶植成立以後，始終在執行着第五縱隊的任務。民國十三年，它們奉派潛入在本黨裡，把國民政府當作克倫斯基政府，企圖在克倫斯基政府之內，養成實力，然後『從政府中取得政府』。

「這個陰謀被本黨發覺以後，它們便被驅逐出走。它們的主子老羞成怒，指示它們，開始用土匪流寇的方式，在中國搗亂，最後在民國二十年，成立了『中華蘇維埃共和國』，公然打出赤色第五縱隊的旗幟，建立了『國家內的國家』（『中國之命運』中用語），叛擾了許多年。

先是，十八年中國抗俄之役，俄國派由劉伯承率領『萬國義勇隊』來打中國軍，它的眞面目才漸漸揭露出來。紅軍正和近年日本造的白僞軍同質：白僞軍是僞軍，紅軍也是僞軍，『用夷狄攻夷狄』（班超語），用中國人打中國——打亡了中國！

「再過兩年，來了九一八事變。日寇發動這個事變，人人都知道是來滅亡中國，凡是中國人，自然應當保衛中國，抵抗日寇；但是，事變剛一發生，赤色第五縱隊却奉命喊出『保衛××』（註三）的口號，向中央提出『聯合抗日』的要求。一方面發動青年學生、反動軍人，請願、獨立、組府、組軍，到處破壞中央準備抗戰的國策，一直鬧到了西安事變，它們重行取得合法的地位，掩藏起『內間』的身份，可以公開參與國家大計了。

「在抗戰中，它們多方設法破壞中美中英的外交關係，企圖促成中國外交關係的單純化；這樣，戰後的中國便和它們的主子成爲不可分。但這一企圖，違反了抗戰利益，被人民所拒絕了：它們於是開始游而不擊，擴大實力，襲擊國軍，割據國土，用『聯合政府』的招牌，打倒中央，準備抗戰完了之後，取得政權，消滅中國，實現世界合邦的陰謀。本月十號以前，便走在這一個階段之上。——十七年以後和二十七年以後，它們就這樣執行着公開竊國的命令。」

然後我揭發他們在勝利後的陰謀：

「現在，日寇投降了，抗戰勝利了，赤色第五縱隊，二十四年來的陰謀詭計，也同時趨於積極了。近幾天來，它們的措施又走入了一個新階段：由『賣身』進入『投靠』。送家眷，賣青苗，買黃金，糶谷米，結束合作社，大批赤僞軍向華北、東北挺進：從這一串事實看來，它們正在企圖到東北去建另一個赤色僞國，和外蒙柴巴桑同朝並貢去了。」

最後我向他們提出警告：

「本報願鄭重寄語毛澤東和大小毛孩子們：你們二十四年來的行動，非出本心，也非始料，這是人民所原恕的；但你們不知不覺地作了赤色『內間』，效忠外國，背叛祖邦，却是國法所不容的。盼望你們在新的『長征』路上，問問良心，看看歷史，照照石敬瑭、張邦昌、劉豫、溥儀、德王、王克敏、汪精衛，以及吉斯林、木戈爾、洛勒爾、鮑斯……的東洋鏡和西洋鏡，洗心革面，從新再作中國人。」

「這也算是臨別贈言之類了。如果不聽，咱們東北再見。」

我懷着和他們「東北再見」的心情，走向綏包。

「用僞軍守東北」

八月十一日我接到中央秘密通告，日本決定投降，我便作了兩大決策：一、命令我指揮的騎兵挺進總隊，確保包綏，迎接國軍，並搶救僞蒙要員（這在本文十二段已大體提到）；二、建議東北問題解決方案。十三日，我發出大約三千多字的一通電報，內容要綱如下：

一、長春設行營，以張學良爲主任，尅日來渝，向東北廣播。

二、東北四省主席，尅日率軍挺進。

三、宣布東北僞軍僞官全係忠貞之士，應即堅守據點，確保治安，聽候行營改編與安置。

四、僞「滿」法令，除僞「憲法」「皇帝」一章外，一律由現地文武機構照常執行，直至行營成立，另定存廢。

五、一切生產、交通、金融的行政，照舊實施，暫不變動。

六、「日滿一體經濟制度」完全保留。

七、以×××爲哈爾濱市長，兼外交特派員。

八、由德松坪或溥儀其他在渝代表出面，播告溥儀聽候處分；並密電保證不究既往。

我這計劃的重心，在「用僞軍守東北」，即關上大門，不讓「共產黨」進去。——從三十二年就任黑省室主任後，我於僞蒙、「中共」問題之外，也研究東北問題。胸中早有成竹。至是我根據情報及延安動態，尤其是「延安總部」已發出七通僞「命令」，「迎接紅軍，對日宣戰」，「林彪向長春前進」，判定它要在蘇俄扶置之下，去建立第二個僞「滿」。依我的腹案，主張起用張學良，由他號令僞「滿」的「國兵」（這都由他的父執、部下和同鄉統率的），抵禦林彪。當時本室總幹事唐健侯同志向我建議，說恐怕不會採納，第一條可否不提名字？我對他說：這是「以毒攻毒」。張回了東北，必定變成軍閥，我們便要運用他這一點，守住東北。出了一個軍閥，總還是中國人；若出了第二個僞「滿」，便不是中國的領土了。結果照樣發出。

張國棟「一言喪邦」

據我三十五年夏到渝調卷，發覺呈閱之件，第一條「以張學良爲主任」以下各句，全被張秘書國棟勾去。（其他均未動。）他在簽稿旁面註明說：「趙同志建議極有價值；惟起用張學良一節，似應緩議。蓋奸黨正在通電要求我們釋放張學良，足徵其人仍未覺悟。若命其回東北，勢將演出第二個西安事變」（大意）云云。這樣一改，全案重心便完全失去了。我立持原卷找他理論，並鄭重責其誤國。時林彪正指揮四十五萬僞「東北民主聯軍」，守四平街，我軍也在進攻。我向他說：「你老兄要負東北第二次淪陷的責任。你看今天林彪的部隊，便都是僞『滿』的『國兵』。假使去年八月十三日（本電到日），我的計劃實現，張學良必能收降這些僞軍，守住東北，林彪何從入境？多出了一個軍閥，但保住了東北。而且奸黨通電要求釋放張學良，正是怕我們有這一着：用張拒林，所以才『借刀殺人』。奸黨知道，他們要求放，我們便不放，不放，正對了他們的心事」云云。稍後，我在週會上又對着全體數百同志檢討這點。——張同志現已殉國，而他之所以殉國，正因爲他「一言喪邦」，個人便無完卵了。

不久，我被派爲「兼任專門委員」，不在編制，不給薪水，換一句話說，我便被張秘書國棟所「開除」了。至三十六年夏，我忍痛辭去這一「兼任專門委員」。

毛澤東也得「勝利勳章」了！

同時，我却收到詮敘部「簡任八級」詮敘狀一張，慚愧。蔣主席頒給「功在國家」獎狀一張，慚愧。勝利勳章一枚，這是「漢忠」標誌，不慚愧。我的勳章是四八六號，屬於第二批（第一批僅十餘人）。這一批以蔣夫人爲首，公來、雨時兩先生都在內，時間爲勝利後的十一月。當時想到全國「漢忠」四億七千萬，而我被列入第四八六名，確實値得榮幸。但和我同批的竟有毛澤東、董必武幾個大俄特在內，又不禁爽然自失了。我又得到中央黨部革命勛績證書一張，說我「參加革命而有功績」，不慚愧。不過我從十五年（或十四年）參加革命，直到三十五年，勛績證書上却算我七年，不曉得爲什麼大大打一番折扣？

三十六年春，我回了東北，向僞「中共」兌現「東北再見」的諾言。

註一：參看拙作「邊疆十年」。

註二：各文均收入拙作「下馬集」。

註三：原文係蘇聯二字，當年礙於「外交」，只好打空。

一九　第二抗戰

我的同志們吃了大虧

三十四年八月，日閥才一投降，國軍不及前進，我的騎兵挺進總隊（我戲稱之「青色第五縱隊」）陳秉義、王英、徐榮侯三個支隊，遵照我的命令，立刻掛起「青天白日黑十字旗」，光復了包、綏，確守着平綏路西段，迎接傅作義軍安全接防，使姚喆逆部準備多年、企謀利用靑黃不接、搶收全部內蒙古的陰謀，完全粉碎。尤其是作爲傅作義十年仇人的德王，傅本欲置之死地而後甘心，却被我的同志們搶運赴平，飛往重慶；而傅的十四年仇人王英，也成爲我的支隊司令，不能官報私仇：所以傅對我一面是敬，一面是恨。對於我所代表的中央的力量，尤其恐懼，他深恐我成爲「盛世才」，運用他的仇人，取得他的「平綏王國」而代之：便設計了許多陰謀，搶奪騎兵挺進總隊。

先是藉口我「妄改黨徽」，(其實早經報備)，嚴令軍民不許張掛「青天白日黑十字旗」，其次藉口徐榮侯乃偽蒙漢奸，予以逮捕，把徐同志的支隊繳械，接着便利用補給問題，壓迫陳、王兩同志接受傅的改編，納入傅的建制。換旗改編的措置，我無寧是贊成的，因為我並沒有一點作「盛世才」的野心，而這些地下軍是我請准中央而後編成，僅是使用來反偽抗日，一旦日偽垮台，我便預定交回中央的。但傅為了上述的目的，虐待甚至存心殺掉他們；我為了酬庸及對得起同志，以及將來工作上的信用，當然心中不樂。這糾紛一直鬧了半年多，甚至於上激　宸慮；但結果還是我的同志們吃了大虧：徐榮侯判處徒刑；陳秉義縮為一團，漸漸被傅吃掉；王際壟(英)從民國二十一年便被傅抄家，他之親日攻傅（二十五年到三十四年），純為私仇，主觀上並非叛國，他受到的壓迫更大，全部被傅繳械，孤身逃往北平，三十九年被毛逆槍決了。——這一在我指揮領導下為抗日而奮鬪了三年的騎兵挺進總隊，便被傅所消滅了。

我的通信社、通信報社，和黑省室本是不可分的。社從三十二年起為室挹注許多金錢，致使社的經濟基礎(原本是薄弱的)全部動搖。當時，黑省室隨着黑龍江省政府改組而取消，這固然是我求之不得的，但室內的同志一部原本便是社內的同志，而且是精華的同志，現在社既被室拖垮，關於室內的十餘個同志，我也只好忍痛接受分發。

「大陸必陷，毛逆必亡！」

在三十五年夏，我的通信社和通信報短期內無法復員，騎兵挺進總隊早已改編完了，我也成為孤家寡人，住在重慶，看着各機關空水陸三路紛紛復員完了，個人不免仰天長嘆。許多朋友拉我回東北，準備了種種樣樣的「官」，要我去「做」，使我非常感激。但想到東北被「刼搜」得一塌胡塗，我又何必再去同流？而我的計劃既成泡影（見十八段），東北遲早必將淪陷，大勢所趨，我又何必前去負責？我又何所負責？我雖和偽「中共」有「東北再見」之約（見十八段），但「空時差變」了，只想教書賣文，終老半世，便一一謝絕了。兼之家在西北流亡，社內同人和眷屬也都在顛沛，徐榮侯同志且正在繫獄，便於五月二十六日回了西安，稍稍安頓。

這時「協商會議」已經開完，「三人小組」正在登場，心所謂危，難安緘默。我便引經據典，力說史毛的陰謀在吞併中國，「協商」固屬美國的空談！「停戰」也係史毛的戰略！在西安寫寫文章，希望有人看懂。——本來去年勝利之前，簽定「八一四」條約，東北雖然遭受犧牲，「中共」實際不能就範，我們在榆林的人自馬占山、高雙成、朱綬光以及區區的我，都看得淸楚。（因爲我們懂得毛澤東。）未簽約之前，我建議萬不可簽；旣簽約之後，我建議暫緩通過。結果還是簽了，通過了；我也只好不談。「協商會議」開會時，我曾建議多次，認爲這必和周朝時代的「協商會議」，走一條歷史路線；我們應該懲前毖後，絕意「和談」，毅然用兵。結果也都是白費。——至此，我雖無職守，雖無「電」責；但我却有「言」責。先是，本年一月中我正在蒙古旅行，爲反對「協商會議」，除發電外，曾寫一文，至五月中，無可奈何，在中央日報把它發表了（註一）。我徵引有窮后羿（翌）和寒浞抉置僞夏國仲康和相的典故，講古比今，說明「日本收買汪精衞，德國收買吉斯林，第三國際（按：當時爲了「外交問題」，不能寫俄國字樣）收買毛澤東，僞裝爲『民主』的民變」……和「羿以來世界史上許多僞國——傀儡政權、僞黨、僞軍、間諜——總名爲五縱隊」是一種東西，意思是不可和他們「協商」。事關該報立場，當然不好明說。及至我到達西安，又把周代「政治協商」的歷史寫出，在文化日報發表。我說明周是中國，戎是蘇俄，中央是周襄王，毛澤東是叔帶，杜魯門是齊桓公，馬歇爾是仲孫湫，邵力子、張治中輩則是富辰（註二），原文說：

「『政治協商』縱然召開，也一定不能圓滿解決周與戎的千年舊恨：第一、叔帶旣然做了周奸，當然非蠻幹到底不可，否則只好襄王讓位；襄王未嘗不可讓位，只是他如果這樣幹，則叔帶得權之日，就是周國亡於諸戎之時。第二、叔帶勾結戎兵，意在進攻祖國，戎兵也正在利用叔帶，侵略周國，就使『協商』成功，襄王交出一部政權給予叔帶，也僅止去了一點內憂，而無法消彌外患。」（「因國史」三十五頁）

今天，四十二年三月十六日，寫這文時，重讀舊作，眞是唏噓無旣！我們倘將三十五年一月到三十八年一月共三年中的局面，回憶一番，我的文章句句都成了「預言」：「政治協商」「不能圓滿解決」中俄之間四百年的「舊」帳，俄國必要侵華；毛澤東「既然作了」漢奸，「當然非蠻幹到底不可」：總統「未嘗不可」引退，「只是他如果這樣幹」，則毛澤東「得權之日」，「就是」中國「亡於」蘇俄「之時」：句句不幸而言中了。但我又在同一文中敘明叔帶的下場是悲慘的：

「襄王派人求救於魯，派簡師父告難於晉……晉文公……率師南下……分兵兩路：左師圍溫，叔帶奔隰；追而殺之；右師迎王，重返成周……」（「因國史」三十六頁）

「叔帶勾結祖宗的敵人，破壞自己的祖國，眞是利令智昏了。叔帶的下場更是悲慘，倘和瞿秋白、汪精衛、陳公博等等奸黨，地下相逢，必當相視苦笑。」（「因國史」三十六頁）

對於今後的局勢，我相信這一定還是「預言」。不過我們也要提高警覺，這便要請參看拙作「因國史」三十六頁以下，恕不多引了。

「艱難抗日回！」

那時，我的學生呂秉義、本社副社長張樂軒和總編輯謝在善三君都在西北大學任教授，他們推荐我去講周代史和蒙古近代史。但雨時先生却以北方中學董事會全體決議，函電邀我去辦中學。北方中學設在北平，北平是我十年久居的第二故鄉，校長也總比教授接近實踐，而且或可便利我的通信社的復員，重整旗鼓。住家也很方便。我乃於冬末回到北平。

到北平一看，北方中學接收早成僵局。不久，我才知道這原是「騙局」：雨時先生和一般老朋友是「騙」我回東北。三十六年春，我只好回了一別十六年的故鄉。家嚴已作古人，厝草離離，親舊凋零，兒童長大，青年朋友都變成老者，我才想到自己也是四十開外的謂「土埋半截子」的人了。一夕，幾十位老朋友在一家飯店歡宴我，「白乾」（吾縣名酒）吃得爛醉，寫了四首小詩，最末一首記得是：

「十四年於外，艱難抗日回。
『土將埋半截』，酒敢謝千杯？

勝利成虛話，征誅仗衆才。
登樓君試看：耶律敬豬來！」

當天晚上我播講「溥儀和毛澤東」一題，并打成「新契丹時代的到來」（後刊於閻奉璋先生的和平日報）一文的腹稿。玆錄前題全文如下：

今天播講的題目，是「溥儀和毛澤東」。

溥儀是僞「滿洲國」的「皇帝」，以前叫做「宣統皇帝」。毛澤東是僞「中國共產黨」的「主席」，也就是僞「八路」的首領。溥儀受日本帝國主義的玩弄，在「滿洲國」做了十三年傀儡。毛澤東受赤色帝國主義的玩弄，他更玩弄着僞「中國共產黨」，在僞「中國」做了二十六年傀儡。一般人大概都已經明白溥儀是漢奸，是賣國賊；但是很少有人明白毛澤東也是漢奸，也是賣國賊。現在特別提出溥儀和毛澤東來作一個分析。我想諸位聽完了之後，不但明白了溥儀是漢奸，是賣國賊；也就明白了毛澤東是什麽東西。

日本帝國主義打算侵略我國滅亡我國，她就秘密地派遣許多特務，到我國來找漢奸。赤色帝國主義也打算侵略我國滅亡我國，也派遣了許多特務，則我國來找漢奸。日本派來的特務裡有一個叫做川島浪速的人，從民國元年到民國五年，他找到兩個漢奸，一個叫做肅王，名善耆，一個叫做巴布扎佈。川島玩弄着肅王和巴布扎佈，組織了一個僞「宗社黨」，在昌圖、林西一帶，鬧了五年，被吳俊陞打平了。這是僞「滿洲國」的前身。如果僞「宗社黨」成功了，那麽僞「滿洲國」早在民國五年出現了，不要等到民國二十一年。到了民國二十年九一八，日本特務土肥原和他的老師川島，配合日本關東軍佔領東北的機會，又找出溥儀這個漢奸，在民國二十一年三月一日組成了僞「滿洲國」，溥儀起先被叫做僞「執政」，後來又被改稱僞「皇帝」。這是僞「滿洲國」的簡明歷史。

赤色帝國主義派來的特務裡有一個叫做維丁斯基的人，在民國十年，他找到一個漢奸，叫做蘇克拔都，在我們的外蒙古成立了一個僞「蒙古青年黨」，後來建立了一個僞「蒙古人民共和國」。這個僞「蒙古人民共和國」到現在已經非法地存在了二十六年。她現在的傀儡姓名叫柴巴桑。赤色特務維丁斯基在找到蘇克拔都這個漢奸的同時，又在我國找到一個漢奸，姓名呢？就是毛澤東！民國十年七月，成立了偽「中國共產黨」，二十年十一月在江西瑞金成立偽「中華蘇維埃共和國」，毛澤東就是這個偽「國家」偽「政府」的偽「主席」。二十三年冬，偽「中國共產黨」和偽「中華蘇維埃共和國」被國軍打平了，毛澤東跑到陝西北部的延安，一直叛亂到現在。這是偽「中華蘇維埃共和國」、偽「中國共產黨」和偽「八路」的簡明歷史。

諸位聽到這裡就會明白了：偽「滿洲國」的溥儀固然是日本帝國主義在我國扶植的漢奸；就是毛澤東，拆穿了他的紙老虎，也不是什麼「革命的領袖」、「中國的偉人」，不過是一個赤色漢奸罷了。日本帝國主義硬把漢奸溥儀叫做「皇帝」；赤色帝國主義硬把漢奸毛澤東叫做「主席」，這全是一劑迷藥，迷住了溥儀和毛澤東的魂，叫他們自己不知道自己是漢奸；也迷住了中國人的魂，叫我們也不明白溥儀和毛澤東是漢奸。他們自己不知道自己是漢奸，就甘心勾引帝國主義，滅亡我國；我們不明白他們是漢奸，也就甘心作順民，作亡國奴。過去的東北就是這樣淪亡的！如果我們再不明白毛澤東是漢奸，不趁早把他打倒，不出三年，我管保全中國也必要滅亡！

諸君！帝國主義在我國豢養漢奸，製造傀儡，這套戲法，這劑迷魂藥，還是從古代的歷史上學來的。在四千年前我國北方，有一個民族叫有窮氏，它的首領叫做后羿，后羿首先發明了這套戲法。當時有窮氏滅亡了黃河流域的夏族，就是夏禹王的孫子名叫太康。有窮氏統治不了夏族，因此后羿就把太康的弟弟仲康裝成傀儡，由仲康統治着夏族，而由后羿操縱着仲康。這就和溥儀統治着偽「滿洲國」，而日本人操縱着溥儀，也就和毛澤東統治着偽「邊區」，而赤色帝國主義操縱着毛澤東，是一樣的。到了周朝，周武王打敗了殷紂王，滅亡了殷國之後，殷國的民族頑強得很，不好征服；周武王就找出紂王的兒子名叫祿父的人作了傀儡，由武王的三個兄弟管叔、蔡叔和霍叔，操縱着祿父。到了漢朝，匈奴打算侵略中國，她找出韓王信當偽軍，這是西漢時代的事。後來又找出漢奸盧芳當偽軍，這是東漢時代的事。到了唐末的五代，契丹要想滅亡後唐。契丹的皇帝耶律德光就找出一個漢奸姓名叫石敬瑭，封他作爲僞「大晉皇帝」，而且領兵幫助石敬瑭，打倒了後唐，後來契丹到底又把僞「大晉國」滅亡了。到了宋朝，金國就是女眞，要想滅亡宋朝，她就先找了一個漢奸叫張邦昌，成立了一個僞「大楚國」，又找了一個漢奸叫劉豫，成立了一個僞「大齊國」。僞「大楚國」的張邦昌做了幾十天傀儡，沒有幹出多少壞事，就反正了；劉豫倒是幹了八年僞「皇帝」，把現在的山東、河南、蘇北，就是現在僞「新四軍」作亂的地方，擾亂得一塌胡塗；劉豫倒底把北宋鬧亡了，他自己也被金國所吞併。到了民國，帝俄在外蒙古扶置僞「共戴皇帝」哲布尊丹巴呼圖克圖，英國在西藏建立僞「西藏國」，她的傀儡是達賴活佛。以後就接着出來前面所說的肅王、蘇克拔都、溥儀和毛澤東這一群漢奸。

總括說起來：四千年來的中國，從夏朝、殷朝、周朝、漢朝、唐朝、宋朝直到民國三十六年的今天，一直受着東方、北方和西北方蠻族的侵略，蠻族侵略和滅亡中國，都用這豢養漢奸，製造傀儡的老辦法。日本帝國主義學會了這套辦法，找出肅王、巴布扎佈、殷汝耕、德王、王揖唐、梁鴻志、汪精衞、陳公博和溥儀，這一大群漢奸；赤色帝國主義學會了這套辦法，也找出蘇克拔都、柴巴桑和毛澤東、朱德、陳毅、劉伯承、呂正操道一大堆漢奸。他們都帶着「中國人」的假面具，掛着「王道主義」和「共產主義」的假招牌，唱着「大東亞共榮圈」和「世界革命」的假口號，勾結外國，欺騙同胞，替代外國間接統治我國，以至斷送了我國。

諸君！從僞「滿洲國」成立，我帶過兵，帶過同志，同日本人和漢奸溥儀打了十四年仗。民國二十七年我到了陝北，一面要對日本敵人和日本的漢奸們作戰，一面又要同赤色漢奸就是僞「邊區」和僞「八路」作戰。我在關裡這十幾年簡直是沒有一天不和漢奸們作戰。因此，我不單把溥儀等等日本漢奸——白色漢奸研究得清清楚楚；也把毛澤東等等赤色漢奸，認識得明明白白。今年同到家鄉來，和一般親友們談起，大家都知道溥儀是漢奸了；可是對於毛澤東，還都不十分清楚，有些人誤認毛澤東是「革命領袖」，誤認「中國共產黨」和中國國民黨同是革命黨，這是認賊作父，大錯特錯。今天我把我研究溥儀和毛澤東的結論，報告給諸位，希望諸位認清毛澤東也是漢奸。關於這方面，我印過兩本書，一名中共論綱，一名甲申六十年祭，也希望諸位能夠讀一讀，那更可以明白了。

諸君！溥儀是漢奸，是日本製造的漢奸；毛澤東也是漢奸，是赤色帝國主義製造的漢奸。現在，講完了。

晚安！

這篇播講詞和三十二年我所講「毛澤東和汪精衛」，材料大體是相同的。寫這小書時，找出對看，其中不同之點，便是「不出三年，我管保全中國也必要滅亡」這段意思。三十六年到三十八年大陸淪陷，不幸竟是「不出三年」。我的「預言」何以如此準確？唯一的道理便因爲我懂得毛澤東，懂得俄帝的「隱體戰」。本文和「新契丹時代的到來」均收入拙作「開始第二抗戰」中，三十七年冬出版。

論熊式輝

我到東北行轅第一次和熊主任天翼（式輝）晤面，發表我爲政委會的「秘書」，又改調爲「參議」。當時政委會溫秘書長晋城對我說：「熊先生對於尺子，可以說是很爲禮遇了：他用魏益三的待遇給了你」云云。——老實說，三十五年春，我對東北接收工作，尤其當時匪軍的猖獗，認爲他不應負責任，或負責任也是有限度的，基本上我幷不反對他。夏天在重慶，東北九省三市的代表七十多人，赴中全會請願。我臨時應某先生之邀，權充代表，到場才知是爲了打倒熊式輝。全會推派陳誠、陳立夫兩先生接見。我坐在二位陳先生對面。我在發言時，只發表一點個人意見，說：「東北之失，失於『知難』。熊式輝是個圓滑的政客，他負不起責任。我希望派一位强毅的軍人去接他！東北非打不能收回」云云。然後我指着陳辭修先生，大聲地說：「這個强毅的軍人，便是陳辭修！我個人歡迎陳先生上一蹚東北。中央如果不派他去，中央便是不要東北了！」說時，我拍了一下桌子，陳先生向後一閃，立即引起全場的熱烈掌聲。當晚中央通訊社把這消息廣播出來，重慶各報及東北各報所載全文，變成「東北代表請願，要求打倒熊式輝，趙尺子爲首席發言人」云云。到我回了東北，一班朋友尤其新聞界的朋友爲我大捧其場。說我在重慶領導打倒熊式輝，頗足代表家鄉人的願望云云。同時行轅二處處長文念觀（强）却竭誠延攬，拉我去見熊主任。朋友們也沒有一個肯放我走，都主張熙既然不能走，陳又不能來，東北的事還得東北人出力，非拖我呆下來不可。

「要我回東北去組閣」

這時期我爲東北消彌了一個「二二八」式的暴動，破壞了「八路」的「隊體戰」。——三十六年春天，我爲接收北方中學，欠了許多債務，派夢泱赴瀋，向校董會討賑。但三天之後，她却空手回來，說×××、×××、李大超、熊飛、王新三諸君要我回東北去「組閣」。問她，她也弄不明白，就是說王新三要她回來接我，一切面談。這時，我在北平，早已聽說東北地方人士正醞釀反熊，滿口「二二八」。當時我判斷必是這事已在進行。我想：這是替「八路」造機會，客觀上正是「內應」，大家萬萬作不得。便趕往瀋陽，一看究竟，相機防止。於是我不得已地回了東北。我看到新三，也看到大超。他倆找來熊飛，非正式地和我談這問題。我爲了明瞭這事的眞象，表面上答應參加。次日，熊飛找來×××、×××、×××、×××，在大超公舘，開了一次正式會，決定在不引起「八路」攻瀋的限度內，發動武裝驅熊運動。第二次會，在×××公舘，開得更爲具體了，他們把所用的兵力和作戰計劃都談到了。熊飛是總指揮。但何時發動？這個觀察時局的責任，決議交給了我。我認爲何時發動，便可發動。這時我只知國家利益，不知地方利益，只知暴動有利「八路」，有害於所有參加暴動的朋友。但我當時已和中央無關，無處「報告」，和熊主任也沒有深切關係，而且才見了他的一面，便出賣我的鄉長和朋友，這也不是人幹的。所以第三次會中，我便說明：「八路」正準備攻擊四平，時機不好，應在四平戰役結束之後，再行定期。我的辦法是拖。這次有王化一、王家相（鐵獅部隊長）、×××等參加。王化一立持反對，慷慨激昂地說：「我們必須利用這個時機，才能使熊式輝無所措手，如果四平打勝了，我們便不能動了；如果四平敗了，八路成功，我們都得滾蛋，還談什麼救鄉救國」云云。王當時發言，立在地方及反「八路」立場，投人所好，幾乎決定了全局，大家都同意立即發動，先送×××赴平，表示置身事外，一俟打走熊式輝，便請他回來善後。我判斷王化一那時必已和「八路」聯絡好了。

當場我一看有他參加，便認定這次幕後的眞正導演人，絕對是「八路」；這些參加的將領都是被利用的武力而已。恰好這時有人報告：×公館（××）有電話來，請××說話。他去接話，我便跟下樓來。我邀他到×參議的小屋裡，鄭重地告訴他說：「我係奉中央命令，參加此會。現在全部情形我已查明，馬上去電報告中央。（今天想來，十分可笑，我那時是沒有中央可『報告』的。）你是今天的主席，如不想死，便請上樓極力主張緩辦。我也從此告辭。如果大家覺悟，不再胡鬧，爲了大家都是一塊土上生長的朋友，我決定不報告中央。」他當時嚇得目瞪口呆，不發一言。我立即出來，退回住所。第三次會便於他上樓後，立即散會。以後，這些人大都逃往北平，我也並無中央可以「報告」。其後王家相在營口叛變，×××在南京自殺，×××於三十九年在北平窮死，王化一靠攏（也許是認祖歸宗，這個人從二十三年便和毛匪有關，見十五段），李大超、熊飛也都靠攏了，只有王新三君恐怕是被折騰而死的了。

「過河！拆橋！」

我接受了熊主任的委任後，這暴動的第三次會才行開會。我眼看着參加諸人紛紛出走，判定這個陰謀業已消散，更沒有向他「報告」的必要。他當時頗爲孤寂，常深夜邀我去談。我最初向他說的話，記得是東北必將淪陷；但有兩點辦法，可以挽回。我名這辦法爲「過河，拆橋」。所謂「過河」，是過普蘭河和松花江，便是直搗旅大和滿洲里，引起大戰，亦所不惜；但必不會引起大戰。所謂「拆橋」，便是將東北一切輕重工業設備及所有鐵道完全拆下，運往關內——特別是東南各省，再行建設起來，這樣東北便完全成爲農業地帶，三十年內，日俄都可不思染指。對於第一點，他說這和中央的決策完全不同，個人主持不了；關於第二點，他說勢將引起東北人的反對，我對他說，可與要終，不可與謀始，反對是必然的，只看主持者有沒有說服和制服的魄力了。以後，第二辦法確已進行，由經委會的錢某擬妥方案，呈報中央。不久，便被走漏，引起制憲國代的大聲喧嚷，他也就噤若寒蟬了。

八年以後有同志

六月，孫院長（科）發表長文，指斥「中共」。——自從二十七年我究明僞「中共」是「蘇俄的武裝間諜團」及二十八年我指明他們是「赤色第五縱隊」以來，只有我一個人不斷地說着，却並無回響。到三十五年二月，「二二二」運動發生，上海學生才喊出「中共㑹赤色間諜」的口號。四五月中，美國前大總統胡佛，也說出「共產黨都是蘇聯的第五縱隊」，我從中央日報上看到，不覺距躍三百。又過一年，孫院長才以立法院院長的地位說出，我覺得這已不是我的一家之言，當然更爲自信了。他說：

「兩年來大家都迷信着中國內部問題可以和平解決；但現在事過境遷，共產黨已經全面叛亂。回想過去，大家都好像做了一場夢。中國共產黨絕對的受蘇聯的控制。政府必須打垮共產黨；否則即是共產黨推翻了國民政府。」

又說：

「中共是處處聽命於莫斯科的。到今天想起來，我們對中蘇條約所付的代價實是太大了。」

我看報後，馬上找熊主任，建議他發言響應。他囑託我代爲擬稿；閱後立即簽發。原文有一段說：

「今日中國共匪，不同於外國的政黨，也不同於古代的土匪，更不同於近代的軍閥；他們自始即爲外人飼養的一個走狗集團——赤色第五縱隊。過去在延安僭立政府，分裂國家；現在又想在東北造成第二個滿洲傀儡國。割據地方；歷次竄擾，無不受其外國主子的支援。他們比張邦昌、吳三桂、汪精衞還更無恥，還更喪心病狂。」

「赤色第五縱隊」是我所造的詞彙，這理論全是「中共論綱」的擇要，經熊主任採用，首次由中央社發出，由中央日報及全國大小報紙所刊載。原稿本用蘇俄字樣，都經他改爲「外人」、「外國」，碍於「外交」，只好如此。

「三反」

這以後，我們所談，大體以「為何而戰」為中心。我提出「反侵略」、「反破壞」、「反滅亡」——「三反」（註二）的建議。他把我的「乙酉六十年祭」即「甲申三百年祭」看了一遍，翻印一版，並囑我主持「心理作戰」。為了我的「參議」不在額內，他和余主任紀忠商量，把我編入行轅新聞處作「少將文化專員」。我至始便不願列入額內；但大家一體强拉，不能自主。九月一日，陳誠先生來接主任，他便南去。陳主任來後，因為我是最先主張他到東北的人，他雖然晚來一年，也令人不無新希望；兼之新處長魏鴻緒（紹揚）少將，曾任東北挺進軍總司令部政治部主任，原先大家同事，相處得很好，他也是「中共論綱」的翻版人之一，現在他以副處長升任處長，更不放我走了。我便喊出「開始第二抗戰」的口號，在瀋陽幹起。

註一：見拙作「因國史」第二章。

註二：見拙作「因國史」第三章。

註三：見二十段「八一四文化運動」內容第三項。

二〇 文化運動

「八一四運動」

我到東北之後，想起十六年前我曾發動一個「關外五四運動」，未曾成功，東北便告淪陷（見本文九段）。這次決定創導一個「八一四運動」，修正「五四」運動的偏差（演成偽「共產黨」的賣國），提出反毛抗蘇的理論，實踐與「中共」「東北再見」之約。遂於三十六年八月十四日，正式開始「八一四文化運動」。

先是，這年七月十八日，政府下令戡亂，頒佈總動員令。二十一日東北行轅新聞處邀請文化界教育界在瀋陽招待所七重天開座談會。出席有袁笑星、洪同、趙公皎、莫寒竹等（以下名次均依當時簽名簿）四十餘人，推趙漢野主席。我提議成立東北文教工作動員協會，經一致通過，並推定趙尺子、方永蒸、劉樹勛、卞宗孟、趙漢野、王宜昌、陳驥彤、洪同、蘇繼孝、金東平、徐延年等人為籌備委員。會後，籌備會開會三次，於七月二十八日，召開成立大會，出席者侯鈞權、趙公皎、陳驥彤、劉高鈞、黎聖倫、袁笑星、洪同、曹重三、周慕文、郭為、閻奉璋（按：上列各位現均在臺）等二百餘人，推馬愚忱、趙漢野、卞宗孟、趙公皎等五人為主席團，修正會章，通過我主稿並由雨時先生刪正的宣言，選出委員方永蒸、趙公皎、洪同、趙尺子、莫寒竹、臧啓芳、侯鈞權、王治民、陳驥彤、王大任、臧渤鯨、霍戰一、劉博昆、周慕文、曹重三、程東白、閻奉璋（按：上列各位現均在臺）等五十九人。

二十八日召開成立大會，是籌委會決定的。我因事沒有出席那次籌委會，其他委員便毫無計劃地決議找個星期日（二十八日）開成立會。籌委會決定日期後，我才知道，曾提議改在「八一四」成立，他們說那日子太遠了。我只有服從多數。所以大會之後的第一次委員大會，由我提議，選定八月十四日（「八一四」）召開，表示為「八一四文化運動」正式開始。那次會由馬愚忱主席。會中選出莫寒竹、臧渤鯨、王大任、洪同、趙尺子、余紀忠（按：上列各位均在臺）等二十一人為常務委員，通過我擬定的「八一四動員工作大綱」，「八一四文化運動」一詞出現於大綱之內。這一天，本會開始第一次廣播週。九月一日，召開第一次常務委員會於中央日報，馬愚忱主席。決議：趙尺子任總幹事，郭為任副總幹事。從此我對本會負起全責。常委會下設新聞、教育、藝術、出版、婦女、青年、聯絡及設計共八個動員工作委員會。瀋陽設直屬分會，各縣市設分會，下隸支會（鎮及區）及區（村）會。

東北文教工作動員

這個運動，在會員、委員和常委通力合作之下，截至三十七年十月二十一日我因公赴平（十一天後瀋陽淪陷），所作工作，大略如下：

一、理論動員工作——本會的基本任務是發動「八一四文化運動」。大會宣言及紀念三十六年國慶宣言（見拙作「下馬集」），是本會理論的重心，由我起草，經雨時先生增刪，提出大會及常會修正通過，然後發表。其後我把這兩個宣言合併，編成「五四運動與八一四運動」小冊子（見拙作「開始第二抗戰」特錄），提請三十七年「八一四」本會第二次會員代表大會接受，印出二千冊發表（大部空投淪陷區）。大會宣言由「一部世界侵略陰謀史，便是一部第五縱隊活動史」兩句開端，下面用了四千字，敘述羲和迄今的一部中外「第五縱隊」活動史，然後說：

「一個國內不平不滿的官民被帝國主義收買痲醉欺騙之後，必定單獨地或集體地先向帝國主義供給情報，成爲間諜或奸細；漸漸地接受了帝國主義的金錢和武器，形成武裝集團，就是一般人所習知的僞軍，向祖國的中央稱兵叛變。僞軍在叛亂開始，必定是打出政黨的旗號，就是大衆所週知的僞黨。僞黨戰勝攻取國土的一部，樹立僞政權，僞政權再形擴大，成爲僞國家。間諜、奸細、僞軍、僞黨、僞政權和僞國家總名爲第五縱隊。在第五縱隊每個人的主觀上，曷嘗不自認是在發動革命，在爭取獨立，在消滅不滿和不平；但在客觀上，他們確確實實成了外國傀儡。從四千年前的羲和到今天的毛逆澤東，沒有一個人成爲例外。」

下邊接着把「赤色第五縱隊」活動史作個概括的說明：

「原來，在所謂十月革命之初，赤色陰謀家就照抄孫武『用間』篇的方式，在世界資本主義國家裡，組成第五縱隊。用唯物史觀、唯物辯證法、剩餘價値說、無產階級專政、工人無祖國、民族自決、打倒帝國主義……一套『主義』，利用各國國內階級、民族的矛盾，欺騙不滿不平的份子。民國九年，赤色特務維丁斯基來到中國，着手利用『馬克斯主義研究會』。第二年七月，僞『中國共產黨』宣佈組成，披戴着『革命』『政黨』的衣冠，掩飾起第五縱隊的本相。同時維丁斯基策動僞『蒙古青年黨』，由蒙古的赤色第五縱隊促成了外蒙古的『獨立』。這是中國被支解被蠶食的開始。民國十三年，中國受騙，竟允許赤色第五縱隊潛入國民革命的陣營。十六年，她的陰謀暴露了，中國實行肅清內奸，他們便在江西湖北廣東公開叛亂。二十年，成立了僞『中華蘇維埃共和國』；二十二年，赤色帝國主義國家又在新疆省建立了僞『東土耳其斯坦共和國』。至此，中國國內共有三個赤色第五縱隊了。江西的赤色第五縱隊，經過五次圍剿，於二十四年逃到延安，一籌莫展。恰值抗日戰爭開始，中國再一次被騙，承認了延安的合法存在。就從那時起，我們打了八年血戰；赤色第五縱隊卻一直在勾結敵僞，消滅國軍。勝利之後，他們便全部叛變，到處破壞。這二十七年，他們的罪惡是罄竹難書。他們爲什麼這樣和祖國爲難？爲什麼這樣在中國搗亂？一言以蔽之，是受了『主義』的欺騙，忠實地執行赤色陰謀家吞滅中國的戰略，要葬送整個中國作赤色的附庸。外蒙古被割讓了，但赤色陰謀家並不滿足；新疆淪陷僞組織是木已成舟了，但赤色陰謀家並不中止；他非要嗾使毛逆澤東的赤色第五縱隊出賣了中國，永遠也不會罷休！」

指出：

「現在我們不再受騙：僞『中國共產黨』確實不是一個『政黨』。它是赤色帝國主義鯨吞中國的工具。我們明白：僞『共產主義』和僞『王道主義』、僞『新民主義』、僞『三民主義』（汪記），同是赤白帝國主義組織第五縱隊的欺騙術。我們瞭解：僞『中國共產黨』和僞『宗社黨』、僞『蒙古青年黨』、僞『協和會』、僞『新民會』、僞『中國國民黨』（汪記），同是僞黨。我們認清：僞『中華蘇維埃共和國』和僞『蒙古帝國』、僞『西藏國』、僞『蒙古人民共和國』、僞『滿洲國』、僞『東土耳其斯坦共和國』、僞『冀東政府』、僞『華北政委會』、僞『蒙古聯盟自治政府』、僞『中華民國』（汪記），同屬僞政權即僞國家。我們認淸：毛逆澤東和哲布尊丹巴、達賴、善耆、巴佈札布、溥儀、殷汝耕、王克敏、德王、汪精衞諸逆同是漢奸，和古今中外的一切傀儡相同。我們知道：僞『八路軍』也和一切白色僞軍是同一屬性的武裝奸細。赤色第五縱隊在中國的活動史，正是世界侵略陰謀史的一頁。」

並判定「赤色第五縱隊」的命運，擁護中央的全面戡亂政策：

「不過，從歷史上看來，在任何國家的第五縱隊，最後必定遭到失敗的命運。而他們的失敗是在四個方式支配之下進行：第一是自動反正，祿父、宜臼、夷吾、重耳、蒯聵、重貴、張邦昌、吳三桂、哲布尊丹巴，都是幡然覺悟，背叛了他的導演者。第二是被迫消滅，溥儀、殷汝耕、王克敏、德王、陳公博和希特勒的第五縱隊，都跟隨着蘇使者的亡國而樹倒猢猻散。第三是澈底擊潰，公子滑、王子叔帶、王子猛、魚石、欒盈、善耆、巴佈札布都被中央軍一舉打平。第四是自動解散，劉豫是很不經見的一例。毛逆澤東的赤色第五縱隊將歸入那個方式？自動解散麼？這是絕對的不可能，因爲赤色帝國主義國家絕對不會悔禍。自動反正麼？這尤其是不可能，被『主義』欺騙的漢奸，必定至死不悟。鄭逆孝胥和陳逆公博地下相逢，也會互向宣傳『王道』和『和運』。被迫消滅麼？這待何年？我們實在不能等候了；雖然終會有這麼一天。澈底擊潰麼？我們擁護這一方式。今天的中國，只有這個戰略是正確的英勇的戰略。絕對必要，絕對可能。偽『亞塞爾拜然』第五縱隊，便早已被伊朗打光，而赤色帝國主義也是徒喚奈何，愛莫能助。」

然後宣言說到「五四運動」和偽「中共」的關涉，我們說「『中共』出現於五四運動之後，隨着五四運動混入中國，以致一般人連它們自已在內，都錯把赤色帝國主義的侵略和中國革命運動混爲一談，認爲它們是在革命」（見拙作「開始第二抗戰」一六頁）。於是宣言中追溯它們的所以形成：

「五四運動是反侵略的。反侵略當然得有辦法，有計劃。當年的指導人所提出的辦法和計劃，是民主和科學，所謂『德先生』和『賽先生』。他們以爲有了民主，一切便有了辦法，有了科學，一切也有了辦法。不幸的是民主一詞剛才喊起，赤色帝國主義便把他的陰謀披上『民主』的外衣，戴上『中國共產黨』的帽子，搬上中國舞台。民國十六年以前，赤色特務偽『中共』被蘇使來篡奪中國國民黨，於是號稱要求『民主』。十六年以後，赤色特務們被指揮打倒國民政府，也號稱是要求『民主』。抗戰以後，他們被欺騙來進攻或牽掣中央軍，使中日兩敗俱傷，由赤色特務統治中國，成爲赤色的附庸，仍是號稱『新民主主義』。勝利後，他們被麻醉來毀滅中國，粉碎國民政府，殺戮中國人民，還是號稱爭取『民主』。民主二字，經五四運動指導人苦心提倡，原是爲了反抗日本的侵略，作爲建設新中國的方案；誰意它竟成爲赤色魔術家的障眼法，成爲新侵略者的迷魂帕？而五四運動以來的若干青年，某些人士，習聞民主，企求民主，當然會供奉口稱『民主』的偽『中共』爲神明，也會希求『新民主』的偽『中共』來作救主。五四運動的民主口號，沒有使中國人民獲得民主，反而使僞『中國人民』——『中共』勾引異族入主中國，企圖統治中國，以滅亡中國。民成了僞民，主成了僞主：這眞是出乎五四領導人的意外了。推原其故，便因爲提出這口號的設計疏漏，忘掉民主必須以國家爲界限，國家如果滅亡，那裡還有人民？沒有民，那有主？五四以來，除了 國父的三民主義注重國家民族之外，其餘如社會主義，如共產主義，如安那其主義，統通無視國家。中國人原本僅有家庭觀念，沒有國家觀念，從民元到民八短短八年，更未能建立國家觀念。若干人對於自己所應愛的國家只是有一點淺淡糢糊的意識。經過五四以來的空喊民主，不講國家，只講階級，不談民族，更從未曾涵養成國家觀念。於是赤色帝國主義便嗾使她的赤色特務——沒有或少有國家觀念的僞中國人，來利用沒有或少有國家觀念的眞中國人，假稱『民主』，侵略中國。大家同屬目無國家，大家便受了赤色帝國主義的利用，來幹『國家自殺』，『民族自虐』的工作，這眞太可憐憫了。」

我們接着說：「本會爲五四運動悲，也爲僞『中共』悲，憐憫僞『中共』，也憐憫中國：這就是我們發動『八一四文化運動』的基本理由……我們正在發起一個新文化運動，充實動員戡亂的內容，從基本上建立中國人的國家觀念，澈底消滅或完全喚醒（註一 反國家的僞中國人——『中共』，共同建立偉大的中華民國。」隨後，我們宣佈「八一四文化運動」的內容：

「『八一四文化運動』是抗赤反毛的三民主義文化運動——三民主義（ 國父十三年所講者）是五四運動的修正，也可以說是五四運動補充。全中國人曾在三民主義領導之下掃平了北洋軍閥，完成了統一，戰敗了暴日，取消了不平等條約。但從三十四年『八一四』之後，赤色帝國主義又迫我們簽定新的不平等條約——『中蘇同盟友好條約』，而這個條約的不平等和亡國性又遠較一切不平等條約爲尤烈。某些人對於『八一四』條約的冥然罔覺，實在由於毛派漢奸理論已支配了文化界，甚且支配了三民主義的某些信徒。我們必須切實實踐民族主義、民權主義、民生主義，必須體認 國父『聯俄容共』是一種手段和一時權宜，發揮三民主義抗赤反奸（毛）的眞諦，以三民主義文化，對抗毛派漢奸的理論和赤帝的文化侵略。在三民主義領導之下，升起反赤抗毛的大纛。

「『八一四文化運動』是一個國家起信運動——五四以來，普遍全民的國家觀念或民族自尊心，雖然沒有養成，但若干知識份子確在『國家至上』『民族至上』的號召下，從各崗位上參加革命，支持抗戰。只有僞中國人的赤色漢奸甘心媚外，認賊作父，引狼入室。但勝利後的人心，却由樂觀興奮轉入悲觀和苦悶狀態了。許多人喪失了對國家的信心，忘記了民族的自尊和自重。一個人不知自尊，他一定會卑污，一個人沒有自信，他一定沒有成就。一個人如此，一個國家也是如此。我們一定要相信：中國歷史最光榮，中國地域最廣大，中國物產最豐富，中國人種最優秀，中國必不亡，中國必永生，養得成一顆國家自尊心，對付赤色漢奸和一切媚外的份子。

「『八一四文化運動』是反侵略、反破壞、反滅亡的運動——『八一五』日寇投降，五四以來的反侵略運動似乎是告一段落了。不！錯了！一個更利害的侵略，却在『八一五』的前一天——『八一四』具體公開了！『八一四』就是第二個『九一八』！或第二個『五四』！我們不會忘記，四百年來，中國北方的這個蠻族，就一直在侵略我國。這個蠻族從民國八年以後漸漸形成赤色帝國主義，她承繼了『沙』的一切政策，於民國十年吞併了我們的蒙古，也自同年開始，來侵略整個中國。直到三十四年『八一四』，她完全揭去假面具，露出猙獰的本相，迫我簽訂『八一四條約』——比塘沽協定更可恥的條約。一方面，她組織成立了二十九年的赤色第五縱隊——『中共』僞黨、僞軍、僞國家也奉命在中國內部大規模的破壞，內外夾攻，中國會被她所滅亡的。這危機的嚴重性，眞是千百倍於『五四』，千百倍於『九一八』！因爲『五四』還有一個『運動』，『九一八』也有一個抗戰，全中國人連不知國家爲何物的老百姓在內，也都知道非抗日不可；但這幾年以來，有多少人曾經作過『抗赤運動』？今天人心已死，遠不如『五四』以前。這是怎麼一回事？一言以蔽之，二十九年來，赤色漢奸文化運動的成功而已。全國有一部人心在僞『中共』宣傳淆惑挾持之下，早是不辯是非，不明敵友了。我們堅決反侵略！堅決反破壞！堅決反滅亡！要喚起沉醉的人心，開始第二抗戰！爭取中華民族的獨立和自由。

「『八一四文化運動』是國家民主科學三位一體的運動——我們反對赤色第五縱隊——僞中國人喊的僞『民主』；我們要達成中國人民自主其政治自主其經濟的眞民主。這樣的民主，只有中國每一個人都富有崇高純潔的國家觀念之後，才能實現。過去的白色漢奸，沒有國家觀念，只有家庭觀念，不配來談民主，他們的民主，只是『日主』——中國亡於日本；今天的赤色漢奸，沒有國家觀念，只有階級觀念，也不配來講民主，他們的民主，只是『赤主』——中國亡於赤色帝國主義。我們也完全贊成科學，但科學必須有利於國家。五四運動以來，若干科學家無用武之地，或不忠實於科學，競入仕途，成爲官僚，禍亂國家，或利用科學，剝削人民，腐蝕國家，均爲我們所極端反對。我們主張，科學家不許做官，不許經商。在國家一切未上軌道的今日，政府要有計劃地實施科學教育，不造就官僚，更不培養奸商。政府要把科學人才趕回工廠；更要把沒有國家觀念的中國人趕入學校，從小學生到大學生，從兒童到成年人，人人必須熱愛中國。有國家而後有民主，有國家而後有科學。用科學來建國，用民主來治國。全體發展，一齊前進。不容再蹈五四的覆轍，空喊民主，不知國家，高談科學，不顧國家。——『國家至上』！」

「開始第二抗戰」（後用作拙作論文集名）一詞，在上引第三段中出現，這就是今天的反共抗俄了。自從三十六年「八一四」第一個廣播週開始，我根據上述理論，隨時作出「參考材料大綱」，送請應邀的播講人員及各報社論委員，並以私人情感「强拉」（註二）他們播講撰論，一年之內，這一理論普及了東北。

「老馬識途」的故事

二、廣播動員工作——三十六年「八一四」日，本會開始第一個廣播週。以後國慶紀念日、新年、青年節、「五一節」、「五四」……直到三十七年「八一四」、九一、「九一八」……凡遇重要節日，我必佈置一個廣播週，由瀋陽電臺播音，四平、長春、吉林、錦州各臺轉播。東北的文敎界名流，除金毓黻早想靠攏，屢請不來之外，都被我「拉」上播音器。有許多講稿由我作槍手，如馬愚忱先生講的「老馬識途的故事」（載拙作「下馬集」及「開始第二抗戰」中），用齊桓公北伐山戎，說明反共抗俄。開頭是：「我是馬愚忱，濫芋教育界五十餘年，朋友們都喊我爲『馬愚老』；實在說，我也甘願自居爲一個識途的『老馬』。今天文教協會要我廣播，我想講一段『老馬識途』的故事」云云，恰是天造地設的「馬愚老」播詞。結尾說：

「……幾千年來，中華民族始終受着北方蠻族的侵略，夏朝的有窮氏，殷朝的鬼方，周朝的玁狁，春秋的山戎，秦漢的胡人，五代的契丹，宋朝的金……都是由北向南，居高臨下。而且一貫使用第五縱隊的方式，勾引中華民族內的不肖子孫，作傀儡，作僞軍，作僞黨，作『因國』——即僞國家，以『內戰』的形式，引狼入室，爲虎作倀。現在，中華民國三十六年了，北方的蠻族——新的山戎也在利用毛澤東作傀儡，組織僞『民主聯軍』僞『八路軍』和僞『中國共產黨』，以『內戰』的型式，引狼入室，爲虎作倀，要滅亡中國。我們祈禱着齊桓公和大政治家管仲復活，揭起北伐山戎的大旗，唱起北伐山戎的軍歌，第一步打倒曹赤型的毛澤東，第二步打倒山戎型的赤色帝國主義！」

其他各位的大作也能够根據我隨時訂定的「參考材料大綱」，精誠合作。雨時先生一向不好播講，我也能請他手寫「新五四運動」並蒞臺播音。有一個廣播週，實在無人可請，我便逐夜上臺，播講「尺子七篇」（只剩六篇，見拙作「開始第二抗戰」）。魏紹揚（鴻緒）先生爲我編三字經四句：「趙尺子，講七篇，別順逆，辯忠奸。」（載拙作日記三十七年四月四日），傳誦一時。今天在臺的錢公來、梅公任、曹重三、翟戰一、王華隆、莫寒竹、趙惜夢、陳驥彤、陳紀瀅（臧啓芳先生應邀而臨時赴京，未講）……諸先生都被我找過麻煩。韓國的同志播韓語，蒙古的同志播蒙文。自從我的邊疆通信社瀋陽分社發稿後（三十六年十一月一日），每晚所播都是本社的新聞。因爲我們比中央社發稿爲早。中央社瀋陽分社當時很吃我的醋。

雨時先生音容宛在

三、社論動員工作——本會主辦多次動員週，都由會邀請而由我面請各報主筆，依據「參考材料大綱」，寫作社論。中蘇日報、和平日報、中央日報、東北民報、東北前鋒報、前進報、瀋陽日報、新報、正義報、掃蕩簡報……一致動員。雨時先生在大會宣言發表之日，曾撰社論闡發。記得那夜我在他的客廳裏對宣言文字作最後的修正（大會授權，由他和我作文字的整理），他仔細閱過，又訂正了許多字，然後付排。我在校對，他便寫出這篇社論。雨時先生被捕，遇害成仁已三週年了！——中央日報的剪報，我還保存着一頁，題爲「讀東北文協宣言」，恭錄如下，紀念這位反共抗我的文化鬬士——新聞界的文天祥：

「東北文教工作動員協會，是東北文化界和教育界響應全國總動員令而發起的民衆團體，已於二十八日在本市成立，並經發表宣言。宣言的全文，載在今天本報，可說是一部僞國家史的序言，充滿了學術意味。它先就歷史上說明了古今中外想要亡人國家的魔王，都是由『用間』做起，由組織間諜漢奸即第五縱隊做起，使他們以本國人制本國人，而這個魔王便坐收漁人之利。共產黨在這樣受外國組織的間諜團中，是比較進步的一型。它不同於過去許多間諜團的地方，是在甘言厚幣之外，別要被人戴上一頂忠於『主義』的高帽，獻身『革命』的榮銜。這使他們迷惑，使他們甘心爲虎作倀而不自知。當然這一間諜團的首腦人物，也不無中途覺醒的份子；但大利誘於前，魔王監於後，一經上了賊船，就必將滅絕理性，自騙騙人，雖明知兎死狗烹之訓，也必爲異族作走狗。

「宣言裡面，指出以『主義』組織間諜團，是現代赤色帝國主義的新發明，所以它就稱這一被組織的間諜國——包括中國共產黨及世界共產黨——都是赤色漢奸，赤色第五縱隊。它與組織者——即背後操縱者——的關係，是父子關係，不問它已否取得政權，都必須嚴格執行組織者的命令，爲組織者的利益而說話，而行動，根本忘記了它自己還有祖國，實際也不敢存有祖國之想。因爲它如這樣做，組織者的偵騎四佈，是足以致它的死命的。東北在敵僞的鐵蹄下十四年，大家都看到傀儡皇帝溥儀的沒有自由。過去溥儀早已明白；毛澤東却不會明白。溥儀早知道上當，毛澤東却不知道上當。縱知道上當，也還要自騙騙人，在異族卵翼下與他的同胞作對，與祖國作對。

「宣言中還曾提及赤色帝國的前途，它以過去的日本爲例，希特勒爲例，意思在說企圖以陰謀詐術亡人國的國家，終會引起世界對它的疑懼，如這次世界大戰中的軸心國家一樣。它們在各國協力撲滅之下，終於招致覆敗的結果了。宣言中的這一推斷，雖不無歷史的根據和理由；但我們却不願它眞會變成事實。我們素以和平立國，非萬不得已，絕不願把親仁善鄰的國策變更，這一推斷的實現，就是人類浩刼的再來。但我們也深知道，一種具有較長歷史的理論總不免具有慣性的。糾正慣性之難，如移山。我們既不能糾正友邦，我們便只有自救。這是我們所以以戡亂救國爲當前重大課題的主因，也就是預弭人類次一浩刼的有力步驟。我們絕不想對付任何友邦或歧視任何友邦，目的只在自救，只在以戡亂求和平，以和平求建國。

「這一宣言並曾指出赤色漢奸所以易於滋蔓的原因，在於社會存在着不平和不滿。我們認爲，這種情緒的存在，不盡爲政府之責。我們在整個的世紀中，受盡了不平等條約的約束，嘗盡了軍閥叛亂的痛苦滋味，國家剛剛統一了，剛剛走上建設途徑了，又因侵略主義者的煎迫，展開了長期的抗日戰爭，抗戰勝利之後，若沒有赤色漢奸的苦擾，在這兩年之間，國民的經濟生活，本可望漸趨改善的。但在赤色漢奸之前，人們的這一希望幻滅了。希望幻滅，自足爲引起不平不滿的原因。但誰爲之？孰令致之？却不能不問個究竟。政府處責任之地，當然應本　蔣主席所常昭示的恢宏氣度與檢討精神，推誠心，布公道，寬於責人而嚴於責已。但風雨同舟中的國人也應共體時艱，不因感情的發洩，忘了大難的當前。

「現在國家正爲戡亂而動員。我們讀了這一篇樸實而充滿了學術意味的宣言，痛感戡亂工作之順利完成，實繫於朝野上下的同德同心。東北文敎工作動員協會諸君，都是文化界和敎育界的優秀份子，足繫東北觀聽。這一組織，無疑是對抗奸匪具有心理作戰的意義的。說到心理作戰，要負起兩面任務，一面是研究敵人；另一方面是檢討自已，團結自已，和鞏固自已。該會站在政府與社會之間，希望能在總動員的號召下，完成這一聖潔的重大使命。」

因爲社論係代表中央日報，他須顧到中俄邦交，所以對俄帝打了許多官腔。我看原稿後，說：「您仍是存有幻想」。他双脚微跳地說：「這也就够瞧的了！」音容宛在目前。想到二十多年來，他對我誼兼師友，竟以傷足不能「搶」上飛機，致遭毒手，不禁泫然！（當年有人疑惑此文由我執筆，不確。）

東北教育界一盛會

四、教育動員工作——三十六年九月四日，遼寧省教育廳主辦的教育會議閉幕。本會乘着出席人員來瀋之便，假鐵道賓館，召開一個文教座談會，到省立各專科及中學校長、各縣市教育局長共九十餘人。由常委馬愚忱、卞宗孟、雨時先生和我主席，分別報告「八一四文化運動」的內容意義，以委員如洪同、王大任、莫寒竹也都發言。賓主濟濟一堂，研究文化戡亂，文化建國，扶植民族正氣，肅清赤色漢奸等問題。出席的教育界人士一致要求加入本會，組織分會。爲勝利以來東北教育界一大盛會。其後本會經常和各縣市教育界保持聯絡（我兼聯絡動員工作委員會主委，等於組織機構，除和各縣聯絡外，並和工、商、政、軍各機構聯絡）。

五、褒揚文忠工作——東北淪陷及八年抗戰期間，文敎人士忠貞不屈及抗戰殉國者，爲數頗多。本會爲褒揚文忠，扶植正氣，藉以諷議社會名流之向赤色帝國投降，製定「東北文敎忠貞殉國人士調查表」，發交各縣分會及文敎人士調查填報，以便彙請政府予以褒揚撫䘏，並在和平日報刊出「追悼王一葉烈士專號」及「追悼馮若星先生專號」。上述調查表，截至三十七年冬天，經查實者共有六十餘人，由本會呈請東北剿匪總部政委會，轉請中央明令褒䘏。可惜東北淪陷得太快了，這事便沒有下文。

「二四四九」

六、綏靖區小組——本會於三十六年十月，刊印「致文敎界書」三萬份，大會宣言三十萬份，洽妥專機，散發各綏靖區（淪陷區），號召文敎人士歸來，或組織秘密小組，就地進行「發揚民族正氣，肅清赤色漢奸」工作。截至十二月底止，淪陷區普遍發生此種小組，東豐縣某中學孫校長慶豐領導的小組竟有×××、×××兩員（當年都有名姓，現已遺忘）被奸僞亂棒擊斃，以身殉道。奸僞雖重價嚴刑，搜集「致文教界書」，付之焚燬；但被保存於文教人士手中的，爲數頗多。因爲這書上印有一個號碼（二四四九），由電報明碼上「文教」二字的阿拉伯數字相加而成，規定誰保存此書，或記着號碼，則留於淪陷區者便被承認爲本會會員，將來收復之後，不依文化漢奸議處，攜本書或記着號碼逃來瀋陽、長春、四平、吉林者，由本會予以安置，絕不失業。——這一心理作戰發生良好效果，但却爲我添了絕大困惱：因爲淪陷區文教人士如李森國（新聞記者）、金甌（中學教員）、王琳（高中學生）、冉俊傑（小學校長）、韓起信（中學生）、孫慶豐（中學校長）等多人（截至三十七年一月止），紛紛逃赴上列各地（上列各位係逃來瀋陽者，現有卷可查），到本會和分會報到，收容及職業問題，成了我這總幹事的個人包袱了。但我都在私人能力和諸位委員特別是卞廳長宗孟、魏處長鴻緒鼎力之下，分別安置。

「林彪！你們真是阿Q！」

七、個人的播講、講演和撰文——當年東北有五個廣播電臺，臺長及全體人員都經我組織入會。凡屬本會的新聞和播講，各臺一體轉播。我個人平均每星期播講一次。我講過全本「因國史」，關於僞「中華蘇維埃共和國」的醜史，便連播了兩個多月。我每次廣播，必先「點將」，找高逆崇民、車逆向辰、僞「安東省主席」栗逆又文、僞「黑龍江省主席」陳逆庸、僞「遼寧省主席」張逆學思、僞「遼北省主席」閻逆玉衡及「東北民主聯軍司令員」呂逆正操……東北的熟人及「老友」聽話，我也叫李敏然（立三）、林彪和他們的單位主管，指名說服。記得我有一段期間，集中火力，攻擊他們是「赤色第五縱隊」。例如我喊林彪聽話，我便說：「我問你林彪先生，（我相信林先生你在聽着），你們是不是『赤色第五縱隊』？——你們就是『赤色第五縱隊』！阿Q是禿子，他才自己不敢聽個『禿』字：你們是『赤色第五縱隊』，所以你們的僞『民主聯軍』，以及僞聶榮臻部、僞陳毅部、僞劉伯承部……都沒有『第五縱隊』的番號。請你去查一查，從第一縱隊到第四縱隊，你們都有，從第六縱隊到第十二縱隊，你們也都有；單單都沒有『第五縱隊』：這便是你們作了赤色帝國主義的『第五縱隊』的自我說明，自我掩飾，自畢情結。你們是阿Q，你們眞是阿Q啊！如果你們不是『赤色第五縱隊』，請你建議給毛先生；毛「主席」，毛大「主席」，編上『第五縱隊』給我看看？」是的，從我指明「中共」是「赤色第五縱隊」（二十八年）以來，他們確是沒有這個番號。直到三十七年九月，林彪才編出一個「新第五縱隊」（未列入正式建制，也沒有舊「第五縱隊」），在撫順外圍打一個照面，他們都用代字，唯獨這個僞「縱隊」標明番號，這分明是賊人膽虛，向我作答的。我發現這個僞番號後，又連連罵了一月，便把這個僞番號罵掉了。三十八年以後，他們取消「縱隊」，一概稱「軍」，才有「第五軍」，一直五年，沒有膽量自稱「第五縱隊」。──第一屆陸軍節（三十七年），我請衛總司令立煌上臺播講，講稿是我代筆的，（見拙作「下馬集」），大意和這段相同，辭繁不具。

「新契丹時代的到來」

到東北後，我便忙着講演，黨團方面由三青團×××（名姑隱）同志主辦，在青年大會堂講過四次，每次聽衆都在三千以上。第一次的題目是「新契丹時代的來」（載拙著「開始第二抗戰」）。東北大學、中正大學、藝術學院、長白師範學院各講一次，在長師講的題目是「中美關係和匪蘇關係」（載拙著「開始第二抗戰」），引文見二十五段）。四個青年中學，省立十幾個中學，各講一二次。一年半之內，各單位訓練班的「黨派分析」都由我主講。三十七年春，行轅文化處和新聞處主辦多令營（詳二十一段），集訓大中學生六千餘名，我開講「國家論與僞國家論」，分爲四個講堂，每個講堂是十幾個小時。行轅的訓練班（三次共七百餘名）裡，我講的題目是「毛澤東心理」。講稿都曾發表。又講過「唯心的帝國主義與唯物的帝國主義」，稿已遺失，主要的意思是說，猶太教和「帝國的極權的資本主義壟斷商品」是蘇俄成爲帝國主義的兩大力量。

關於撰文方面，三十六年六月以後，我是中央日報的主筆，中央日報和中蘇日報合併，改成中央日報，原中央日報改爲和平日報，雨時先生任社長，我轉任和平日報的主筆。三十七年六月又兼任前進報、青年報和新生活日報的主筆。每隔一天要寫社論和專論。這些文字，統通是「中共論綱」和「因國史」的闡發。（三十七年多，選了幾十篇，刊出「開始第二抗戰」，約九萬字。）「因國史」時名「僞國家史」油印了一版（參見二十五段），並於同一天分章在各報發表，只有准靠攏的東北民報（馬毅）和被俄特控制的中央日報，沒有刊出。當時中央日報的經理劉鍾秀和主筆王××都是俄特。三十七年「五四」刊載沈從文所撰紀念文一篇，反中央，捧毛逆，而竟能登在中央日報上，眞是滑天下之大稽了！

「打倒赤色帝國主義！」

我的一切活動，和由我實際主持的東北文協的活動，完全以「八一四文化運動」爲中心。江北俄特和其廣播對我不斷攻擊，凡「國特」、「漢奸」、「走狗」、「豪門」、「貪官」……一切誣衊名詞都被使用了。文協的朋友甚至也有接受這一宣傳的。所以三十七年下半年起，文協的工作大受影響。但我絕不灰心，毅然堅持到底。至三十七年八月十四日，召開一週年紀念會，玆錄日記一段，以誌鴻爪：

「今日『八一四』，爲滅國侵權的『中蘇三十年友好同盟條約』簽字三週年紀念日，亦係余主持東北文教工作動員協會，展開『八一四文化運動』一週年紀念日。上午電邀常委出席並檢查開會佈置事宜。下午到鐵路賓館，三點開會，實到文教界及會員代表一百一十人，馬愚老、卞宗孟、王洽民、程東白及余主席，余並以秉總幹事資格報告工作。通過余所擬向　總統及陸海空軍將士致敬電，並改選委員，至五時圓滿閉會。今日之會有一特色，即省市立中學校長到三十餘人，可能有五名以上當選爲委員。又通過口號六條如下：一、打倒赤色帝國主義，二、打倒赤色漢奸（赤特），三、取消『八一四』不平等條約，四、發展三民主義文化，五、推行『八一四文化運動』，六、誓死愛護中華民國。均余所手定者。」

此外如藝術動員，以藝術學院爲中心。松北總部（馬占山將軍）政工隊會將拙作「因國史」及「八一四文化運動」繪成巨畫十二幅，每幅內包括五六小幅。出版動員方面，瀋陽各書店多次配合本會動員週，八折出售有關黨義及戡亂書籍。還有許多工作，因爲事隔四年，我已不甚記憶了。上述這幾點，因爲我寫過的文協工作報告恰在手頭，並參考日記，大略追述，恐怕也有遺漏的地方。

「八一四文化運動」是東北全體文教界的運動，但由我以「開始第二抗戰」的情懷，盡力主持，算不了純個人的「如何反共」。

「國家百年的大損失」

三十七年多，瀋陽淪陷。我係先期因公飛到北平，幸免於難。但有許多文協委員被逮捕和殺害了。逃到北平，在我處登記的委員和會員，截至十二月一日我離平爲止，已達三四百名。我到京後，曾籲請中央文化運動委員會主委張道藩先生設法航運（時天津已陷，北平被圍）。因爲這都是東北的文教忠貞也是文教精華。張先生建議中央，但却通過由他負責。他對我說：「本會經費每月只有六十元金元券，這如何是好？」張先生眞愛莫能助。這事中間一耽擱便是兩星期。我又趕快去找青年救國團胡步日（軌）先生，他答應給九架次飛機，並由救國團內給二百七十員名額，暫時維持，再謀分發。但北平機場已不能降落。我在南京天天用廣播和北平聯絡，盼北平機場開場，北平機場天天也有會員坐候，而傅作義却棄攏了！始終未能接出。除少數人於變後徒步逃來臺灣，全體會員大約一千九百餘人，都陷身魔窟，死生未卜，這是國家百年的大損失！而這些人本心既然反共，又經文協著籍，爲文協而工作過，在良心上我不能不負責任，因爲百分之八十是由我推出和拉出來反共的，否則他們「知」雖反共，也許不會在「行」上反共，淪陷以後，未必不可苟存待變的。

註一：「完全喚醒」一詞，係雨時先生根據決議所增；我自始便不存此幻想。

註二：「强拉」係雨時先生責備我的話。他反對强致不反共的人撰文講演。

二一　冬令教育

三十七年的春天

三十六年九月一日，陳誠先生接任東北行轅主任，統一了接收東北以來軍政兩頭的局面，他是想着好好幹一番的。但他畢竟是來遲了，大局更不可爲。到十二月中，林彪逆部的攻勢已不限於瀋陽外圍，而是猛撲瀋陽，打擊心臟了。次年一月一日至二日，我軍在萬金台（瀋陽西北四十里）打了一個巧妙的小勝仗，林彪逆部敗走。二日上午十點，我招待瀋陽各報記者和京、滬、平、津各報特派員，冒着零下四十度的嚴寒，踏着一二尺深的積雪，巡視萬金台。此地西距遼河五公里，可以淸晰地聽到迫砲和機槍的聲音，左右二三公里內還有零星殘敵。頹垣斷壁，死尸纍纍，有敵屍，也有我屍。同吉元糧棧是我們守軍一連吸收敵人二個師的據點，所中砲彈在一千發以上，片瓦無存，燒焦的屍首已被狗啃。滿地都是高粱大豆。全村死亡無辜的民衆計二十四名，我以陳兼主任的名義，每人給予慰問金五萬元東北流通券。有一老翁姓趙，對我說：「蔡團（註一）英勇空前絕後，倘使國軍均能這樣奮戰，何愁共匪不滅？」回胞王玉田卜晝卜夜，收容傷兵；我也以陳兼主任的名義贈予萬元。王玉田說：三台車站激戰的時候，有一位長工綽號「河南墜子」（其人豫籍，好唱墜子），徒手奪得敵人重機槍乙挺。我第九連連長愛他勇武，補爲列兵，他卽欣然入伍云云。直到晚間七點，我們一行返回行轅，各位記者寫稿，紛紛發出，這就是「萬金台大捷」了。晚九點，我趕到三十八兵站醫院，對萬金台受傷官兵，不分階級，一律予以慰勞金，重傷四萬元，凍傷一萬元，計用去二百二十萬元。五日到九日，林逆再對瀋陽發動總攻。我的辦公室是四層的鋼骨水泥的建築，也被大砲震得搖搖欲墜。到了十日，也被守軍打退了。這幾天內，　蔣主席親自蒞瀋，決定將東北行轅改爲東北剿匪總司令部，由衛立煌任總司令。十八日下午，陳兼主任招待記者，宣佈了這一決定。

在敵軍攻勢中，瀋陽各大學中學已放了寒假。六千八百餘名大中學生留在瀋陽，不能回家，因爲火車只有「南站到北站」的一段了。林彪逆部盤据外圍，俄特學生（時名「職業學生」）擾亂內部，燒營火，扭秧歌，散傳單，寫標語。後來經多令營證明，俄特雖然只有三四十名，但已搞得如火如荼，控制着全部良善學生。

思想不易被人接受

東北行轅的學運工作，由新聞處主管，我正是主管者，遂於一月五日召開學運委員會議，討論學生集訓。瀋陽警備司令楚溪春、行轅政委會文化處處長崔垂言等三十餘位均親自出席，可見當前的學生問題的嚴重。會中修正通過我所擬的學運簡則五條，第二條：「本會之目的如次：一、發動三民主義文化運動（八一四運動），貫澈後期革命；二、指導學生積極參加戡亂建國，並力防其赤特化。」出席的某些位，對於「八一四運動」一詞，因爲這是由我發動，由我主持的，不曉得是爲了所謂「領導權」還是爲了「外交問題」，發生激烈的爭辯。結果，這一名詞列入括弧裡，而不是我的原文「發動八一四文化運動，貫澈後期革命」了。我的原文列有「抗蘇建國」四字，有些位也以「外交問題」爲理由，修正成爲「戡亂建國」。我一向覺得「戡亂」一詞頗有毛病，因爲「戡亂」是內政問題，而毛逆的叛亂根本是外患，即受俄帝嗾使的外患，絕對不是內政。我們越喊「戡亂」，越會迷惑民衆的聽聞，引致國際的袖手旁觀，便宜了毛逆澤東的自稱「革命」。當場我是主席，不便頻繁「退出主席地位」發言，結果也被修正了。「赤特」一詞，是我創造的，已在東北喊了幾個月，算是保留下來。在今天看來，我從民國二十九年寫「中共論綱」，到三十七年召開學運委員會主張「八一四文化運動」、「抗蘇建國」和「防止赤特」，任何一位都會認爲是百分之百的正確理論；但在當年，竟是這樣地被一些委員所反對。可見一個研究，一個體認，一個思想，是不容易立刻被他人所接受的。等到被人接受，也便是失敗以後的事了。

散會後，由張友恭中校整理設計，擬以大中學生爲中心，成立多令營，由新聞處簽報陳兼主任批准施行。適文化處崔處長垂言也有成立多令營的簽呈，奉批與本處的多令營並案辦理。經魏處長和崔處長研究結果，決定由陳兼主任兼冬令營主任，楚司令（溪春）兼副主任，崔處長兼教育長，魏處長兼副教育長，郭上校（爲）兼教育處長，我實際負上級業務（課程及訓導）的責任，名義是兼總教官，均經陳兼主任批准。

教材的中心

關於課程業務，首先是教材的製訂，其次是教官的延聘。一月十四日，我和魏兼副教育長決定了教材的中心是「八一四文化運動」（內容已見二十段）；十七日決定教官名單七十餘位，都是在瀋陽的本黨鬪士，如高院院長魏大同、現任監委曹重三（德宣）諸位先生，垂言處長以冬營教育長兼三民主義教官，鴻緒處長兼訓示教官。我擔任的課目，照國防部新聞局的規定，應名爲「黨派分析」；但我一向根本否認僞「中共」是一政黨，不容它列入黨派之內，使與本黨、青年黨、民社黨等視齊觀，魚目混珠，因而改爲「國家論與僞國家論」。這個以「八一四文化運動」爲中心的教材，由我親自起草。我決定以此六千多學生作爲東北文敎工作動員協會青年工作委員會（我是主任委員）文化運動的對象。二十三日開始執筆，因爲公忙，時作時輟，直到二十九日深夜，方在敵人的大炮聲中完稿，立即簽請陳兼主任核定，並提出三十一日的教育會報中通過，稱爲「冬令營基本教材」，決議由全體教官融入本人所講課目之中，並規定由全體訓導員作爲訓育、討論、考核的基準。這時「八一四文化運動」已相當展開，教官和訓導員大多是東北文敎工作動員協會的會員，一大部分訓導員是我的同事和同學，因而對於這一「基本教材」已無扞格不入的毛病，所以在冬令營教育的全程裡，實施得尙爲圓滿。

「基本教材」全文計分四章：一、訓示；二、訓示之分析；三、教育方針；四、教育內容。在訓示一章裡，我擇錄了下列的文件：一、民國十四年，林故主席森、張故委員繼等的「西山會議宣言」；二、民國三十二年，蔣主席的「中國之命運」；三、民國三十六年，蔣主席「七七十週年廣播詞」；四、民國三十六年，蔣主席所講「政工人員負責盡職之道」；五、民國三十七年，蔣主席的「元旦播講」；六、民國三十六年，孫副主席科的談話；七、民國三十六年九月，陳兼主任誠「告東北軍民書」；八、民國三十六年六月二十五日，熊前主任式輝的談話」（見本書十九段熊主任談話）；九、民國三十六年八月，熊前主任式輝「在宣傳委員會致詞」。在「訓示之分析」一章裡，我把上列九個文件作爲三個部分，加以分析：

「中共」的性質

一、「中國共產黨」的性質：

A「共產派役於强俄」（林故主席語）；

B「充任外國的傀儡」（蔣主席語）；

C「中共比之中國歷史上所有漢奸傀儡都要狠毒」（蔣主席語）；

D「共產黨受蘇聯的指揮，執行蘇聯的命令」（蔣主席語）；

E「共產黨絕對地受蘇聯的控制」（孫副主席語）；

F「是一個傀儡的組織，因爲中共是處處聽命於莫斯科的」（孫副主席語）；

G「吾人看待此賣國求榮的匪類，當與汪逆精衛如出一轍」（熊前主任語）；

H「傀儡組織，勾結外力，分割國土之新漢奸」（熊前主任語）；

I「中共爲外國人飼養的走狗集團——赤色第五縱隊」（熊前主任語）。

根據上列文句，我對第一部分所作的綜合結論是：「中國共產黨是蘇聯飼養、控制、指揮的赤色第五縱隊——傀儡組織——走狗集團——新漢奸；比中國歷史上所有的漢奸——張邦昌、吳三桂、汪精衛，更無恥，更狠毒。它不是一個政黨，更不是革命黨，它以赤色帝國主義的利益爲利益，冒政黨『革命』之名，作賣國禍國之事。』

第五縱隊的作用

二、赤色第五縱隊（「中國共產黨」）的作用：

A「蟠踞中國」（林故主席語）；

B「作外國文化的奴隸」（蔣主席語）；

C「供帝國主義來利用」（蔣主席語）；

D「執行帝國主義滅亡中國的毒計」（蔣主席語）；

E「分裂整個的中國，斷送我們整個的民族」（蔣主席語）；

F「出賣國家，出賣民族」（蔣主席語）；

G「使中國成爲蘇聯的奴隸」（蔣主席語）；

H「推翻國民政府」（孫副主席語）；

I「使中國人打中國人，企圖得到東北特殊化」（孫副主席語）；

J「賣國求榮，製造第二個滿洲傀儡國」（熊前主任語）。

根據上列文句，我對第二部分所作的綜合結論是：「赤色第五縱隊的蟠踞中國，是執行蘇聯滅亡中國的毒計，使中國人打中國人，推翻國民政府，製造傀儡國家，以求割裂領土，斷送主權，覆亡中國，毀滅民族，淪中國爲蘇聯的奴隸。」

策略

三、赤色第五縱隊的策略：

A編組策略：

甲「結託狂少」（林故主席語），「製造瘋狂心理」（蔣主席語），「製造仇恨」（蔣主席語），「製造獸性」（蔣主席語），「毀滅理性」，「破壞人性」（均蔣主席語），「滅絕人倫」（蔣主席語）；

乙「宣傳虛僞理論」（蔣主席語）；

丙「擯斥國家觀念和民族意識」（蔣主席語）；

丁「製造恐怖」（蔣主席語），「殺人放火」（蔣主席語）。

B政治策略：

甲「消滅中國人的國家觀念」（蔣主席語）；

乙「陰謀篡據」（蔣主席語），「推翻國民政府」（孫副主席語），「自立政府」（熊前主任語）；

丙「破壞統一」（蔣主席語），「否認憲法，破壞民主」（蔣主席語）；

丁「遂行暴民專政」（蔣主席語）；

戊「割據地方」（熊前主任語）；

己「東北特殊化」（孫副主席語），「製造第二個滿洲傀儡國」（熊前主任語）；

庚「使中國人打中國人」（孫副主席語）。

C經濟策略：

甲「殺人放火」（蔣主席語），「屠戮人民」（蔣主席語）；

乙「嚴密封鎖」（蔣主席語），「統制農村」（蔣主席語）；

丙「澈底破壞經濟基礎」（蔣主席語）；

丁「破壞一切交通工礦」（陳兼主任語）；

戊「毀滅建設」（蔣主席語）；

己「要人民普遍貧窮」（蔣主席語），「澈底破壞祖國社會基礎」（蔣主席語）；

庚「破壞社會秩序」（蔣主席語）。

D軍事策略：

甲「武裝叛變」（蔣主席語）；
乙「發動攻勢，圍攻政府接收地區」（蔣主席語）；
丙「嚴密封鎖」（蔣主席語）；
丁「統制農村」（蔣主席語）；
戊「毀滅建設」（蔣主席語）；
己「破壞交通」（陳兼主任語）；
庚「製造獸性」（蔣主席語），「鼓勵骨肉相殘」（陳兼主任語）；
壬「製造瘋狂心理」（蔣主席語）；
癸「迫令婦女從軍」（陳兼主任語）。

E文化策略：

甲「滅絕我們中國優秀的文化和倫理」（蔣主席語），「消滅我民族的精神和固有的道德」（蔣主席語）；
乙「消滅我中國五千年歷史」（蔣主席語）；
丙「消滅中國人的國家觀念」（蔣主席語），「鼓勵骨肉相殘，養成父子相殺的獸行」（蔣主席語），「迫使兒童窺探家庭，仇視父兄」（蔣主席語），「破壞人性，滅絕人倫」（蔣主席語）；
丁「使中國文化陷於支離破碎，帝國主義文化易於實施」（蔣主席語）。

根據上列文句，我對第三部分所作的綜合結論是：「赤色第五縱隊在蘇聯編組之下，對祖國——中國實施政治、經濟、軍事、文化四大破壞，使中國成為蘇聯的附庸國。」

上列文件，除了林故主席的文件「共產派役於强俄」一句外，均作於民國三十二年以後。我作出上述三個綜合結論之後，寫出「基本教材」第三章的「教育方針」：

蘇聯爲侵略和滅亡我國，從民國八年五四運動以後，便假託組織「中國共產黨」，實際是利用它作赤色第五縱隊。這套陰謀，完全和日寇扶植「協和會」、「新民會」、「新中國國民黨」（汪精衞）等僞黨，作白色第五縱隊，侵略我國相同。

但是僞「協和會」、「新民會」、「新中國國民黨」裡的人，差不多沒有一個人不曾在自覺是受着日寇的利用，作了漢奸，良心上極度不安；而僞「中國共產黨」竟甘受蘇聯利用，賣國親蘇，心安理得地自認在「革命」，在「前進」，恬不知恥。我們仔細研究這裡的道理，發現僞「中國共產黨」是成立在五四運動以後的第三年（民國十年七月一日），這二十多年以來，藉着民主的潮流，蘇聯替它披上一件「民主的外衣」，乘着科學的潮流，蘇聯給它戴上一頂「科學的高帽」（所謂「科學的社會主義」），使得一般人看不透它的本相；就是僞「中國共產黨」本身也弄不淸自己的本質，發生了指鹿爲馬，以僞亂眞的現象。我們找一個青年來問：「汪精衞是什麼人」？他會立刻毫不遲疑地答覆道：「漢奸」！若再問他：「毛澤東是什麼人」？他也會乾脆答道：「革命領袖」！再問他：「日本是什麼國家」？他會答道：「帝國主義」！「蘇聯又是什麼國家呢」？他答道：「世界革的領導者」！北平女生沈崇被美國兵强姦了，全國學生都來罷課；但蘇軍進入東北以後，强姦了不知幾萬女生，却沒有一個學生來打抱不平：眞是是非顚倒，輕重倒置了。這都是五四運動以來不知强調國家民族，空喊民主科學的結果。我們不否認五四運動的好影響；但也不能不批判它的壞影響。

因此眞正有見識的人，曾屢次地修正五四運動。頭一位便是　國父孫中山先生。他在民國十三年講演三民主義，提倡民族主義，反對世界主義；創造革命民權，駁斥資本主義的民主和蘇俄的「勞農專政」；發明民生主義，抗拒「民死主義」（即「共產主義」）……這是五四運動第一次的修正。民國二十三年，大學教授陶希聖、薩孟武等十人發表「中國本位文化宣言」，反對「全盤西化」包括全盤赤化，提倡中國本位文化，這是第二次修正。 蔣主席在南昌發動新生活運動，主張現代化，這是第三次修正。二十七年他倡導國民精神總動員，這是第四次修正。二十八年他又發起國民經濟建設運動，這是第五次修正。三十六年他主持國民大會，製定憲法，展開民主運動，這是第六次修正。這六次修正運動，總名爲三民主義文化運動，目的是在喚起民衆抗日建國；同時認識蘇聯的侵略文化，領導我們反毛抗蘇。

東北青年所受五四運動的壞影響，並不甚深，因此他們不容易被蘇聯的第五縱隊——即僞「中國共產黨」的邪說奸理所迷惑所麻醉。但東北淪陷了十四年，勝利以後又混亂了三年，對於五四運動的六次修正運動，他們也就毫無所知。他們純是一張白紙，一片天眞。

現在這群東北青年親眼看到接收的變成「刦搜」，黨政軍的貪汚無能，物價日高，生活益苦，未免不感覺傷心失望，因而怨懟中央，痛恨政府。加上僞「中國共產黨」宣傳奸理，無孔不入，殺人放火，痛快淋漓，在利用着青年的正義感和反抗性，企圖引導他們走入歧途，這眞是當前東北最現實最嚴重的一個問題。

針對這個問題，本營的基本教育方針是展開一個三民主義文化運動。但爲了下列的理由，本營把三民主義文化運動定名爲「八一四文化運動」：

A三民主義文化運動的對外目標是抗日，但目前這個目標已經失去。今後中國被迫得非走抗蘇的路子不可了。

B東北青年大半都曾有形無形地「反滿抗日」，因而他們很痛恨「九一八」這個可恥的日子。「八一四」正是第二個「九一八」！「八一四」的可恥，還要超過「九一八」！用這個日子形容一個文化運動，更是觸心怵目，易解易記。

C「八一四」是東北第二次淪亡的開始，東北青年感於自身命運的日漸惡化，自會提起來參加運動的情緒。

D東北青年對於三民主義的認識還很模糊，奸僞又會在極力詆辱三民主義。從教育心理學立場看，「八一四文化運動」實較三民主義文化運動尤爲動人。

E「八一四文化運動」是抗蘇的三民主義文化運動，較抗日的三民主義文化運動，內容更爲豐富，目標更爲鮮明。

這一章是寫給敎官和指導員讀的，說明多令營的「敎育方針」只在實踐「八一四文化運動」。然則，「八一四文化運動」的內容是什麼？於是我寫出「基本敎材」第四章：「敎育內容」。原文共分四段：一、「八一四文化運動」是抗蘇反毛的三民主義文化運動；二、「八一四文化運動」是一個國家起信運動；三、「八一四文化運動」是反侵略、反破壞、反滅亡的運動；四、「八一四文化運動」是國家、民主、科學三位一體的運動。原文冗長，這裡不便轉錄。大意可參看本書二十段「八一四文化運動」的內容部分。

「趙尺子的一派胡言」

但這兩個文件有一點最大的不同：東北文敎工作動員協會宣言裡宣佈的「八一四文化運動」內容，用「抗赤反毛」字樣；在「基本敎材」裡則鮮明地標出「抗蘇反毛」四字。因爲宣言是公開的，許多人不主張說「抗蘇」，一方爲了所謂「外交問題」即「恐俄病」作祟，一方爲了當時的國策是「戡亂」；而「基本敎材」是不公開的，大家才同意說「抗蘇」。不過，我記得三十一日的敎育會報裡，也有若干位還是不贊成「抗蘇」字樣；後因「抗蘇」派人數較多，才獲通過。一位當時的通訊社權威，於會散後從一位出席人手中得到「基本敎材」，曾批評這個文件是「違反國策」，「純是趙尺子的一派胡言」云云（我有日記），可見「抗蘇」二字在三十七年春天的地位和分量。又，現在我還保留着出席敎育會報的曹重三先生一封信，大意是「我讀了基本敎材以後，在原則上是很贊同，而內中還有幾點補充意見」：「第一、在訓示一章，應加『國父遺敎』……第二、這次營訓，先要把馬列主義澈底批判……第三、講三民主義的人，若是由專賣膏藥的尤其是普通黨團同志來講，實在是危險的……第四、三民主義文化運動，的確是反帝反侵略反壓迫的一種運動，五四、九一八以迄於八一四——這裡頭骨子並未變動，過去反日，今後反俄，都是萬變而不離其衷的。第五、……對於目前社會問題、政治問題、經濟問題以及接收與國民黨的現階段問題令人苦悶不滿之處，一方面要坦白的承認，同時也要從客觀方面予以糾正……第六、我們必須加强他們的信念——中國革命成功，蘇聯照例的蹈希墨東條的覆轍，奸匪也是如此的下場。以上都是教材理論方面的基本應注意之點……因爲陳兼主任主辦，他不但能全權而尤能處地行權，所謂事實勝於雄辯不令而行也。」曹先生在冬令營主講三民主義，效果極佳。

炮聲隆隆中上課

二月一日，東北行轅改組爲東北剿匪總司令部，衛立煌就職，陳兼主任返京。冬令營也在這一天正式開課，實到大中學生六千六百餘名。各位教官在炮聲隆隆中上課，都懷着一種「怕學生」的心情，深恐被俄特鬨下講台。二日八至十時，我赴獨立大隊（大學、先修班、高初中的女生三百餘名，內有有案的女俄特五六名）講課。十至十二時，赴第二總隊第三大隊（大學先修班、高初中男生一千六百餘名）講課。我也不免擔心俄特的搗亂。查日記，二日記云：「講國之釋義、國之起原、國之要素三段，情形良好。第三大隊於余上台後卽迎以一片掌聲，不如昨日想像者。」所謂「想像」就是被學生鬨下來的意思。三日十時赴第二總隊第一二大隊（先修班、高初中共八百餘人）講課，日記記云：「迎送兩次掌聲，且有歡呼聲。」五日上午八至十時赴第一總隊上課，學生一千餘名，均爲東北大學者，俄特最多，日記記云：「平靜」。六日十至十一半，赴第三大隊授課，日記記云：「最後半小時，全堂千餘學生鴉雀無聲，情緒全在余之掌握中。」以後除辦公外，就輪流到各隊講書。時正舊曆除夕前後，瀋陽被圍攻已近兩個月了，我以高音和城外敵人的砲聲相抗，心情十分悲憤。講到十六日，已收到預期的效果，日記記云：「十一時，赴冬令營第一總隊（大中學生三千餘人）作專題講演一小時，題爲『白色特務與赤色特務』，係應學生所邀者。如此刺激性題目，竟未引起反對，且獲得熱烈掌聲。下堂後有兩生來索原稿，實出意外。」記得當時我先講日本侵略我國，使用白色特務，僞裝爲「協和會」、「新民會」、「新中國國民黨」，然後講俄國侵略我國，使用赤色特務，僞裝爲「蒙古青年黨」、「東耳其斯坦人民黨」、「中國共產黨」。從歷史、理論、策略、行動各方面作具體的對比之後，我說：「親愛的東北青年們！當年有些人誤信了日本人的『王道主義』，加入了僞『協和會』，便成了日本的漢奸——白色特務……今天如果我們誤信了俄國人的『共產主義』，加入了僞『中國共產黨』，也便成了俄國的漢奸——赤色特務了！如果有人執迷不悟，一定要去作赤色特務——俄國的漢奸，我負責（說到這裡，我拍一下胸膛，指一指肩上的一顆「豆」），我以鄉長的地位和我的人格擔保，可以送他到江北試一試。他如果願意去，請到我這裡來報名，我不單絕對不會逮捕他，而且我馬上用降落傘把他降落到江北去。他看一看，便會知道是受騙了。但他也得向我負責，就是當他看明白『共產黨』是俄國的漢奸之後，要能自己跑回來，我是沒法派飛機去接他出來的。如果他沒有把握自己跑回來，那麼我是不能把他降落到江北去的，因爲我不忍得把我的親愛的同鄉，我的親友子弟送到火坑裡去的啊！」講到這裡，全堂學生文風不動。正好一聲大砲震天價響起來，我接着說：「親愛的東北孩子們！你聽，這是赤色特務進攻祖國的砲聲啊？我們應該覺悟了，反侵略！反破壞！反滅亡！打倒赤色帝國主義！打倒赤色漢奸毛澤東！」在掌聲中，我結束了講演。十八日，第一總隊指導員吳文治、方霞村兩同志來報，日記記云：「吳文治、方霞村來，據報余在冬令營講演大獲成功云云。然則，垂言、紹揚兩兄亦可謂之成功也。」十九日，又把這個題目在第四大隊（學生六百十七名）講過一回，仍是「全堂鴉雀無聲，聚精會神，得未曾有。」（日記）

六千條火炬

二月二十四日是舊曆元宵節，營本部佈置了一個「民族火炬大遊行」。負責同志爲了我夜間要還文債，不及參加，特意劃定遊行路線要經過我的住宅（南三馬路拐角卽民生街十二號），便於我檢閱他們敎育及訓導的成果。關於這夜遊行的新聞，各報一致刊出，我還保留一幅二十五日中央日報的剪報，抄列於下：

（本市訊）昨爲舊曆元宵節，正是「花市燈如晝」的時候。但以奸匪竄擾，民不聊生，所以今年的元宵節，既不燃放花炮，亦無奇燈異綵，倍感冷落。而冬令營六千餘學生的火炬大遊行，却成爲佳節極有意義的點綴。

昨晚七時，繁星點點，明月高懸，與殘雪輝映，益形皎潔。冬令營六千餘學生，齊集於陣亡將士忠烈祠前，奏樂後，首向爲民族陣亡之將士英靈致最敬禮，此時樂聲極爲悲憤。敬禮後，靜默一分鐘，在場人皆溶於前烈奮身成仁的偉大感召裡。

靜默畢，冬令營總隊長范玉書中將慢步登台，以慷慨沉痛的語調，向全體學生訓話，大意謂：「今夜在冰雪滿地，月色皎潔之元宵節，諸位同學在陣亡將士的靈祠前，燃起民族火把，其意義實爲重大。回想勝利後國軍出關，在冰天雪地中，爲接收東北，不顧生死，不計成敗利鈍，爲黨國爲民族奮鬪，這種精神，爲歷來所未有。尤其今當元宵佳節，前來紀念殉難將士，更不勝感慨萬分！我們來接收淪陷十四年的東北領土、東北主權，解放東北人民；蘇聯帝國主義却嗾使奸匪，搶奪我們的領土，出賣我們的主權，奴役我們的同胞。目前奸匪竄犯瀋陽周圍，凡我青年愛國的同學，都應效法陣亡先烈的犧牲精神，保衛家鄉，保衛東北，才不愧今夜舉行民族火炬的深遠意義。」致詞時，范總隊長說及當前國運的艱危，人民的痛苦，激昂悲憤，淚爲之涔涔下，學生莫不動容。

訓話後，高呼口號，主要口號有：「繼續先烈反滿抗日精神，打倒第二個僞『滿洲國』！」「繼續先烈反侵略精神，展開『八一四文化運動』！」「東北青年團結起來，打倒赤色帝國主義！」「打倒赤特！打倒赤特！」「擁護國民政府！」「　蔣主席萬歲！」「中華民國萬歲！」此時全體師生情緒極爲激昂，呼至「中華民國萬歲」時，范總隊長更奮臂領導高呼「萬萬歲」，學生群起相隨，聲澈霄漢，四壁傳來雄壯的廻聲，一似先烈在天之靈的響應。

口號喊完，燃起六千多隻火把，這火把是六千多青年的熱血。一個月來的訓練，他們清楚瞭解了赤色帝國主義的陰謀，中華民族又到了生死存亡的關頭。他們昂然地舉起民族的火把，排起二里長的火龍般的行列，唱起雄壯的歌曲：「我們是三民主義的信徒……」、「待從頭收拾舊山河……」整齊的步伐伴着歌聲，飄過中山路、太原街、中華路、民權街、直到南三馬路……唱起了在屋內工作的人，唱醒了早入夢鄉的人。金迷紙醉燈紅酒綠的人，也跑出來觀看這燦爛的隊伍。

歌聲漸漸遠了，但却爲燈節之夜的瀋陽寫下不可磨滅的一頁。

隔日，我才知道前訊係本社社稿，由外勤記者張紀元同志執筆。電話總編輯李克曼同志引他來見，我很贊美他一番。據不久以前一位瀋陽同業馬越潭君從東北抵港來函相告，李、張各位都在瀋陽淪陷當時被捕，判處無期徒刑了。當年我們的一個最大通訊社，關於「八一四文化運動」及下段的保防大會，向來不提一字，所發多令營的消息也少得可憐，這是因爲他們對我和我的通信社嫉妬所致。我的二十四日日記上寫道：

「下二至四，赴多令營講『僞國家論』，並應學生要求，延長二十分鐘。晚，化東來，傳達范總隊長話，稱學生要求余再蒞營講話。余告以再不能抽出時間，可婉拒之。今夜，正月十五日元宵節，六千學生有火炬遊行。函郭爲兄，並開出『打倒赤特！打倒赤特！』『繼續先烈反滿抗日精神，打倒第二個僞「滿洲國」！』『打倒赤色漢奸！』及『打倒赤色帝國主義！』等口號，即交化東付印，分交各隊長領導高呼。八點，遊行行列經過門外，三路縱隊，前有樂隊領導，聲容甚壯。」

以上所寫，是多令營的教育內容和效果。

「生兒養女的心情」

關於訓導業務，質言之便是肅清學生裡潛伏的俄特，我派專員丁正夫上校和吳天啓上校居中主持，專員楊杏偉上校等數十員擔任各隊指導員，會同二處、軍統局和中統局，使用絕對科學的反間諜審訊術，不聲不響地展開工作。大約到了二月下旬，我這裡收到有案的和新發現的俄特及嫌疑者，竟達二百餘名；但我絕對不相信會有如此之多。經多次會報研究，我把家庭富足、獲有母愛、神經正常、情緒平衡、無自卑感、受僞「滿」教育而非從後方轉學、年齡適合班次的八十多名，列入「丙等」，所餘有案的「甲等」和新發現的「特」跡昭彰的「乙等」還有多名。我決定對「甲」「乙」兩等，積極考察一週；對「丙等」「培養」一番，到夏令營時再議。冬令營結業前夕，我用生兒養女的心情，研究了半夜，才簽妥了「延期結業」（質言之即逮捕），呈奉總司令兼營主任批准，把「甲」「乙」兩等移交青訓總隊；「丙等」則密送各該院校注意。這一夜，我通宵失眠。想到這一百二十多名青年，由於我們這一代人的不肖，教育無術，領導無方，空說三民主義，「封拽」一榻胡塗，迫使他們中了赤色帝國主義的邪風，列入赤色第五縱隊，眞是「萬方有罪，罪在朕躬」了！

結業的次日，三月一日，爲了必須把這一百二十多名青年再仔細甄別一番，達到不枉不縱的地步，我請准衞兼營主任，成立一個審訊委員會，新聞處、文化處、二處、中統局、軍統局和三青團分擔委員，我是主任委員，本處一科科長余可上校、專員楊杏偉上校等爲委員。二日日記記有此事云：「按審判委員會之判決，對此一百二十餘學生心理、前途、關係甚巨。余被推定擔當此任，必以『生兒養女之心』爲之。」三日，我召開審訊委員會，決定四日一天必須審竣，「下午，親製審訊口供表，用最新學理，作成百餘個問題。」這些問題得到答案，則這個被告之爲俄特是無所逃於天地之間的（註二）。但這一審訊，由於二處處長鄭兆一少將和他所管轄的青訓總隊之不合作，兼之種種的不配合，延到十五日上午十時方才開始。分在八處，全用坐談方式，絕對不用刑訊，便是恫嚇也完全禁止，每位委員審訊二十人，夜中告竣。十六日「九時審委會第二次會議，檢討昨日夜審訊有關問題。會後，整理全部審訊筆錄。列表，準備簽出。此一百十六個被捕學生中，所供在冬令營愛聽之課，『國家論與僞國家論』、『白色特務與赤色特務』佔頗高之比重。受家庭（父母督責過嚴）壓制因而心理偏差者，比重亦不小。余對其中之六十名列丙等者，決定早予開釋。」此段日記裡的「丙等」，和前節的「丙等」不同：前節的「丙等」，未經逮捕，便予結業；這節的「丙等」是審訊後的等級，人在扣押中。

想不起爲了什麼原故，三月十九日又召開審委會一次，決定次日開始二審。二審結果，又有十餘名提入「乙」或「甲」等。到三十一日，日記記云：「簽出釋放丙等學生四十八名。」四月二日日記云：「下二至三，主持冬令營被捕學生感訓會報。」當時「甲」「乙」兩等學生還剩八十名左右，我的原簽是編入青訓總隊；但其他有關單位主張撤數解交軍法處判刑。經魏處長和我多方設法，才得維持原案。我們絕對不是「對敵人太寬」，只是存有一點作父兄師長的責任心，要在青訓總隊裡再予感訓一番。這中間，青訓總隊奉命由二處撥歸本處管理，係我的業務，魏處長調原任第一科科長余可去作總隊長，我們三人相信會把該總隊烏烟瘴氣的作風弄好了的。

「口紅代金」

這時忽然發覺了一件貪汚案。先是，我雖然主管多令營肅濟俄特的業務，但從訓導、考核、逮捕、審訓、開釋完全置身幕後；直到感訓開始，我去授課，學生才知道我和這事大有關係。四月十九日，本處中校秘書趙鮮文來我住宅，爲一名爲郭永泰的受感訓學生說情。鮮文是我中學的同學，九一八前在商工日報同事。三十六年我回到瀋陽，他在陣中簡報任編輯。陣中簡報停刊，我僉保他在本處任職。交情滿是够的，因此他坦白地講，如果我能釋放一個學生，他保證送我「口紅代金」二兩，先以郭永泰爲例，楊中隊長處已無問題，只要我在楊的簽呈上簽可，便云云。我當時很不客氣地申斥他一番。上班後，我立即把楊隊長（名榮昌，青訓總隊二十中隊中校隊長）可能有賄事報告魏處長，但未提鮮文一段，以免我這荐主無地自容。魏處長囑我另行簽派一位。二十二日下午，鮮文公然送來三百萬元的謂「口紅代金」。我在午睡，太太摸不着頭腦，也就代收了。「夜，函鮮文，附洋三百萬，函有云：『弟雖缺錢，但此錢與弟格格不入！』…」次日，「晨，派孫霖送去致鮮文函；收到回條。」但由於總司令部人事行政的遲緩，在新派的中隊長未到職前，楊中隊長竟而簽請釋放郭永泰。這樣公文，本應由我加簽；但楊把公文交給鮮文，鮮文逕送本處代主任秘書盧彬上校，用魏處長名章批准開釋了。二十六日日記云：「楊榮昌受郭永泰賄；本處代主任秘書不明眞像，並受鮮文蒙蔽，遽予開釋，等於爲楊某作工具。」又記云：「紹楊已知底蘊；但盧已將事作错，因囑余在公事上爲盧彌縫。」我立即拒絕了魏處長的囑咐，「余自今日起，除辦保防事外，決不問青訓隊事，以人家受賄，余不能代人受謗也。」這時，我的老母住在寶鷄，毛逆正在進攻，我一方爲了「救母」，一方爲了向魏處長抗議，當場請假赴陝接家。從此，我除趕辦保防大會（見下段）未了業務外，便不再上班。魏處長知道事不能了，便將郭永泰重行逮捕，楊榮昌扣押嚴辦。但堅請我繼續辦理青訓總隊上級業務；我仍然不管。到了五月三日，我交出全部俄特嫌疑學生案卷，一了百了。

感訓期滿，這八十多名裡的眞正俄特三四十名，用飛機解送漢口，其餘嫌疑較輕的一半送回原院校嚴加管束。

「我們太對不起青年了！」

瀋陽學生，在陳兼主任當時，雖然沒有學潮，但總是不穩，不安心上課的。自從冬令營集訓後，激起了抗蘇反奸的浪潮，肅清了俄特，直到十月底瀋陽淪陷，完全平靜無事。在淪陷前，空運一部學生到北平（註三），淪陷後又逃出來不少，總數不下四千人。三十八年一月傅逆作義靠攏以後，許多大中學生徒步南下，直到海南島和滇越邊區，死亡飢餓，慘絕人寰！幸而到達臺灣的，不會多於四百名。我們眞是太對不起青年了！

註一：現在我請求讀者，告訴我蔡團長的名字和戰鬪經過。

註二：這一百多個問題，均是側面問題，答者如不十分用思考或故意作僞，則其思想即刻反映出來。例如問他：「溥儀是漢奸嗎？」俟他答出後，立即問他：「毛澤東和溥儀有什麼不同？」他如毫不思考便答「也是漢奸」，則此人思想必無問題：如稍用思考而答案爲正，則此人思想也有問題，若答案爲反即「毛澤東是革命領袖」一類，則其思想絕對有問題。又如問：「你在冬令營聽課，那一位教官講得最好？」他如答「崔教官講得最好」（按：這是事實），你便可知道答者的思想是和三民主義接近的。又如問：「你最愛的人，是父親還是母親？」他如答是母親，則此人必受有母愛，受有母愛者，不甚可能成爲「共產黨」。

註三：學生空運北平後，曾發生「七五事件」，俄特操縱學生請願，和軍警相持。俄特打槍；軍警也打槍，致學生死亡數十名。爲轟動一時的大案。事發後，衛立煌問何以學生在東北不滋事，到北平便鬧了大亂子？有人告以學生在東北，有趙尺子領導云云。這是我後來得以請准離開東北的一因：衛同意我去北平辦報，領導學生。

二二　保防大會

「小題大作」

我參加辦理冬令教育，固然是基於業務上的職掌；但我的心情，實爲了展開「八一四文化運動」。下邊所述的保防大會，雖然也是我的應辦業務；但我所以如此「小題大作」（雨時先生對我的批評），也是爲了展開「八一四文化運動」。冬令教育、保防大會，在我認爲，都是文化運動的一部分工作。

二十七年以後，我發覺所謂「中共」，并不是政黨，乃是蘇聯爲了侵吞中國而培植的赤色第五縱隊，他們在打着戰略的和戰術的「看不見的戰爭」（隱體戰）。換句軍事學上的話說，全部「中共黨員」統通是俄國間諜或赤色特務。我認爲對付「中共」只有使用「反間諜」（然而應是戰略的）的方法。直到三十六年冬天，行轅新聞處二科上校科長李年、瀋陽防守司令部新聞處中校處長王書癬，經北平破獲的一個俄特電台案件證明，都是俄特，被捕入獄：魏處長恐怖得不得了，不敢簽保任何人作二科科長，非要我幹這科長不可。老實說，爲了當時東北大局之已無可爲，個人羽毛的不容作踐，我早就決心連這較比超然的「少將文化專員主任」都不幹了。我倆相持很久；最後，我耐不過他的友情，答應唱齣戲到明年五月。

到科以後，檢查舊卷，發現李年積壓的公文之中，有新聞局一道訓令，大意記得是：二科中設立一股，職掌防諜保密云云。這道訓令，稱匪爲諜。雖然原令只限於把各機關內潛伏的僞「共產黨」稱爲間諜，并沒有認識到所有的僞「共產黨」和僞「八路軍」全係俄國間諜；但總算和我十年以來的論點相接近了。我覺得可以把這道訓令擴大運用，藉以實踐我的理論：因簽請設立保防股，以林遷少校爲股長，并調主任專員室上校專員丁正夫爲二科副科長，專負保防的責任。等到編制人事經陳兼主任核定，已到十二月中旬了。二十三日， 蔣主席電令：「瀋陽新聞，必須檢查」；陳兼主任乃諭令新聞處成立新聞發佈組，一方供給新聞，一方檢查新聞。魏處長簽派張一卿少將任組長，我爲兼副組長，實際負責。二十五日，新聞發佈組成立。我以短材，身兼多職，尤以副組長爲最忙最苦，瀋陽攻防戰的兩個月裡，每日工作通常在二十小時以上，保防股便作不出我理想的工作了。

召開保防會議

一、保防大會的籌備——直到次年二月二十五日，日記載稱：「下午，核定丁上校和林少校所擬保防情報網計劃」云云，是保防大會這段工作的開始。次日主持本處的保防會報。二十七日日記：「下午，準備保防會議召開事。」保防會議，是保防情報網計劃的一部分。我指示林股長所擬的這個計劃，第一步召集一個保防會議，經決議幷簽准後，第二步舉辦一個保防宣傳週，第三步是保防講習月，第四步是保防組織季，預定在夏季末把所有部隊、機關、團體、學校、保甲完全納入保防情報網裡。二十八日全日，保防會議開會，出席者計新聞工作單位三十一個，列席者計軍統局鄭兆一（總司令部二處處長）、褚大光、鄒陸夫、崔世光，中統局單成儀、朱瀚。主席魏處長。會議的中心問題凡三：一、促成一個聯系機構（按：中統、軍統、政工）；二、建立政工保防機構；三、加强保防思想。均獲一一通過。我有一個提案提出：

案由：爲加强保防思想，擬於瀋陽、長春、吉林、錦州、撫順、新民、四平街等大据點展開宣傳週案：

理由：査奸匪實爲蘇聯派駐我國之第五縱隊（戰略的戰術的間諜），誠如 主席蔣十二月十四日訓電所指示：「奸匪係甲國（指：按俄國）之先遣軍」。只以毛逆澤東利用「中國共產黨」爲護符，一如汪精衛之以「新中國國民黨」爲護符，掩飾其赤白第五縱隊之身份，致一般人受其欺騙，是非不明。吾人爲保密防諜計，必須加强一般人民之保防思想，使其洞明奸匪係蘇聯特務，幷非革命政黨，若作奸匪，便是赤色漢奸，以提高警覺，裨益國防。

辦法：一、請由黨政軍幹部聯席會議定期發動宣傳週；二、各界大遊行；三、刷去一切已有標語，只貼「

肅淸赤色間諜」、「嚴防赤特」兩個標語；四、發動新聞紙及各宣傳機關一律宣傳此兩口號。當經決議：通過。此中的赤特一詞，先經東北文敎協會通過，又經學運會議通過，現又經保防會議通過。此會幷決議以後不許再使用「共產黨」一詞，一律稱為赤特。保防思想一詞，原係我的創作。在會議裡，我講：「保防就是國防；無保防便無國防」。這一理論，已把新聞局（當時已改稱政工局）訓令裡的純技術的——戰術的防守的保防，修正為理論的戰略的——攻擊的保防，不止於消極地肅淸各單位內部的俄特，而是積極地反共抗俄（時無此名詞）了。當時，為了「國策」，為了「外交」，我沒有方法大規模地作反共抗俄的運動，只有利用保防這個上級規定的業務，拐灣抹角地把我十年來的理論實踐出來，做多少算多少而已。三月十一日記云：「核定東北區擴大保防宣傳週計劃七條，提出四個口號：一、『保護國家機密，防禦赤色間諜』；二、『肅淸赤色間諜』；三、『肅淸赤特』；四、『打倒赤色漢奸』。預定自本月二十一日起，在東北各大城同時舉行大模規宣傳及遊行。」這四個口號何以意義重複，疊床架屋？這原是所謂「重複原則」。據說：「假話說三遍，變成眞話。」我認為眞理說三遍，更會變成通理的。十五日日記云：「保防宣傳週全部計劃，奉總司令核准」。這一天，我正主審冬令營俄特學生。

宣傳週籌備會議

衞總司令批准保防宣傳週計劃後，我以處令電東北區各大據點最高政工單位，另以黨政軍聯席會議令電各大據點聯席會議，分別遵照實施。幷於三月十六日下午二時，用總司令部的通知，召開瀋陽市擴大保防宣傳週籌備會議，到黨團敎軍政法警憲一百十九個單位。魏處長主席，略報告開會意義後，我繼續主持會議，至四點半圓滿散會。我的全部理論和計劃都經通過，成為公衆的意見。上列四個口號（經衞總司令批准者），也鄭重提出通過。幷推選常委十七名，計瀋陽市長董文琦、瀋陽市參議會議長張寶慈、防守司令部司令官梁華盛、剿匪司令部第二處長鄭兆一、政委會常委王樹翰、瀋陽市警察局局長毛文佐、憲兵第六團團長沙靖、遼寧省敎育廳廳長卜宗孟、瀋陽市敎育局局長姚彭齡、政委會文化處處長崔垂言、遼寧省省黨部主委石堅、市黨部秘書長王常裕、政工處處長魏鴻緒、高等法院院長魏大同、記者公會主席魏懷珍、市商會會長盧廣績及遼寧省主席王鐵漢。又推定大會主席團九名，計馬愚忱、張寶慈、李仲華、趙雨時、張星南、項潤菎女士、惠德宣，最後一名是我。主席團全是民衆領袖，爲了使這大會成爲民衆性的。常委是出力出錢的。兩個名單，統通經我預先開定，運用出席人士提出通過的。但主席團中的我，却出之公意。決議後，我堅決地謝絕了，改推魏處長。大會指揮官，推定王鐵漢、梁華盛和羅又倫。我之所以如此佈置，是爲了他們三位都有指揮軍警的便利。我的日記記云：「此爲二月二十八日保防會議之一部分實踐。今後，余即將余之理論，以『保防』名義，散之民間及民族間。」記得當時二處很反對我的宣傳週，對衛總司令去說，保防是秘密業務，不能公開宣傳，衛總司令在我的某一簽呈上便親筆批過「保防不可公開宣傳」字樣，幾乎把這一個經他批准的運動打消了。我再詳簽「保防業務，自應秘密；保防思想，務須普及。」幸好總司令部參謀長趙家驤中將，一貫主張確定「作戰目的」，同意我的抗蘇反奸的理論，對保防宣傳週維護甚力，我才得放手進行。

日常工作

二、常務委員會的工作——按照計劃，三月十八日召開第一次常務委員會，通過我任常委會秘書長，下設常委辦公室，作爲執行機構：

一、秘書組　政工處、高院、青年團
二、文書組　政工處、記者公會
三、總務組　省政府、市政府
四、財務組　政委會、市商會
五、宣傳組　文化處、省黨部
六、交際組　市參會、二處
七、警衛組　防守部、憲兵團、警察局

十九日起，常委辦公室在政工處三樓開始辦公，各常委及調用各機關各團體的辦公人員整日到班。我調吳天啓上校任秘書組組長，張友恭中校任文書組組長。二十日，招待本市新聞記者和外埠各報駐瀋特派員，到三十餘人，決議一、新聞界擴大宣傳，多爲發表保防消息；二、自二十二日起至二十八日，各報發表有關保防之社論（按：由辦公室供給宣傳大綱）；三、自二十二日起至二十八日，各報將宣傳標語（按：卽上列的四個口號）刊登七日；四、二十八日大會各報員工一體參加。二十二日，召集省市專科及中小學校長會議，到四十餘人，決議一、本市省立中小學教職員及十六歲以上學生一律參加宣傳大會；二、各校辦公室及教室張貼保防徽；三、校內外舊標語一概除去，換製新標語（按：卽上列的四個口號）；四、大會散會後，各校分區舉行街頭講演（由辦公室供給宣傳大綱）。同日，辦公室函政委會文化處，召集大學校長會議，由宣傳組裡的文化處辦公人員面交（按：是否召開，迄未据覆）。二十三日，召集瀋陽市各分局各同業商會及各區區長開會，到一百三十一人，決議一、洗刷各管區內及會所內一切舊標語；二、推行保防徽；三、發動市民參加二十八日的宣傳大會。二十四日，召集電影樂園兩同業公會會長王行、張會堂談話，囑將自二十二日起加映之保防標語，改製保防徽，自製成之日起，續映一週，並在各院各園各場四週滿張保防徽。——這是瀋陽市新聞界、大•中•小學、工•商•民戶的動員工作。至於本市及各大城市的各機關、各部隊、各團體，我則使用總司令部部令、聯席會議令、保防辦公室通知，分別動員。除了書面之外，二十二日夜間起，并每夜滋台，以聯席會議的代名「薩太佛」，向瀋陽以外的十一個大城，播送口頭命令及瀋陽保防大會新聞。

取消了全部舊標語

三、「標語革命」——勝利以後，上級規定的和各單位自己擬定的標語口號是太多太濫了，完全沒有把握着反共抗俄這一要領，花樣百出，成爲春聯對字，失去宣傳的作用。我以一大英斷，根据保防會議的決議，使用總司令部的命令，取消了全部舊標語，并規定從保防宣傳週開始六個月內，所有各單位各機關各部隊各學校，除上列四個標語外，不得繪製任何標語；總司令部也再不轉頒任何標語。連日會議決定各機關、各部隊、各團體、各學校、各工場、各商號、各街道、火車、汽車……一切舊標語，分由原製單位刷舊塗新，其原單位移動或取消者（我痛罵過他們「阿矢」），則由區公所負責塗製。這項工作，自十九日開始，全市均在熱烈從事。常委辦公室自二十二日起，派出上中校數十員，分組出發督導。我限定必須在二十七日刷淨，不留一點痕跡，屋內標語全須撤銷。截至當日晚，据報全市塗去舊標語四千二百餘巨幅，約佔全數十分之七，新製巨幅標語（上列四條）三百餘幅，市容為之整肅，空氣為之一新。二十八日，全市舊標語全部肅清。為了這事，我幾乎得罪遍了瀋陽市的有關朋友。現在寫到這裡，特向當年換過我罵的朋友們道歉，尤其對毛文佐局長（雖然他已死生莫卜了）眞是失禮之至。其他各大据點，也遵照分別辦理。

保防徽

關於我設計的保防徽，分大小兩組。經與東北生產局第一印刷廠簽訂合同，由該廠承印包銷。大組對開四張售價二千五百元（法幣二萬五千元），小組八開四張六百元。由我用總司令令、政工處令、聯席會議令及辦公室通告，函電瀋陽市內外各機關、各部隊、各團體、各學校、各商店、各工場、各民戶、各娛樂場所，一體張掛，大房間用大組，小房間用小組。截至二十八日晨，大組售出三萬四千一百七十組，小組售出十七萬四千七百六十一組。瀋陽市三十萬間房舍，已有三分之二掛起保防徽。常委辦公室逐日派員分組乘車赴各地督導購貼。對長春等地，洽派交通機送去樣本，由該地最高政工及軍政單位推行。

為這兩事，許多朋友罵我勞民傷財。是的；但我也為他們省下六個月塗繪標語的錢。更多的朋友也十分同意我這大刀濶斧的「標語革命」。

保防曲

四、製定保防曲——我請幾位作曲家擬定幾支保防曲，最後還是用我製定的「打倒赤强」一支，仿自當年「打倒列强」的詞和譜，取其簡明激昂。原詞如下：

「打倒赤强！
打倒赤强！
除赤特！
除赤特！
國民革命成功！
國民革命成功！
齊奮鬬！
齊奮鬬！」

函請政委會文化處，通令各大學，并由總司令部、政工處、聯席會報及辦公室電函各中小學、各機關、各部隊、各團體、各民戶一體習唱，令各電影院錄音，於開映時加唱。本處附屬之二十演劇隊，自二十二日起，派男女隊員分在中央及軍中兩廣播電台播唱。

保防理論

五、保防理論的播講——新聞局沒有這一理論；我用我的理論爲保防建立一套理論。我寫一個保防宣傳大綱，送請各報參攷寫作社論，并從二十二日起至二十八日止，邀請革命元老錢公來、革命元老馬愚忱、監察使谷鳳翔、監委曹重三、中央委員齊世英、東北大學校長劉樹勛、中正大學校長汪大捷、名記者趙雨時、趙惜夢、金東平、林霽融、陳贊彤、大學教授郝某某（名已忘）、省議會議長李仲華、市參議會議長張寶慈、教育廳長卞宗孟、教育局長姚彭齡等，分在中央、軍中兩台播講，另由四平、長春、錦州三台聯播。現存殘卷裡有魏處長「保防意義與工作實施」，略稱：

「保防兩字，是保密防諜的簡稱。保防宣傳的意義，是使每一個人都有保防警覺，每一個人都有保防行爲。奸匪……是赤色帝國主義的間諜，他們是蘇聯的第五縱隊。各位不要以爲『戡亂』是中國人打中國人，我們是在肅淸間諜，是在打第五縱隊……」

錢公來先生題爲「提高警覺加强保防」，略云：

「我們知道：現在的所謂『中國共產黨』、『人民共和國』、『民主聯軍』等等僞黨政軍的組織，全是赤色帝國主義所派遣來的、或在我國就地組織的第五縱隊。換句話說，便是赤色間諜亦即赤特……

「僞『中國共產黨』和它的一切僞組織，雖然名義不同，但統通是赤特。僞『中國共產黨』是假冒着政黨的招牌，來作政黨特務的；僞『人民解放軍』是假冒着軍隊的招牌，來作武裝特務的；僞『人民政府』也是假冒着政府的招牌，來作政治特務的。他們的一切機構完全是特務機關，作的是特務工作。

「二十多年以來，我們把僞『中國共產黨』當作一個政黨，這是我們基本的、一錯到底的錯誤。同樣的道理，我們把僞『八路軍』、『新四軍』、『民主聯軍』、『人民解放軍』當作一部軍隊，把他們和國民革命軍看成同爲軍隊，也是我們基本的錯誤。同樣的道理，我們把僞『中華蘇維埃共和國』、『邊區政府』、『人民政府』也都看成和國民政府一樣的政府，這尤其是我們絕大的錯誤。

「因爲我們這三大錯誤，所以我們吃了大虧，國民革命不能早日完成，抗日戰爭犧牲極大，勝利之後，更是慘不忍覩。若干人民，若干青年，若干知識份子，甚至若干大學教授，也跟着我們錯下來，這就是『民盟』諸人給赤特作尾巴，而至死不悟的原因，也就是一般人對於戡亂戰爭表示中立的主要道理。

「我們保防宣傳週的目的，從小處說來，是加强保防，從大處說來，也正是爲了說明這個絕大的錯誤，公開指明僞『中共』、僞『人民解放軍』、僞『人民政府』的赤特性、第五縱隊性和漢奸性……」

馬愚忱先生題爲「要收復東北，須大家參加保防」略稱：

「所謂奸……在孫子兵法說，叫作『鄉間』。『鄉間者，因其鄉人而用之』，即是利用本鄉本土的人，刺探當地軍政經濟各方面的消息，及散佈謠言，惑亂人心，挑撥軍民感情，甚至破壞工事，發生暴動……

「以上所說的，乃是專指瀋陽一地奸匪的潛伏份子而言；更進一步講，較比這個更可怕千萬倍的，便是赤色間諜。何謂赤色間諜？赤色間諜便是整個的共產奸匪。因爲共產奸匪，只認識赤色帝國主義，甘心爲外國人作奴才，而出賣國家民族。這樣赤色間諜較前此所說的小間諜，組織也大，力量也大，而僞裝的技術也高妙，使一般人墮入圈套，莫知是非。例如日本侵略我國時的間諜組織，以僞『宗社黨』爲僞裝，以僞『協和會』爲僞裝，以僞『新民會』爲僞裝，最後更以漢奸汪精衛組織的僞『新中國國民黨』爲僞裝，意在欺騙民衆，使民衆誤認其爲救國救民的政黨，而忘却其爲帝國主義的第五縱隊，大間諜團。

「今日的『共產黨』奸匪，即等於上述各種僞裝的第五縱隊，毛澤東的身份，也等於過去的善耆、溥儀、王克敏、汪精衛等漢奸走狗。他們的居心，是想在東北建立第二個『滿洲國』而赤化整個中國，淪爲赤色帝國主義的殖民地……」

都是根據保防宣傳大綱播送的。其他各大據點的保防宣傳大會，也都根據這個大綱，分別請人播講和講演。大約有兩個半月，全東北空中的音波，如幾十萬的收音機所收到的那樣，統通沒有離開這個理論。

十二萬軍民大會

六、宣傳大會——「保防宣傳週自三月二十二日開始，至二十八日晨十時，東北有史以來第二次盛大隆重（第一次是勝利後　蔣主席蒞瀋的市民大會）的瀋陽市擴大保防宣傳週宣傳大會在市府廣場開幕。到衛總司令代表羅卓英將軍及來賓監察使谷鳳翔先生等四十五位，出席單位二百三十九個（內新聞界二十五單位），大中小學學生六萬七千四百餘人（內童子軍五千人），民衆三萬八千餘人，公務員八千二百餘人，團隊五千六百餘員名，共十一萬九千六百八十餘人。首由大會指揮官梁華盛將軍宣佈開幕，十二萬軍民齊唱國歌及保防曲，行禮如儀。次由魏處長代表大會主席團，報告開會意義。更次由谷監察使（鳳翔）、董市長（文琦）、馬委員（愚忱）、張議長（寶慈）、曹監委（重三）報告保防意義。最後宣讀大會宣言及通電，經全體歡呼通過。這時晴空萬里，陽光溫和，上空出現瀋貼保防徽的飛機三架，繞場低飛三匝，散放傳單。十一點半開始遊行，分東西兩路，首爲指揮車，大會指揮官梁華盛、王鐵漢兩將軍分坐車前，各就麥克風指揮行進。次爲宣傳車，次爲大隊。口號振天，歌聲澈雲。沿途均爲過街標語，國旗飛舞，萬人空巷。至下午一時，遊行完了，街頭講演及娛樂場講演亦告開始……」（引自「瀋陽市擴大保防宣傳週宣傳大會報告」，載拙作「下馬集」）。

十年理論一旦普及

關於宣傳大會，拙作日記記有一段，抄錄如下：

「十時，余設計佈置之『瀋陽市擴大保防宣傳週宣傳大會』開幕，到各機關、各團體、各學校、各同業公會及各部隊實數十二萬人。通過余手寫之宣言及兩個通電，高呼余手訂之口號，齊唱余編製之歌曲。空中有飛機低飛，陸上有鐵甲車、汽車，均滿糊余手繪之保防徽，門旗及群衆所執小旗一律寫余所製之標語。十一時半，分兩路遊行，下一時解散，分赴街頭及劇院講演。此會爲二十年來瀋陽第一次盛會。下三時，遍閱各方散發文件，均能根據余所擬之宣傳大綱。」

當時我立在市政的最高樓上，從開會到散會，親自看見我十年以來一貫堅持的理論，成爲十二萬軍民的理論，不覺發出會心的微笑。想到我在大會中絕不出名，完全立在幕後，如果這大會算作對毛逆及「小毛孩子」們的一個心理戰、政治戰、宣傳戰的話，那麼也是「隱體戰」了。

這個大會，發生三點效果：一、澈底根絕「恐共病」，提高軍民的認識；二、確定剿匪之戰爲「抗蘇前哨戰」；三、保防警覺普遍提高。也有兩點遺憾：一、商、民已決定參加大會，但某巨公「恐共病」太深，下令阻止，致不能出席者二十萬人；二、各報社論未能全部遵照宣傳大綱；瀋陽各報所刊新聞不夠完整；某大通訊社一字不發，外埠記者只有申報特派員發出百餘字電報。某巨公的不合作，出之其本人者半，出自其秘書長者半，因爲我曾得罪了這位秘書長所代表的一派人。新聞界的不够合作，因爲我在新聞發佈組時代爲發佈新聞不免得罪了同業，兼之我自己的通信社太遭人忌妬了。

「保防就是國防」

七、四個文件——大會主席團魏處長的報告詞，是我手寫的。原文節錄如下：

「……赤色間諜，就是赤特，就是赤色漢奸，也就是赤色第五縱隊。赤色間諜本有兩種：一種是化裝的間諜，潛伏在我們的城市之內，造謠惑衆，擾亂金融，盜取情報；一種是武裝的間諜，包圍在我們的城市之外，殺人放火，淸算鬪爭，毀橋扒路。當武裝的間諜攻城的時候，化裝的間諜就在城中內應，以收內外夾攻之效。這兩種間諜的眞正目的，是把中華民國斷送給赤色帝國主義去作附庸僞國家。我們爲了爭生存，爲了救國家，爲了世界和平，一定要用兵力剿滅城外的武裝間諜，也一定要用民力消滅市內的化裝間諜。

「所以保防大會也正是國防大會，保防就是國防。國防的第一要義是先確立國防思想，提高國防意識，必先人人愛國，才能處處設防；保防的第一要義是先確立保防思想，提高保防意識，才能人人防諜，人人保密，則化裝的間諜不能潛伏於市內，武裝的間諜也就不能在城外立足，這樣國防才能鞏固。因此今天的保防大會，不只是消極的保防，專事消滅城內的化裝間諜，也有積極的意義，就是我們還要剿滅城外的武裝間諜……」

建議政府：「抗赤討逆」

第二個文件是大會宣言，由張友恭中校執筆，我核定的，原文如下：

「「中國共產黨」、「人民政府」、「蘇維埃共和國」、「八路軍」、「新四軍」、「民主聯軍」以及「人民解放軍」……等等僞組織，實卽赤色帝國主義在我國組織的赤色第五縱隊，亦卽赤特、赤色間諜、赤色游擊隊。赤色帝國主義嗾使其赤色第五縱隊，潛入於我黨政軍各機構之內者，稱爲化裝赤特；包圍於我各大都市之外者，稱爲武裝赤特。化裝赤特從事於偵查我黨政軍機密；武裝赤特則破壞我政治外交建設經濟文化，而爲其赤色祖國効忠。

第五縱隊戰（戰略的間諜戰）起源於公元前二十世紀，距今已四千餘年，卽有窮氏利用夏臣羲和爲內應，吞滅夏國。其後孫武子著十三篇，以「用間」殿其後，實爲第五縱隊戰——戰略的間諜戰之第一部名著。近代日本侵略我國，以僞「宗社黨」（善耆）爲化裝，以僞「協和會」（溥儀）爲化裝，以僞「新民會」（王克敏）爲化裝，最後以僞「新中國國民黨」（汪精衞）爲化裝，蓋均以政黨爲迷彩而出現。赤色帝國主義侵略我國，亦以僞「蒙古青年黨」（外蒙古）、僞「東土耳其斯坦人民黨」（新疆）及僞「中國共產黨」爲化裝，名爲政黨，實則均爲第五縱隊——武裝的戰略間諜團。故毛澤東之眞正身份，實與善耆、溥儀、王克敏、汪精衞諸逆毫無軒輊。

吾人已澈底瞭解：赤色間諜（卽赤特）首領毛澤東實同於羲和、石敬瑭、張邦昌、吳三桂、善耆、溥儀、王克敏、汪精衞一流敗類，爲帝國主義作滅亡中國之工具。因此呼籲全國人民，爲保障國家安全與民族生存，必須自動群起肅清之。

吾人更已澈底瞭解：今日赤色間諜正用武裝及化裝方式，建立第二僞「滿洲國」。東北民衆過去對僞「滿」已深惡痛絕；今後自應根絕一般悲觀苟安中立投降之謬誤心理，努力肅奸。

今日東北戡亂肅奸之軍事，已至決勝階段，吾人自須奮起，提高警覺，切實協助軍政當局，嚴防赤色間諜之陰謀活動。吾人必須以防範宵小之謹愼與機智，不談國事，不妄言機密，處處以國家民族爲前提，樹立嚴整堅固之精神堡壘，使赤特潛伏份子無隙可乘。

最後本大會建議政府，請卽日領導輿論，頒發明令：指陳僞「中國共產黨」及其一切僞組織均爲赤特——赤色帝國主義之先遣軍——第五縱隊；並將戡亂剿匪之戰，正名爲抗赤討逆之戰：庶可天與人歸，提高戰志，靖宇內之奸氛，奠國族於磐石。謹此宣言。

「為抗蘇救國而再戰！」

第三個文件是「上　蔣主席致敬電」，我手寫的：

南京國民政府主席　蔣鈞鑒：查偽「中國共產黨」及其一切偽軍政組織，原係赤色帝國主義之武裝間諜，即赤色第五縱隊。與日本帝國主義組織之偽「宗社黨」偽「協和會」偽「新民會」性質完全相同。本黨過去寬於「容共」，致令醜類引狼入室，為虎作倀，出賣國家，毀滅民族，必將使我淪為赤色附庸而後已。本大會代表瀋陽一百四十萬軍民，自二十二日起，開始保防宣傳週，今日舉行宣傳大會，旨在宣示毛澤東與義和、欒盈、石敬瑭、吳三桂、柴巴桑、溥儀、王克敏、汪精衛同為傀儡漢奸，斷斷不容其僭稱政黨，冒充革命。茲經決議，謹電請　鈞座領導國民大會，明文宣佈：偽「中國共產黨」及其一切偽組織，均為赤色帝國主義之先遣軍，並本八年抗日之精神，為抗蘇救國而再戰。臨電不勝待命之至。瀋陽市擴大保防宣傳週宣傳大會十二萬與會軍民同叩寅儉印。

第四個是「向陸海空軍致敬電」，也是我手寫的：

南京國民政府請轉全國陸海空軍將士及榮軍均鑒：諸君今日當面之敵人，非革命黨，非土匪，非新軍閥；實為赤色帝國主義之先遣軍。諸君對此赤色先遣軍作戰，正與抗戰期間剿滅汪精衛、齊燮元之偽軍，同為救國救民之神聖戰爭。瀋陽市一百四十萬軍民，自三月二十二日展開保防宣傳週，肅清赤特，打倒赤奸，今日舉行宣傳大會，到場軍民十二萬人，一致決議：向諸君致最高敬意，並將當面敵人之真正性質，專電奉聞。至希本八年抗日反奸之精神，為今後抗蘇反奸而奮戰。臨電不禁神馳，竚候捷音，並祝健康。瀋陽市擴大保防宣傳週宣傳大會同叩寅儉印。

綜合這些文件，已可作為今天反共抗俄的基本理論了。

「效果」！「效果」？

此外，長春（五萬人）、四平（三萬人）、錦州（六萬人）、新民（一萬五千人）、本溪（二萬五千人）、海順（七萬人）、興城（二萬二千人）、綏中（七千人）、義縣（一萬五千人）、葫蘆島（三千人）等十個大據點，分別擧行保防宣傳大會及遊行，至五月上旬，也均圓滿閉幕。我爲常委會寫給衛總司令及政工局鄧局長文傧的報告「前言」曾說：

「此十一個大據點及據點間之線與面上，每一軍民殆已認識『赤特』——赤色特務、赤色間諜之本來面目，提高保防警覺。換言之，在東北地區之剿匪軍公敎人員及一般民衆，經此保防宣傳週之宣傳，已不再誤認僞『中國共產黨』、『八路軍』、『人民解放軍』爲『革命』、『前進』之『政黨』，而深知此輩爲假冒『共產革命』之美名，實行出賣祖國之漢奸。」

可惜的是，衛總司令僅在我們的報告上批了一個「閱」字，其實原報告附全部文件洋洋一大宗，我擔保他連「閱」也沒有「閱」的。到十月三十日，他便倉皇逃走了。

不過，種子既然埋入土中，春天一到，牠會發芽的。

二三　痛辭北國

瀋陽一年的心境

一般人對於「知其不可爲而爲之」這句古語，往往認爲不合邏輯，既然「知其不可爲」，何以還要「爲之」，豈非浪費精力而近於無聊？——我在沒有回到東北之前，根據我對客觀情勢的了解和對主觀條件的認識，已經知道東北大局的「不可為」了。及至三十六年四月我回到東北，八月一日重行穿上為抗日勝利而脫掉的軍服，深入軍政的內層，呆到三十七年三月下旬我主持保防大會，整整一年之間，對客觀情勢的認識和對主觀條件的了解，無往不在說明東北大局的「不可為」；但我何以還要「為之」，創導文化運動，參加冬令教育，辦理保防大會？說是為了「做官」麼？我已由「支中將薪」一降為「少將文化專員主任」再降為「同上校科長」了。說是為了「吃餉」麼？全部餉糈只可供給最低生活的二分之一。在東北的朋友，包括「騙」我回東北的雨時先生，都認為我這樣卜晝卜夜不眠不休的幹法直是無聊，在西北的朋友累次三番地拉我回去教書辦報，在南京的朋友更決定把我列入「提名」，也是為我可以借題離開「不可為」的東北，去「做京官」。但我還是幹了一年。這理由現在可以公開了：我要用我的筆和舌，說服我家鄉的子弟，就是說在這「不可為」的東北地區——必將淪陷的家鄉，散佈一些將來有「可為」的種子：我要把我的反共抗俄的理論儘可能地留給家鄉子弟，使令他們在東北再度淪陷之後，憑這理論的力量，可以開出將來再度自求解放響應國軍的花朶。如此而已，並無別圖。

我向後轉

保防大會開罷以後，我相信至少有七十萬家鄉子弟業經接受了我的反共抗俄的理論（我主考軍校某期新生初試的政治課，已有百分之七十以上懂得何謂赤特）；現在可以走了。我預定去北平辦一個報，在上海也辦一個報。我的個人收入雖然入不敷出，但辦報卻是有錢的——許多朋友的投資。因此四月以後，我決心辭職。我去寶鷄把家眷接到北平來，又同東北購妥機器，於十月二十一日離瀋赴平，包飛機，頂報牌，租房子，預定十一月中旬回瀋，空運機器來平，三十八年元旦出報。

大局急轉

我離開瀋陽的前八天，錦州已經淪陷。廖耀湘組織一個近二十萬的大兵團，西下錦州，預定在大凌河左右殲滅林彪逆部主力，打通北寧路，這是攻勢的戰略企圖；同時，如果不能達成這個企圖，這一大兵團也可以從東北轉進山海關來，固守平津。我雖然明瞭當時的天候、前途的地形、兵團的士氣和紀律，以及廖耀湘的指揮能力，並深感這兩個企圖似乎不能由一個兵團同時擔任，打不進錦州也就退不過山海關；但我仍是往樂觀處去看（這是宣傳者的自我中毒），準期飛平，由我的太太和克曼及全社同人，在瀋辦事，因為瀋陽預定是儘可能固守的。長春都可以死守兩年多，瀋陽守半年總該不成問題。

但，東北大局變得出人意外的奇快：我才離開十一天的十一月一日，瀋陽業已完全落入敵手了！廖耀湘不成器固然是一原因，而衛總司令之倉皇逃走，則是中了俄特的神經戰，倘使衛能從容坐鎮，收容廖部退軍，固守瀋陽，在短期內是相對可能的，然後打通營口（敵人最弱的一環），海路退兵，至少可以撤回十萬國軍，平津絕對不會馬上動搖。我的這一戰略，後來在臺和當時的趙參謀長家驤談起，他認為是正確的。可惜在廖兵團大潰，衛手足無措的時候，有人打電話并當面講，若再不趕快飛走，瀋陽的東北籍國軍——周輔成、趙毅和秦祥徵就要叛變了。其實，周輔成本人並沒有叛變的胆子，他的部下，除參謀長郭某（名已忘，郭振先之弟）和師長王理寰之外，佔比重最多的是忠貞的黃埔學生。至於趙毅雖然失意，但手下沒有兵，鬧不起來。秦祥徵只是信口胡說的冒失鬼。當時只要把周輔成找來，放在左右，而把趙毅郭某王理寰和秦祥徵抓起，也就沒事了。但衛竟而出逃。

平津大勢已去

東北全部淪陷，林逆馬上入關。到十一月下旬，灤河以東已告失守。我的太太夢俠作了「淪陷夫人」，辦報計劃全成泡影。我去看傅作義，他為我大講「啞鈴戰術」，說什麼「北平一球，天津一球，平津路一把」云云。我說不行，這個「啞鈴把」很快地就會落入林彪手中。最好的辦法是守天津，因為有海口，可以增援，可以撤退；其次的辦法是回綏遠去。他笑我太悲觀；却留我為平明日報作主筆。這眞是不入耳之言了，有俄特崔載之在，我如何能在平明日報寫文章？於是我決定入京，因爲在九月中，鄧局長文傑赴瀋，會有調我入政工局工作之議，我覺得這樣我又可以向全國宣佈我的理論了。

但我不能立刻走，第一、夢俠和我的通信社人員還生死未卜，我必須等她們來；第二、我沒有路費。存的一些社款，被我印行「開始第二抗戰」用光了。

「我感動得哭泣了！」

一天，我的老師劉作澄先生來看我，他說：

「你怎麼不走？你是不能留在北平的，十個你也會被殺掉的。」

我說：

「我就準備走了。」

隔了幾天，他又來看我。他說：

「你還沒有走？」

我說：

「我在等夢俠。」

隔了幾天，他又來了。他說：

「不能等了，她會回來的，讓她先住我家，然後再飛南京去。」

隔了幾天，他又來了。他說：

「你怎還不走？你想『犧牲』，還是想『成仁』？」

我苦笑一番。送他走後，我關上宅門。一會，有人敲門：他又回來了。但不肯進門，約我上街談一談。他說：

「你爲什麼不走？」

我踟躕一回，說：

他說：

「不敢瞞老師，我在籌路費呢。」

「我想得對了，你是沒有錢的。」

這時，他探懷拿出三個「小寶」。我感動得哭泣了！作澄先生是我二十多年前的國文老師。三十六年我回到瀋陽，聽說他還健在着。農曆中秋節我帶太太去看他一次，任用他的長子，在偽「滿」相當有名但係反「滿」抗日的小說家，作上尉政工隊員。他說這孩子是作小說的人，有點神經病，不表同意。現在他拿出典房買地逃避奴役的生活費，給他這不肖的學生，除了道義的原因之外，是沒有任何企圖的。我收下來。但想到三年五年之內，我不能還補這筆款，到我第二次抗戰勝利歸來，也未必能再見這位老人了。次日我到他家去，我向他說：「北平不久就要淪陷了，在兵荒馬亂的時候，流氓地痞必要鬧事，您會被搶的。您有自衛手槍沒有？」他說止在想買。於是我把我的左輪送了給他。這支左輪是刺死過漢奸張敬堯並槍決過逃官韓復榘的，三十三年，由使用牠的那位朋友讓渡給我，保護我四年了。

灑淚辭靈

路費現在是夠用了，但夢俠還是沒有來。林彪逆部已到了香河，平津路危在旦夕，再遲一步，便須飛行，路費又成問題了。二十五日，我送太夫人、我的太太和孩子們，和是中一道先赴天津。我決定留到月底。二十八日過去了，三十日也過去了，夢俠還是不來。三十日，我叩辭了先靈，禱告先嚴說：「您的兒子太不不成材了，抗日弄丟了您的遺產三分之二，被清算弄丟了三分之一，連您的屍骨都不能安葬祖墓，現在又要去流亡了。不曉得三年五年才能來看您了。希望您天上平安！」十二月一日，我也到了天津。每天我的孩子們和我的朋友們到北寧車上去分班守候，看夢俠是否過津北去。北平由侄兒坐候。

我並不神經衰弱

這時候徐州會戰正在進行。我的「開始第二抗戰」於二十三日出版，到津後我航寄趙家驤先生三百册。他調徐州總部參謀長，輔佐杜聿明作戰。我這書是給徐州打氣的。天津警備司令陳長捷為我辦了全家機票，而且是他掏的腰包，我沒有飛，又為我辦了船票，我仍然不走。一天他問我：

「你想什麼主意？飛也不走，船也不坐？」

我說：

「第一、等我的『淪陷夫人』；第二、等徐州會戰。」

他說：

「等太太是對的；你又等什麼徐州會戰？」

我說：

「這一會戰，比你要打的天津保衛戰，重要萬倍。這一仗打得勝，大局便有轉機；若打敗了，說不定就要亡國。」

他說：

「你們文人，總是神經衰弱。」

過了兩三天，報載徐州放棄，塘沽已有敵踪。他的副官長田少將打電話給我說：

「司令讓我告訴你，現在只剩最後三條登陸艇了。你若再不走，就跟我們保衛大天津罷！」

過一天便是十四日，天明四點，平津路已被切斷，夢俠是不能來了。下午，我和是中全家（我缺一口人）登上一〇三號登陸艇。

「愉快隨都，反毛抗蘇！」

××等老友送我上船，我又不禁流下淚來！勝利的果子本來是苦的，但現在連這苦果子也不能吃了。老友一別，至少三年五年，不能再見。而且他也是「國特」，豈能倖免？但他鐵定不走，對現狀已失去信心。我則在日記上記着八個大字：

「愉快隨都，反毛抗蘇！」

四天之後，到了上海，轉往南京。

到京第一事是接運留平的東北文協會員，已見第二〇段。這裡我有一點私心：我判斷夢俠總會回到北平的，我接運文教人員，便可把她也接出來。這事既已失敗，總統又宣告下野，政工局遷廣州，我須趕去報到。舊曆除夕前二日的清晨，夢俠竟而突然來到南京了。眞是悲喜交集。她於瀋陽淪陷後十二天，徒步並徒涉大凌河，返回我的故鄉。搭火車到灤縣，徒步到天津，蹲了四天冰天雪地，進不了天津卡子門（時我已離津），又徒步赴北平，仍是進不去東便門，再徒步返天津，沿津浦路走到濟南，乘火車到枋子，徒步進入青島。這時她判斷我必已到京。找店後乘人力車去吃飯。上車時買了一份報，打開看，首先便看到我在南京播告留平東北文協會員的新聞。她由青島搭船到京。臘月三十日，我倆回滬，拜見太夫人，一家喜極而泣。

二四　鳳山四年

徐州會戰後的大局

關於到臺灣來，三十七年十一月在北平我已想到了。及至徐州會戰失敗，我在天津已百分之百地決定：家擺在臺灣，我則追隨政府。我從國際客觀環境和國家主觀條件上研究，毛逆澤東勢將替代俄國人僞化了全中國；但根據海權論，他們只能在陸地上叛亂，他的主子的鐵幕也將止於海邊，因爲俄國始終是陸權國家。何況臺灣還有「六十萬新軍」？我們將在臺灣苦幹幾年，配合第三次世界大戰，光復大陸。這不是寫這文章時的「馬後課」，有我歷年發表的書籍文件都可以作證。二十九年我寫「中共論綱」，固已判定毛逆會「打倒中國國民黨，推翻國民政府，達到最終目的——中國亡於蘇聯」（見十六段）；三十三年五月十三日，離第一次抗戰勝利還有一年多，我已記着下列的話：

「余判斷中美與蘇聯間之戰爭，須十年後始能火拼，目前只作外交戰、思想戰、縱隊戰（間諜戰）。」

由這理論推究下來，大局之壞，當然是不問可知的。三十六年，我在錦州廣播，肯定地說：如果大家不明瞭毛澤東是赤色漢奸，而仍誤認他是「革命首領」，則「不出三年，必要亡國」（見十九段）。三十七年底我到南京，對許多朋友也都講過這類的話。我寄望於臺灣的「六十萬新軍」。當年東北盛傳孫立人將軍在臺訓練「六十萬新軍」，這是我三十七年爲「勝利三週年告東北軍民書」中便已提到的。

我需要精神動力

三十八年二月十八日，我和是中兩家來臺。特意住在臺南，因爲臺南舊稱東寧，是鄭成功的發祥地。我對鄭氏，從小時候便十分景仰。九一八後，先嚴率我舉旗抗日，我曾有詩云：

「孤懸海外一台灣，
似水淸兵繞幾層。
詎爲大明存正氣，
鄭家父子是英雄。」

可以說他是我們父子當年抗日的精神動力。現在我仍需要一種精神動力。住臺南時，朝夕到成功祠散步，關於他的古跡和書史，儘可能找到的，我全已看過。我從心理方面發現，鄭氏的精神動力正是儒家的，他焚燒儒冠儒服，慷慨起義，表面看是離開了儒家，心中的力量還是從儒家得來，即「尊王攘夷」四字。

「乾淨」的孫立人將軍

我到臺北看幾位朋友，又到鳳山看幾位朋友。準備把家安頓一番，便去廣州。在鳳山，我看到洪維公（同）先生，我們在東北同事。他正任第四軍官訓練班訓導組組長。他要我留在第四軍訓班教書，並引我去見陸軍訓練司令部司令官兼班主任孫立人將軍。孫將軍三十四年勝利後曾率新一軍接收東北，作戰英勇，最令人欽佩的是他本人的「乾淨」：他只由東北接收來五百個東北青年，現在已被他訓練成為下級幹部；卻未「刮搜」一草一木。

半天說不出話來

維公陪我看孫兼主任時，我和他談「八一四文化運動」，並送他「開始第二抗戰」一冊，希望採作四訓班的教材。又看副主任辛鍾珂少將。然後維公和我談到「新軍」。——這眞使我震驚得半天說不出話來！原來所謂「新軍」，只有一個多師，那裡有什麼「六十萬」！

我返回臺南，恰好是四月二十四日，看到南京失守的日報，足有兩夜，我在失眠。我在想，如果我所了解的海權論不够正確，毛逆在攻下上海後，調集船舶，裝上五萬陸軍，直攻臺灣，便可抄沒了中華民族復興的根據地，然後再去收拾東南、西南和西北，我們眞是吃不消了。從那一天起，我改名「孽子」。「孤臣」是不敢稱的；「孽子」總該是有份的。因為在這士氣和兵力之前，如果敵人眞正攻台，我只好全家投入高雄大海。厝父未葬，率母沉舟，還不算「孽子」嗎？

毛澤東的命運到民國四十七年

四月下旬，我接受了孫將軍的委令，到軍訓班任教官，並辭去政工局的教育專員。在這以前，我已到班，講「中國內亂史」，把內亂分爲：一、純粹的內亂，如七國之亂、三國之亂、八王之亂；二、革命性的內亂如黃巾之亂、銅馬之亂、黃巢之亂、張獻忠之亂、太平天國之亂；及三、外患性的內亂，如今天的毛澤東之亂。我說「外患性的內亂，實爲敵國扶植傀儡，製造『因國』（國家內的國家）的一種飾詞。」「嚴格言之：外患性的內亂，在中央爲討逆討僞之戰，在敵國及叛僞方面爲侵略戰。」這是第一講。第二講是「中國最古的外患性的內亂」，講五觀之亂、曾赤之亂、孫林父之亂、魚石之亂、欒盈之亂、太子蒯聵之亂。第三講是漢代到明末的「外患性的內亂」，從韓王信之亂、盧芳之亂、石敬瑭之亂、劉崇之亂、張邦昌之亂、劉豫之亂、史天澤之亂、李自成之亂，講到吳三桂亂。第四講是「民國以來的外患性的內亂」，講哲布尊丹巴之亂、達賴之亂、僞「宗社黨」之亂、柴巴桑之亂、溥儀之亂、殷汝耕之亂、德穆楚克棟魯普之亂、王克敏王揖唐齊燮元之亂、汪精衞之亂。第五講專講毛澤東之亂。第六講是結論，我講道：「外患性內亂的首領，如今天的毛澤東，實即蘇俄第五縱隊（先遣軍）的首領，掮着『政黨』『革命』的招牌，替代蘇俄進攻祖國。」「這種首領，就是『內間』，也就是漢奸。」「從歷史統計學看來，外患性的內亂，頗有許多史例，結果是中央流亡；但最長的漢奸孫林父爲三十七年，最短的張邦昌僅止幾十天。」「毛澤東從民國十年，開始作亂，二十年僭稱僞『中華蘇維埃共和國主席』，不久便要改名僞『中華人民民主共和國』。但他的命運不會超過歷史統計平均數的二十七年——從民國二十年他任僞『主席』算起，到四十七年。」

中正中興

又講過「中興之道」，從少康中興講到高宗中興、宣王中興、光武中興、世宗中興、宋朝中興、明朝中興、清朝中興，最後講中正中興。我告訴五百多位學員要堅持民族信心及正統觀念，作忠臣，作良將，以軍神和軍哲自勉」總裁必會領導我們收復大陸。最後我引何應欽將軍的話作結：「深信最後的勝利，必屬於愛國者而不屬於賣國者。」這兩個專題的講授大綱，現在還保存着。

總裁證實我的理論

三十八年四月二十七日，即首都淪陷後五日，總裁發表「告全國同胞書」，載於二十八日的中央日報，我讀過之後，喜極落淚，因爲老人家已說出：

「中共是國際第五縱隊！」

這一句話了！我從二十七年發現這一秘密，二十九年寫成「中共論綱」，三十一年出版，曾被某一權威機關申斥爲「內容反動」（見十六段），從西北寫到東北，講到東北，直接聽衆至少有一萬人，平均聽講八小時以上，間接聽衆和讀者總該不下七十萬人，雖都認爲正確，却又認爲這只是我的「一家之言」。現在　領袖的皇皇文告證實了我的發現，並在同一文告中昭示我們：

「剿滅共產國際的第五縱隊——共匪，策進中華民族的復興！」

「剿匪」是「剿滅共產國際的第五縱隊」。幾年以來，我們始終缺乏「作戰目的」，由這句話昭示明白了。同一天，宣傳部長程天放先生發表談話，要句有云：

「中共是赤色第五縱隊……蘇聯的附庸。」

連他所用的詞彙「赤色第五縱隊」都是我創造的。至僞「中華人民共和國」僭位（十月一日）以後，總裁又於十月九日發表「爲俄國導演北平傀儡組織告全國同胞書」，昭示我們說：

「中共爲莫斯科共產國際的間諜，不是中國國內的政黨。」

指明「俄國導演北平傀儡」，正式宣布抗俄，尤其「中共不是政黨」一說，對於「中共論綱」，眞是最大的證實。

中央也證實我的理論

總裁文告發表後三日，即四月三十日，本黨中央發表宣言，有云：

「中國共產黨之產生與長成，實完全不脫其爲赤色國際第五縱隊之本色。査其開始成立黨部，即受外國金錢之津貼，以後之一切宣傳與行動，亦無不受命於赤色之國際組織……」

然後歷述「本黨特許中國共產黨員以個人資格加入本黨」，他們「不斷秘密進行其推動共產主義革命之陰謀」，宣言指明這「是爲中共確爲赤色第五縱隊之第一次曝露」；接着歷述北伐到抗日勝利，他們的種種罪行（但未列入僞號僞「中華蘇維埃共和國」一點），說到張莘夫烈士被害，指明「今日東北之全面赤化，實爲中共處心積慮陰謀之實現：是爲中共確爲赤色第五縱隊又一次暴露」云云。我以一個黨員，看到本黨中央的文告也證實了自己十餘年以來的理論，而且運用了兩個第五縱隊詞彙，幾個我創造的「赤色第五縱隊」詞彙，當然使我心悅誠服。但這文告對僞「中共」的認識還不如　總裁文告的透闢，因爲中央文告在潛意識上在修詞上還承認「中國共產黨」是「黨」，還承認他們是「推動共產主義革命」，而　總裁則已宣佈「中共……不是中國國內的政黨」了。

理論家的自卑

但自三十八年四月　總裁宣佈「中共是國際第五縱隊，不是中國國內的政黨」以後，直到今天，在潛意識上乃至書面上，究竟有多少人眞正了解　總裁的正確訓示，絕對通悉僞「中共」不是政黨而係俄帝侵華第五縱隊的「身份化裝」？「共產主義」、「共產革命」也只是俄帝侵華的「理論化裝」？我們只看某些機關的「匪情研究」之類還首列「黨務」，口中還不斷喊着「共產黨」「共產黨」云云，某些所謂理論家還在那裡比較三民主義和「共產主義」的優劣，還在比較中國國民黨和僞「中國共產黨」的良窳，甚至有人著書說三民主義無一不合乎「辯證法」，俄國的「最後目的是世界革命」：便可知許多人還沒有認清赤色第五縱隊和俄帝的眞面目。我們當年曷嘗把三民主義和僞「王道主義」、「新民主義」、「新三民主義」（汪逆）一道比較過？又曷嘗把中國國民黨和僞「宗社黨」、「協和會」、「新民會」、「新中國國民黨」（汪逆）一道比較過？因爲這是不成比較，不值比較的。我們是漢忠，他們是漢奸，你如拉來一比較，無形中便已提高它的地位。你越比較它，越有人迷信它。但我們現在還把漢忠的三民主義和漢奸的「共產主義」混在一道說，把漢奸的僞「中國共產黨」和漢忠的中國國民黨攪在一起講，眞是纏夾二先生，自己作踐自己了。至於所謂「第三勢力」諸人，要在忠奸之間自成「第三」，更是不知所云，理論上是半忠半奸，事實上完全奸化了。

「中心思想手册」

三十八年四月，我到四訓班後，檢視政工局所定課目有「蘇聯研究」一課，頒發的「教材大綱」完全是親俄的，另有「黨派分析」一課，還是把僞「中共」視爲一個政黨，於是和繼公組長商定，把「蘇聯研究」改講「俄帝侵華史」，由我主講，「黨派分析」課改講「匪情研究」，由鍾山教官主講，但根據 總裁的文告，要說明「中共是蘇聯的第五縱隊」，匪是一種「國際匪」；而不是土匪。我並爲校官隊特開「軍人人生哲學」一課。

八月，我寫定「中心思想手册」，計分：一、軍人人生觀；二、國際現勢；三、反侵略戰爭；四、國內局勢；五、國家前途，共五章二十條。雖然沒有成爲軍訓班法定文件，但成爲教官室的教育文件，由教官同仁融會到各自本課中，並於每期學員生結業時，作爲綜合教育，由我主講四小時。第一章題爲「軍人人生觀」，內列一條：

「第一條——從今天起，我們每一個幹部，立志作一個軍事哲學家。古今第一等人是軍聖，他爲革命救國而生，爲革命救國而死；第二等人是軍事哲學家，他爲革命救國而從軍，有成功成仁的修養。一旦成仁，便爲軍聖。」

我認爲從北洋新軍以來，我們始終沒有「軍人人生哲學」教育，乃從孔子講起，講到曾國藩 國父和 總裁的「軍人人生哲學」。這就是拙著「儒學與儒將」前頭所列的大綱，「儒學與儒將」只是大綱裡的兩項。第二條到第五條講「國際現勢」：

「第二條——赤色帝國主義即蘇聯，在歐洲築起鐵幕之後，全力侵略亞洲，現正支援她的赤色先遣軍，化裝爲中國『共產黨』，企圖擴大佔領全中國。」

「第三條——美國缺乏政治家和軍事家，企圖對蘇忍讓退步，唯利是圖，頗有承認赤色先遣軍建立的僞『中華人民民主共和國』的可能。但她的企圖，會在短期間內被證明是妄想。」

三十八年八月，直到三十九年韓戰發生，杜魯門一直打算承認毛逆澤東。報紙偶爾透露，學員頗爲煩悶。在「白皮書」發表後，我講過一個專題，題爲「佛朗哥主義」，我說：佛朗哥不被英美承認，他還是佛朗哥；不久，英美爲了反蘇，會自動地去承認他云云，昭示學員，縱使英美都承認了毛逆，我們還是堅挺下去，國際局面終會變化的。

「第四條——蘇聯外强中乾，遠不足與『七七』以後的日本實力相比；鐵幕之中，自由主義和民族主義正在滋長，矛盾百出，也絕不和蘇聯一致。一旦美國覺悟，第三次世界大戰爆發，蘇聯於小勝之後，必遭慘敗，史太林政權終必覆亡。」

「第五條——蘇聯慘敗，鐵幕瓦解，赤色先遣軍也必紛紛反正。第三次世界大戰後的世界，是我們的三民主義、美國的資本主義和各國的民族主義和平相處的世界。那時倘有偉大的世界政治家出現，修正了資本主義的獨佔性，將不會再有侵略主義的產生。」

第六條到第十一條講「反侵略戰爭」：

「第六條——四百年來，俄國一貫侵略我國。俄國改稱蘇俄，又改蘇聯，仍然對我續行侵略：民國十年，她在我們外蒙古編組赤色先遣軍，化裝爲『蒙古青年黨』，擄去我們的外蒙古；同年，在我國國內又編組赤色先遣軍，化裝『中國共產黨』，竄擾作亂二十八年。現在赤色先遣軍正在僭組僞『中華人民民主共和國』，背叛祖國，効忠蘇聯，建立亞洲的鐵幕。」

「第七條——蘇聯駐在我國的赤色先遣軍，化名爲僞『中國共產黨』，這和日本駐在我國的先遣軍會化名為偽『宗社黨』、偽『協和會』、偽『新民會』及偽『中國國民黨』（汪逆精衛）正是相同。

「赤色先遣軍化名為偽『中華人民民主共和國』，這也和日本駐在我國的先遣軍曾化名為偽『滿洲國』、偽『蒙古國』、偽『華北政委會』及偽『中華民國』（汪記）完全相同。

「赤色先遣軍又化名為偽『中華人民解放軍』，這也和日本駐在我國的先遣軍（即所謂偽軍）曾化名為偽『皇協軍』、偽『靖安軍』完全相同。」

「第八條——蘇聯利用『世界革命』的招牌，醉麻她的赤色先遣軍；日本也曾利用『大東亞共存共榮』及『大東亞共榮圈』，麻醉她的先遣軍。

「蘇聯利用『共產主義』及『新民主主義』，迷惑她的赤色先遣軍；日本也曾利用『王道主義』（偽『滿』）、『新民主義』（偽『華北』）及『新三民主義』（汪逆），迷惑她的先遣軍。」

「第九條——溥儀、德王、王克敏、汪精衛諸逆，接受了日本的麻醉，執行侵略我國——即進攻祖國的任務，身為漢奸而不自覺；毛澤東、朱德、劉伯承、陳毅、林彪諸逆，也接受了蘇聯的麻醉，執行侵略我國——即進攻祖國的任務，身為漢奸而不自知。但是，替日本充當先遣軍的漢奸們，已隨日本的投降而消滅；同理，替蘇聯充當先遣軍的赤色漢奸們，也必隨着蘇聯的慘敗而消滅。」

「第十條——現在進行着的『戡亂』、『剿匪』戰爭，不是黨爭，不是內戰：我軍正對赤色先遣軍作戰，亦即對蘇聯進行前哨戰。凡我作戰的軍人，正在繼承抗日的精神傳統，從事抗蘇的戰爭。我們已開始第二抗戰。」

「第十一條——我們的反侵略戰，漸漸會配合世界反侵略戰，滙成第三次世界大戰。第三次世界大戰的勝利，就是我國反侵略的成功，也是我們軍人的勝利。」

第十二條到十七條講「國內局勢」：

「第十二條——本黨是革命的政黨；絕不容和偽『中國共產黨』等視齊觀。我們是漢忠；他們是漢奸。我們是中國人；他們是僞中國人。總理遺囑稱蘇聯爲『以平等待我之民族』，這是國民革命的策略，稱『民生主義就是共產主義』，也是感化叛逆的號召。」

「第十三條——三民主義是救國主義，也是反侵略主義。千鎚百煉，證明它是世界上最偉大最前進最先知的主義；不容和『共產主義』對比，因爲『共產主義』是亡國主義，也是侵略主義。」

「第十四條——我們現在的政府，是五千年歷史上比較好的政府。在小的地方看來，它似乎無能；但在大的方面，確有相當高度的行政效率。極少數的公務員不免貪污；但絕對大多數的公務員都在枵腹從公，爲反侵略而犧牲而戰鬪。『貪污』、『無能』、『豪門』三詞，是赤色先遣軍的神經戰，他們利用我們待遇的微薄，瓦解我們，分化我們。」

「第十五條——軍人的大恥，是向叛逆投降，是被俘不死。過去軍人不認識赤色先遣軍的眞面目，把僞『中國共產黨』誤作普通政黨，視變節爲『脫黨』，良堪痛恨！我們幹部，人人是軍哲，各個是反侵略先鋒隊，寧作斷頭將軍，決不作降將軍。我們不會投降汪精衞，便不甘心投降毛澤東！不降日，也不降蘇！」

這時，在大陸上，「降將軍」滿坑滿谷。授課時我特別强調這一點，反覆斥責傅作義、程潛、陳明仁輩，有時不免自己落淚，學員（校官隊十三期到十五期）也隨我拭淚。我每堂必問：「你是黃埔學生麼？別的不談，你總該要對得起你的老校長啊！」學員們在反應表上對這點塡有良好反應。

「第十六條　雅爾達協定，美國犧牲了我國；『八一四條約』，我們是忍痛犧牲，企圖換得『中蘇三十年同盟友好』和作爲美蘇的橋梁。現在證明蘇聯的侵略並不因『八一四條約』而終止，赤色先遣軍必將斷送我國而甘心。今後我國外交，日趨明朗，參加世界反侵略陣線，對蘇勢必絕交。」

兩個月後，毛逆傀儡登場，我國宣佈對蘇絕交。

「第十七條——五四文化運動是反日救國運動。本黨繼承這個運動，指導國民，完成統一，擊敗日本。抗戰勝利的基因，實在於此。但赤色帝國主義卻利用五四文化運動，進行文化侵略，『民主』僞裝了毛澤東的『

新民主主義』，『科學』掩護了史太林的『科學社會主義』。今日『戡亂』的折挫，原因也在於此。」

這一條，我是爲繼續在臺灣發動「八一四運動」而寫的。但十月二日史魔承認了毛逆僞「國家」，我們宣佈對蘇絕交，「八一四條約」等於一張廢紙，毛逆之爲赤色先遣軍卽赤色第五縱隊已成爲不必爭論的事實，只待我們武裝去打，「八一四運動」已無必要。從三十六年「八一四」我創導這一運動，至三十七年十一月一日，這一運動只在東北地區完成一段歷史的任務；在鳳山並未再度展開。

「今後再無亡國論」

第十八條到二十條講「國家前途」。首先我針對當時士氣的銷沉——國亡無日的悲哀，而倡出「今後再無亡國論」，繼續上列各條裡所提示的反共必成、抗俄必勝的道理，切確說明毛逆僞組織雖然就將鑼鼓登台，但中華民國絕對不會亡國。在今天這已是通理了；而在三十八年八月，請回憶一下，我的「中心思想手冊」對於受訓學員生是不是可以發生了相當的作用？

「第十八條——猶太亡國二千年，在第二次世界大戰後，也重建了以色列國。在歷史上，異族向我國派組先遣軍，利用漢奸，進行侵略，計凡日本、帝俄、帝英，不下數十次，但全被先民所擊潰。今後的字典上，絕對不會再有『亡國』一詞。」

這裡我沒有提到蒙古和滿淸「兩次亡中國」之說。因爲從民元以來，我們已根据五族共和的理論，建立了中華民國；從民十三年以後，國父創造中華民族一詞；尤其民三十二年總裁著「中國之命運」，已正式宣佈蒙古、滿洲是中華民族裡的兩個宗族，而我個人多年研究，確認漢族卽夏族，蒙古出於匈奴，匈奴則是「夏后氏之苗裔」（見史記匈奴傳），滿淸出於肅愼，肅愼也是「九夏」之一：故漢、滿、蒙實際同爲夏族的支派；而且渡臺人士之中，有許多蒙古籍的忠貞反共抗俄者，也有許多滿洲籍的忠貞反共抗俄者，便是受訓員生中也有許多滿、蒙籍的官兵。

「第十九條——蘇聯侵略的對象，不止我們一國，她要侵略的是整個的世界。因此，世界反侵略陣線必會日漸形成：北大西洋公約已經訂立；亞洲反共同盟由中、菲、韓在倡導，不久當有一個太平洋公約的出現。這兩個公約，將由於英美的參加，而形成一道新萬里長城。我們富有抗日的經驗，要站得穩，挺得住，配合着世界反侵略陣線的戰略反攻。」

「第二十條　為了站得穩，挺得住，我們正在實行下列的主張：

甲、我們堅決信仰救國的三民主義，反對賣國的『共產主義』；

乙、我們心目中沒有『共黨』、『八路』的存在，我們只看到赤色帝國主義和赤色先遣軍，只喊他們為『老毛子』和『二毛子』；

丙、我們是國家化的軍隊，誓死効忠政府，絕對服從　最高統帥；

丁、我們是不叛變不投降的軍隊；

戊、我們是不貪污不怕死的軍隊；

己、我們絕對不『以小人之心，度君子之腹』：絕對不接受赤色先遣軍的神經戰，絕對不相信『政府無能』、『貪官汚吏』、『為豪門而戰』的邪惡宣傳；

庚、我們誓死反對『八一四』不平等條約，參加『八一四文化運動』；

辛、我們擁護黨政軍全面大革新；

壬、我們擁護對蘇絕交，對蘇宣戰；

癸、我們擁護　領袖至上、國家至上、民生第一，民族第一！」

最後一條裡的甲到癸十點，可以說是針對首都淪陷大陸阽危的局面而擬定的「新軍人守則」。我的第一次稿中本來全稱赤色第五縱隊；各位同仁提議說：雖然各報已見這一名詞，但還不通俗，乃採用　總裁三十六年十二月十四日訓示中的「先遣軍」一詞。我和六七位教官同仁，為這「中心思想手冊」的理論，從三十八年八月講到三十九年八月。三十九年九月，軍訓班改為陸軍軍官學校。我是三十九年三月一日任軍訓班訓導組主任教官，改組後我繼任軍校政治部主任教官，這文件也隨軍訓班而列入移交，我和軍校一部分教官同仁仍是根據手冊裡的理論講課。

「俄帝侵華史」

我所定的「俄帝侵華史」一課，由我主講到軍訓班改組爲軍校。三十九年夏，我從傘兵部隊裡請調王蘇少校到班，講幹訓隊的本課。改組爲軍校後，我請新任劉珍上尉和王蘇少校同講本課。王蘇字牟耕，遼寧省人。僞「滿」時代，參加本黨地工，被捕判處徒刑，到勝利時獲釋，任遼寧省黨部科長。著有「俄帝侵華史」（已三版）、「反共抗俄辭典」、「鮮卑利亞中國領土考」和「俄國通史」。劉珍字柏樟，黑龍江省人。九一八後以南開中學學生奉本黨派遣，潛入僞「滿」，從事秘密工作十三年。勝利後任縣黨部書記長及省黨部秘書，率領遊擊隊反共抗俄。三十八年在臺，我讀過他許多有關「俄帝侵華史」的論文，并看過他的「坦白的故事」（正中版），認爲他可以勝任教官。我不認識他，託朋友找了一年，到四十年竟找到了，我保荐他任中校教官（他已有中校資歷），七折八扣才保妥了上尉。他說：「爲了您能如此用人，這是人事制度的革命，就是給我二等兵，我也幹了。」這兩位直到現在仍任軍校教官，分講「俄帝侵華史」和「蘇俄研究」，已是南臺灣的名教官了。

我在軍訓班和我們三人在軍校所講的「俄帝侵華史」，與一般學校所講及各書店出版的本子不同。「俄帝侵華史」一名是我命名的，全稱是「俄羅斯帝國主義侵略中華民族史」和「俄帝侵略中國史」不同。一般本子均從一六八九年尼布楚條約講起；我們却是從俄帝侵入鮮卑利亞（SIBERIA）講起，較一般本上溯多出一百餘年。一般本（除胡秋原先生外）均不知僞「中共」是赤色第五縱隊，即俄帝侵華的工具。我們最大的發現和主張，是「鮮卑利亞爲中國領土」，認爲從俄帝侵入鮮卑利亞，便是侵華。因爲中華民族裡包括着鮮卑（錫伯）宗族。我們的結論是：抗俄的最終目的，不止是「收復大陸」，而且要「解放鮮卑」（詳見本書二十六段）。

「反應」一斑

四十一年五月一日，我由軍校調到步校，仍任主任教官。步校高級班召訓部隊及軍事機關經××到××的現職軍官，初級班召訓××到××的現職軍官。高級班從第×期到××期約×千×百員，初級班從第×期到×××期約×千員，都由我講授俄帝侵華史和匪情研究。各班各期都曾提供有「反應資料」，我手存有高三、高七和高十共三班，三百多份。爲了篇幅關係，抄列高三期以下前十號學員的「反應」如下，以見一斑：

「俄帝侵華史一課，不僅提出俄帝「六因」等戰術戰略之運用，而發人深省，亦且教人以制服之策。然而此課既已成帙，何不刊於報章，期吾反共抗俄者更加深對俄帝及其附庸者之認識？」（高三期二號范震宇）

「此次聽趙教官講俄帝侵華史，多耳所未聞。足見教官博覽群書，非平凡庸碌者可比。唯以時間怱促，不能洞觀全貌爲憾事。」（三號張延齡）

「從前只知道共匪爲蘇俄作走狗，出賣自己的國家主權領土；不知究爲何因？只知共匪於叛亂時間手段利害；不知何爲其指導叛亂之原則？此次經趙教官講授後，始知俄帝侵華及毛匪叛亂有其一貫之指導原則。且吾於部隊時常看到教官所著書籍及報端雜誌上之佳作，幷久聞同仁朋友之贊揚，此次親身受課，殊爲興奮及有莫大收穫。」（四號安長萱）

「聽講後已深刻了解俄帝的內幕及其歷史的淵源，造成其今日瘋狂侵略。所講俄帝侵華史亟須印刷成冊。」（五號楊立垣）

「聽了教官俄帝侵華史的講授，不僅引起我極大的興趣，尤其能得到全部的了解。我希望教官能將這篇講稿付印成冊。」（七號趙誌豪）

「以歷史爲經，以系統之俄帝策略爲緯，印證發明，深明俄帝侵華之一貫性，滲入徹底性，而益激增我抗俄自信心。」（八號李智仁）

「過去我對俄帝侵華的史實，可以說僅知道一點皮毛或輪廓，尤其俄帝何時開始侵華？怎樣侵華？毫無深刻的認識。現在我對這問題已經有了具體的認識。」（九號廖世禎）

「到今天我才澈底把俄帝的策略了解清楚。因爲過去的教官對我講的內容遠遜此次千分之一。」（十號吳健）

缺第一號及第六號，當係教官室文書士整理時漏列了。

以下是高級班第七期學員的「反應資料」：

「我過去由小學而高中，每讀地理或歷史，對『西伯利亞』這塊地方，一直認爲是大鼻子的。此次聽了教官詳細分析，我才知鮮卑與我國之歷史淵源。」（高七期一號徐訓毅）

「吾人聽講後，每與同學研究，深知俄帝無時不思以侵華爲唯一之能事；惜乎一般國民不知其內容毒辣也。請政府將俄帝侵華史及因國史大量翻印，務使全國軍民人手一冊。」（二號陳芍垣）

「自由中國的軍民，人人須深刻了解俄帝侵華隱體戰，以增强反共抗俄之陣容。」（三號齊耀中）

「俄帝侵華的方法，雖有軍事、政治、經濟、文化等區別，但其戰略乃爲隱體戰──『看不見的戰爭』，培養傀儡毛澤東而攫奪了大陸。此戰略較任何方面爲毒辣。」（四號白霞生）

「此門功課，請詳細整理，并加插圖及統計表，呈請政府通令全國，列爲正式歷史教材。除軍隊應詳爲講讀外，特別全國各學校尤其中學文學校應列爲必修科（小學亦應酌爲講授），以加深其民族意識，期在教育方面樹立反共抗俄復國之基本認識。不卜趙教官以爲然否？」（五號李胤樞）

「今日聆聽趙主任教官尺子先生『俄帝侵華史』，對俄帝之侵略中國，深爲痛悟。」（八號左營）

「應向教育部建議，在今後之各種教科書中，將此歷史及地理編入，使全國同胞均能明瞭俄帝侵我之眞像。廣爲向各部隊講解，增加同仇敵愾之心。」（九號朱英）

「從軍以來，十有七年，聽政治講演之次數頗爲不少。惟對俄帝侵華史實，輒多斷章取義，略而不詳，實無心得可言。今聽趙先生講授之俄帝侵華史及匪情研究後，豁然大悟。俄帝侵華史一書，請廣爲宣傳，期收更大之效果也。」（十號楊秀峰）

缺第五號、第六號、第七號，因爲原「資料」上漏寫學號。

本書排版至此，一江山不幸陷落。守將王生明上校率領「黑虎隊」七百二十餘位男女官佐戰士，死戰數十小時，最後全部成仁。在國民革命史上，這是黃花崗以後最英勇最壯烈的一役。王生明上校和他的部屬對得起總理，對得起 總統，對得起國家，對得起歷史，也對得起步校的教育。他是高級班第七期的學員，學號二十四。現在將他的試卷特別補入本書，紀念這一位忠貞的學員：

「一、心得——員聽完俄帝侵華史和匪情研究所得的心得，足見俄帝侵華的前後，及匪帮的內幕。俄帝鐵幕用種種手段的『隱體戰』，控制朱毛敗類，從事征服世界的美夢。

「二、感想——世界民主集團和我們自己，過去一般人認不淸楚的，都以爲朱毛漢奸是土地改革者，他們打的是內戰。所以弄得亞洲整個成爲嚴重問題。直到今天，我們已認淸楚了。那是我們要從內心做起，臥薪嘗膽，恢復大陸，拯救同胞，獲得完成第三任務，能全國軍民能自由。

「三、建議——我們每一個同志，加緊努力學識，隨時準備反攻大陸，消滅朱毛漢奸，摧毀共匪集團。我們不但要恢復『地理的領土』，還要收復『歷史的領土』，完成復國的使命。」

王烈士的試卷裡提及的「隱體戰」、「地理的領土」和「歷史的領土」即鮮卑利亞，都是我所講俄帝侵華史和匪情研究兩課裡的要領。王烈士的試卷，我只打給七十五分，列入丙等。這也說明忠貞之士不一定是甲等學員。——民國四十四年三月恭記。

以下是高級班第十期學員的「反應資料」：

「敎官對於俄帝侵華史及匪情研究之講解，仍須加强擴大，或編製影片，或錄音轉播，或廣印書册，或遊講各地，期人人洞悉，堅定反共抗俄決心」（高十期二號徐琛）

「我要求先生將講詞書面發表。」（三號李必坤）

「我們都知道了現在之僞『中華人民共和國』是俄帝培植的戰略『內間』，亦即『因國』。俄帝以『看不見的戰爭』——『隱體戰』而培植了侵略的爪牙，是『用六因，養五間，打四戰』，而達到它侵略的目的。」

（四號徐家安）

「綜上所述，吾人既已澈底明瞭俄帝侵華之前因與後果，更洞悉奸匪之無恥賣國，自更加强信念，誓雪國恥……益以趙敎授所引諸點，更覺發人猛省。」（五號虞鼎）

「在我未聽趙先生俄帝侵華史以前，對俄帝的侵華，却是大惑不解。至今才知俄帝使用『看不見的戰爭』來操縱朱毛漢奸。趙先生所講這部俄帝侵華史，不但應普及於全軍將士，更應講授於軍政機關人民團體。」（六號張發享）

「吾人對俄帝侵華，僅知其陰謀毒辣，而不知其究竟。聽趙尺子先生之講授，始恍然大悟。趙先生俄帝侵華史、匪情研究之講稿，應整理成冊，或以通俗文字印發。」（七號隋林春）

「余聽完短短二十四小時之侵帝侵華史與匪情研究後，對俄帝侵華之史緣、地緣、學緣、物緣與戰法，有一深刻之了解。」（八號姚繼琨）

「關於俄帝侵華史與匪情研究，在部隊或機關學校，均缺少有系統的具體澈底研究，致使多數官兵，對俄帝、共匪之陰謀奸詐行爲僅知其一，不知其二。且多認識糢糊，甚至有莫知其所爲者。步校趙敎官尺子，對俄帝侵華史與匪情研究，均研究有素，講解精闢，先後有條不紊，每次講授，均使聽者興奮動容，獲得無限心得。」（九號許崇齡）

「這段歷史，記得在第四軍訓班校官隊十四期受訓時，曾蒙講授。此次再加耳提，較前深刻。但筆記仍僅記其要，回到部隊，倘未可詳傳，諒我同堂，均有同感。凡爲抗俄反共者均應澈底明悉此史，尤其後代子孫亦有詳知之必要，如能成本印發講義，獲益較大。」（十號缺名）

第一號已遺失，第十號佚名。共收到一百三十二件，大意全同。

四十一年秋到四十二年春，國防部政工業務講習班第三分班在鳳山開班，召訓嘉義以南中下級的政工幹部，我講「共黨理論及策略批判」，受訓學員共×千餘名。我於考試時附帶出過「聽趙教官講課後的感想」一題，并註明「本題不計分，希望誠坦作答」。現抄錄數條列下：

一、「趙教官博學多才，對共黨理論研究透澈，分析匪黨陰謀，見解正確，眞不愧反共抗俄一宣傳家。」

二、「余聽尺子先生課，先後已歷五次之多。惟對匪情研究一課，尙屬首次。趙先生對蘇俄陰險毒辣之政策及共匪賣國之罪行，均有翔實之指出，尤能引證歷史，攷據事實，更爲難能可貴。」

三、「貴講座講解敵國與敵人的整個內情，可說句句實在，事事詳確。三十九年講解的筆記與今天講的完全一致，容易使學者瞭解熟記。理論淺出而明確，於基層政工同志洞開茅塞，有一套整個說法激奮士氣。」

四、「趙教官的課，聽的總數有六次，每次都使我有說不出的欽慕；可是我却沒有過一次完整的筆記，一、講的範圍太廣，無法找出重點；二、有時實在是聽迷了，手就自然的停了。」

五、「趙教官對這門課非常熟，娓娓道來，如數家珍，教我們聽課者的情感完全隨他的講詞而變化。」

六、「趙教官是我的老教授，因我在軍訓班政訓隊二期時，親聆其教誨，遠比今日詳盡。他的苦心、熱誠、卓見、認識匪黨之深刻，實爲自由中國僅有的。」

七、「趙教官所講的課，是有其一套完整的獨特理論，例如他說：『俄帝與毛匪的最高策略是唯物辯證法』，這就是發前人所未發的見解。」

八、「趙教官爲南部名教官，久慕大名，今得親聆授課，引以爲榮。當前自由中國對匪黨理論批判與俄帝侵華史有如先生者，實寥寥幾人。尙望先生爲反共抗俄加油，這股力量是很大的。」

不必再往下抄了，總之千篇一律，反應了自由中國中下級軍官和政工人員對「俄帝侵華史」、「匪情研究」和「共黨理論及策略批判」三課的迫切需要。

爲了滿足學員的需要，這一年餘以來，講課最多，每天竟有站立十小時的時候，時常感到腰痛，夜間反側，疼得更緊。夏間到臺北總醫院照X光，發現「第四脊椎變肥大」（增殖性脊椎炎）的症狀，醫官囑我必須「躺在床上睡半年」，因此我請求調到陸軍總司令部去，稍稍休養，再上講壇。——自三十八年四月迄今，計在鳳山教書四年零兩個月。

二五　研究「因國」

備準寫「僞國家史」

民國二十年十一月七日，俄帝製造僞「中華蘇維埃共和國」（到三十八年十月一日改名爲僞「中華人民共和國」），毛澤東作了僞「主席」；二十一年三月一日，日閥導演了僞「滿洲國」，溥儀幹了僞「皇帝」。以後俄帝在新疆培植馬仲英和大毛拉等等兒皇帝；日閥則玩弄着殷汝耕、德王、郝鵬、王克敏等等貓脚爪，兩國互相競賽，在我國來開設傀儡劇場。二十四年我到歸綏去辦邊疆通信社，只想以黨員和國民資格和日閥鬪爭，瓦解僞「蒙古國」和「西藏國」，並沒有進一步研究了解俄帝利用「共產主義」、「世界革命」這套邪說，組織毛兒皇帝的作法。

在蒙古地方和日閥的特務及僞組織鬪爭了三年之後，即民國二十七年漢口撤退的時候，我才把俄帝的陰謀全部看穿，打出了「中共論綱」的腹稿。二十九年十一月寫成「中共論綱」，判定俄帝要用毛澤東的僞「國家」吞併全中國，而後——用毛澤東的話說「一面倒」，使中國成爲蘇聯的一個「聯邦」（參看十六段「中共論綱」末），和溥儀走着同一路子。當時我正讀四史，因而把匈奴培植盧芳和漢朝製造南匈奴等「國家」的史實，列爲讀書的要點。其後把範圍擴大到二十五史，直到三十四年勝利前夕，我從中國歷史上找出被當時侵略勢力所扶植的僞「國家」，計有窮族的僞「夏」（仲康）、周族的僞「宋」（微子）、申族的僞「周」（平王）、契丹的僞「晉」（石敬瑭

（、女眞（金）的僞「楚」（張邦昌）和僞「齊」（劉豫）等四十餘個，記下十幾本筆記，預備在中日戰爭結束以後，寫一部「僞國家史」。

在蒙古開始執筆

三十一年以後，榆林有夏令營和種種訓練班，直到勝利前夕，大約訓練了五千多學生、行政幹部、教育幹部、保安幹部和婦女幹部，所有反共的課程都由我主講，大約不出「中共論綱」上的理論；在勝利之際，又有一個黨政幹部開班，我便以「僞國家史」爲題，連續講授了三期，並寫成一部五萬多字的「僞中華蘇維埃共和國」，預備將來列爲「僞國家史」的最末一章。

抗日勝利後的十月，我的邊疆通信社、邊疆通信報社、黑龍江省調統室和騎兵挺進總隊部前進到包頭；不久毛逆僞部圍攻包頭，我率領同志轉進寧夏，在黃河南岸——伊克昭盟的沙漠裡，走了一個多月，開始寫出「仲康和相」，就是「因國史」的第二章，三十五年五月，刊於重慶中央日報。「政治協商」的時候，我寫了「宜臼和叔帶」（「因國史」第四章）、「女艾妹喜妲己和褒姒」（「因國史」第九章），刊於西安文化日報，根據孔子以前「政治協商」的史實，我的論斷是：

「按歷史經驗推來：襄王和叔帶的『政治協商』縱然召開，也一定不能圓滿解決周與戎的千年舊恨：第一、叔帶既然作了周奸，當然非蠻幹到底不可，否則只好襄王讓位；襄王未嘗不可讓位，只是他如果這樣幹，則叔帶得權之日，就是周國亡於諸戎之時。第二、叔帶勾結戎兵，意在進攻祖國，戎兵也正在利用叔帶，侵略周國，就使『協商』成功，襄王交出一部份政權給予叔帶，也僅止去了一點內憂，而無法消弭外患。」

這文章裡的「周」即中國，「戎」即俄帝，「叔帶」即毛澤東，「襄王」即　蔣主席。說明　蔣主席和毛澤東的「政治協商」縱然召開，也「一定不能圓滿解決」中國和俄帝的四百年「舊恨」；毛澤東「既然作了」漢「奸」，「當然非蠻幹到底不可，否則只好」　蔣主席「讓位」；　蔣主席「未嘗不可讓位，只是他如果這樣幹，則」毛澤東

「得權之日，就是」中「國亡於」俄帝「之時」！現在是民國四十二年八月，這篇文章是七年前的作品：歷史留給我們的經驗確是古老而豐富的呀！大陸淪陷的現狀，已早被我含着痛淚寫出了！

發現「因國」

三十五年冬底到三十六年四月，我在接收北方中學。俄特學生鬧學潮，使我成爲無「校」之「長」，便閉戶讀史，寫成「祿父和儆啓（「因國史」第三章）、「夷吾和重耳」（「因國史」第五章）、「欒盈和蒯聵」（「國史」第六章）、「比和棄疾」（「因國史」第七章）及「春秋時代的諸因國」（「因國史」第八章），計從夏代到春秋末年，我找出四十多個僞「國家」，四十多個毛澤東。接着便寫漢朝到民國，卽韓王信、盧芳、石敬瑭、張邦昌、劉豫、善耆、溥儀、郝鵬、殷汝耕、德王、王克敏、汪精衞等僞「國家」和僞「軍」，並把「僞中華蘇維埃共和國」引伸到十萬字，另寫僞「外蒙古蘇維埃共和國」、僞「東土耳其斯坦共和國」，完成「僞國家史」上中下三冊，四十萬字，上冊從夏到春秋，中冊從漢朝到民國，下冊專收俄帝在我國導演的蘇克拔都、柴巴桑、大毛拉和毛澤東等僞「國家」。

「因國」者，「內間」主持之「國」也！

大約在三十六年三月間，寫「北戎扶置的傀儡——曹庶子赤」（「因國史」第八章九段）的時候，由穀梁傳上發現「因國」一詞。當時我對這一名詞的認識並未深刻，只在原稿僞「國家」下註明「因國卽僞國」幾個字而已。不久我在西單牌樓的舊書店裡買到晉朝范甯註的穀梁傳，才發覺了「因國」一詞的秘密。穀梁傳原文是：

「桓，內無『因國』，外無從諸侯，而越千里之險，北伐山戎：危之也。」（莊三十年）

范甯註云：

「內無『因』緣山戎左右之『國』爲內間者。」

這是說「因國」乃由「內間」主持之「國」，和僞「國家」、僞組織、傀儡政權、兒皇帝或附庸國是一個意義。也就是說：

「甲國如果企圖侵呑乙國，先須在乙國國內，扶植『內間』，使之與乙國的中央政權相對立，相抗爭；當侵略開始之後，甲國用兵由外往乙國裡邊打，『內間』則在乙國裡邊內應，便能獲得滅亡乙國之效。這是第一類型。或者根本不須用兵，只暗地支援這種『內間』，使他逐漸長大，篡奪中央政權，僭號新國，也可以達成侵略目的。這是第二類型。」（「因國史」第一章）

這是我對「僞國家史」中列舉的全部僞「國家」所作的分類。屬於第一類型的，從日閥上推到春秋時代約有幾十個，屬於第二類型的，從俄帝上推到夏朝時代約有十餘個。毛澤東的僞「中華蘇維埃共和國」（時用「邊區」字樣以僞「聯體」）之爲「內間」主持之「國」，和俄帝陰謀之毒，眞是歷歷如繪。

融會貫通

本來，我對於毛澤東之爲俄帝的「內間」，是早在寫「中共論綱」以前，便研究明白了。我先於二十九年說「一部世界政治外交內幕史便是一部間諜活動史，中國共產黨是蘇聯派駐我國的武裝間諜團」（參看「中共論綱」段），不久便改「武裝間諜團」爲「赤色第五縱隊」，到三十二年我便常用「內間」兩字，對付他們的「國特」兩字。在研究「僞國家史」過程中，我看出這一百多個傀儡、兒皇帝實是甲國在乙國「因其官人而用之」（孫武子）的「內間」；現在找出這「內間」主持之「國」早經孔子命名爲「因國」，十二年來（二十四年到三十六年）苦辛研究，發見了這一有歷史性有學理根據的名詞，眞是不勝雀躍之至。

「僞國家史」的緒論

先是，三十四年秋，在楡林講演「僞國家史」的時候，本有兩小時的「緒論」，研究僞「國家」建立的過程，留有紀錄，現已不能找到，似於三十七年春寶鷄淪陷時焚去。基本大意則在「中共論綱」第六版裡保存着一部份。如民國三十年中秋節我給秦忠堂同志譯的「我脫離黑暗的經過」所寫的序，又如三十三年一月九日我爲益世報所寫星期論評題爲「蒙古人民共和國」，又如三十三年十月一日我所寫的「毛澤東與汪精衛」（各文均收入拙作「中共論綱」第六版），綜合這些文字，是說甲國爲了侵略乙國，便利用美色、金錢、官位、宗教、教育、主義，到乙國內吸收「內間」；使這「內間」打倒自己的中央，成立僞「國家」，出賣了自己的祖國。

講「僞國家論」

到三十七年一二月，我在瀋陽冬令營又講過「國家論與僞國家論」。現在還保留着一個大綱，列之如下：

一、導言

二、國家論

甲、國之釋義——古國字，即方字，如殷「王循伐土方」、「土方牧我田」、「正盂方」（卜詞）；也即土字，如西周「逖矣西土之人」。金文國作或，左傳：「國之大事，唯祀與戎」，口代表祀，戈代表戎。至大篆始作國。說文：「國，邦也。從口，從或。」禹貢：「中邦錫土姓」，夏本紀則作：「中國錫土姓。」國，都也，即城。周禮士師有「國禁」（戒嚴令），禮記有「入國問俗」。

乙、國之起源——國字起於殷。中國二字起於西周，詩蕩：「內奰於中國，覃及鬼方」，民勞：「惠此中國，式遏寇虐」，「惠此中國，以綏四方」；毛序：「西戎東夷，交侵中國」，公羊傳僖四年：「南夷與北狄交，中國不絕若綫。桓公救中國，而攘夷狄。」中國一詞，代表：一、立國精神之遠久；二、反侵略之精神。

丙、國之要素——

子、歷史性的土地——中國人居於中國已有五十萬年之歷史（北京人五十萬歲，彩陶遠到新疆）。東北之列為中國領土，在唐虞之際（彩陶為證）。東北人統治中國，自殷朝開始。古東北包括西伯利亞在內，西伯即鮮卑，鮮卑即滿族。凡二十五史（加淸史）所載領土，包括西伯利亞（鮮卑）及中央亞細亞，均為中國歷史的領土，列祖列宗心血所關，仁人烈士生命所開。

丑、文化性的人民——同血（黃帝）、同制、同文、同道的人民。同血者，黃種也。同制者，國制、族制、產制也。同文者，漢滿蒙回藏文也。同道者，忠孝仁愛信義和平也。

寅、人民性的主權——同一文化之人民依自由意志組織政府，行使自主的自立的統治權：政權、經濟權、軍權、外交權、法權，絕不容外國人或明或暗地支配。

卯、全體性的組織——三民主義的國家組織（與蘇、德之全能性的組織不同）。

丁、國之目的——一、列寧「階級工具說」之不確；二、人民生存說（民生史觀）。國，城也，城所以防也。國與牆目的相同，囗即牆。

戊、國之機關——議會（政黨）、政府、軍隊、國策公司。

己、國之分類——一、獨立國（例如中華民國、美國）；二、附庸國（例如「滿洲國」、「中華蘇維埃共和國」）。

庚、國之生命——國家不滅論。國與天地並存，與人類同壽。聯合國，非國。亡國必復，如以色列。今後無亡國。反世界主義、反國際主義：斥列寧的「國家與革命」。

三、偽國家論

甲、偽國釋義——有國之名，無國之實：土地人民主權組織均操於宗主國之手。詩葛藟：「謂他人父」，乃「兒皇帝」之起源。傀儡與「內間」（第五縱隊），以偽「滿洲國」為例，以偽「中華蘇維埃共和國」為例。

乙、偽國之目的——一、組織者之目的：「以華制華」；完全吞併。防禦自已，滅亡他國。二、傀儡之目的：妄圖「民族自決」；妄想實行「共產」；妄想「與天公共比高」（毛澤東沁園春詞）。

丙、偽國之建立——一、貴族式，以仲康、宜臼為例；二、民族式，以南匈奴、偽「滿」、偽「蒙」為例；三、宗教式，以達賴、馬仲英為例。四、主義式，以毛澤東、金日成為例。

丁、偽國之生命——偽國必亡（被宗主國合併）；偽國必滅（樹倒猢猻散）。滅亡方式：反正；消滅。

四、偽國家史（參看近日各載連載拙作「偽國家史」）。

五、結論

結論說：國家論所研究的國家，是　蔣總統主政的中華民國，這樣國家的領土是完整的，人民是自由的，主權是獨立的，組織是合法的（正統）；偽國家論所研究的國家，是毛澤東的偽「中華人民民主共和國」（按：三十七年此名稱在擬議中，後於次年宣布成立），這樣國家的領土實為蘇聯的領土，人民被出賣給蘇聯作奴工，主權操於蘇聯之手，組織是非法的。東北青年身受偽「滿」十三年的統治，對其眞像知之甚悉，故無不「反滿抗日」。現我說明毛澤東偽國家的眞像；至於各位青年是否應該「反毛抗蘇」，則一憑自己選擇云云。同時拙作「偽國家史」油印第一版出版，由各報在同一天分章刊出。但還沒有使用「因國史」這個名字，因為一般朋友如雨時先生等位都說它太生硬了。這一次的聽衆是大中學生六千餘名。後在臺灣還遇到幾名，對這講演留有深刻的印像。

第一次使用「因國」學說

第一次使用「因國」學說，公開撰文講演，是距講演「國家論與偽國家論」後兩個月的三十七年四月。現存有和平日報剪報一條，載稱：

「（本報訊）本報主筆趙尺子，昨上午九時，對國立長白師院學生講演，聽衆四百人。題目即昨日（二十三日）本報社論『中美關係及匪蘇關係』。講演地點在清故宮。趙氏於引證史例時，特別詳述滿清扶植李自成、吳三桂等僞軍，吞滅明朝一例，與目前赤色帝國主義者嗾使毛澤東等僞軍，侵略中國，作實際地對比，說明今日之克里姆林宮，卽當年此地之淸故宮。吾人或於若干年後，立於克里姆林宮，有一講演機會云。聽衆報以掌聲，歷五分鐘。」

上述社論卽演說詞第一段，我道：「有一些人把中美關係和匪蘇關係等視齊觀：以爲中央是親美的；而『共產黨』是親蘇的。中央借美國錢打『共產黨』；『共產黨』借蘇聯錢打中央。由此類推，他們更進一步說：爲什麼只許中央抱美國大腿；而不許『共產黨』抱蘇聯大腿？美國可以利用中央打『共產黨』卽以對蘇；爲什麼蘇聯不可利用『共產黨』打中央卽以對美？——這種種言論，不必諱言是有力的言論。不單『民盟』、『自由份子』說着這種話，就是軍政要人之中也很有說這種話的。」——這是「中美關係及匪蘇關係」一文的「案由」。上引這些「言論」，當然是荒謬絕倫的，一直到今天的臺灣，不幸還有一些昏憒胡塗的人，在心裡想着乃至在口中說着類似的話，而我們還無法說服他們。因此當年我首次介紹「因國」和「與國」——這二千多年前的軍事學說和外交學說，稍盡一點棉薄的輿論力量。我當時繼續寫道並講道：「如果我們把頭腦冷靜一下，用點思考，便會淸楚地看到中國和美國的關係，匪和蘇聯的關係，兩者絕不相同。這不同之處，主要的可從三方面看——」

「因國」和「與國」的分野

「第一、是從學理方面看：」我接講道：「中國和美國的關係是『與國』關係，而匪和蘇聯是『因國』關係。『與國』是外交學上的一個老名詞，是說甲乙兩國是相『與』的，就是相『好』的或相『交』的。中國就是中國，美國就是美國。今天這兩個國理想相同，利害相同，便可相『與』相『好』相『交』；明天這兩個國理想不相同，利害不相同，便可不相『與』不相『好』不相『交』。美國不能强迫中國非和她相『與』相『好』相『交』不可；中國也不能强迫美國非和她相『與』相『好』相『交』不可。只能自主，不能主他。

「『因國』是古代軍事學上的一個老名詞。這個名詞，近二千年已經失傳，但事實上還是存在。是說，名義上有甲乙這兩個國，實際上乙國却是甲國一手製造出來的傀儡或附庸。乙國的首長是甲國的『內間』，是甲國的工具，是甲國的附屬品。乙國除了名義上有個國名及年號以外，一切土地人民主權都聽憑甲國所控制所運用。『因國』兩字始見於公前六六四年，魯莊公三十年，穀梁傳云：『桓，內無因國，外無從諸侯，而越里千之險，北伐山戎：危之也。』註：『內無因緣山戎左右之國為內間者』，為『因國』見於載籍之始，距離現在已經二千四百多年。『內間』二字始見於孫武子十三篇（用間），這部古兵書作算寫成於戰國時代，（通傳作於春秋時代），距今也是二千多年。二千多年以前的所謂『因國』，正是今天蘇聯與匪的關係。蘇聯在中國之內製造『國家內的國家』（此詞見『中國之命運』），用這『國家內的國家』作為蘇聯在中國的『內間』——第五縱隊或武裝間諜團。蘇聯運用毛澤東這一『因國』，困擾中國，以達到吞併中國的目的，也就是利用毛澤東這一武裝間諜團——第五縱隊，困擾中國，以達到吞併中國的目的。因此，儘管毛澤東是『中華蘇維埃共和國』的『主席』也好，或是『中國共產黨』的『主席』也好，便是『中華人民共和國』的『主席』也好，都不成其為『主席』，只是蘇聯的工具、附屬品、傀儡和『內間』。只算蘇主，不能自主。」

中美是「與國」關係

「第二、是從歷史方面看：」我講：「中國和美國既是『與國』關係，因之中美兩國的關係是外交關係、朋友關係、兄弟關係。匪和蘇聯既是『因國』關係，因之匪蘇兩『國』的關係是軍事關係、官兵關係、父子關係。外交關係、朋友關係、兄弟關係，誰都懂得，不必舉例；軍事關係、官兵關係、父子關係，史例極多。先看契丹和僞『晉』：契丹的耶律德光為了吞併中國，便『冊命』石敬瑭為『大晉皇帝』，並親率大兵三十萬，武裝援助石敬瑭，推倒後唐。然後耶律德光再從僞『大晉皇帝』（晉出帝）手中取得中國。女眞為了滅亡宋朝，便扶植張邦昌的『大楚國』和劉豫的『大齊國』。滿清為了吞滅明朝，便裝備吳三桂、耿精忠、尚可喜。（講到這裡，我特別詳述滿清扶遣李自成作為『內間』即第五縱隊，內外夾攻明朝的經過，並指明聽衆和講演人今天所在的清故宮，便是當年決策的所在。）日本爲了滅亡中國，也建立『滿洲國』、『蒙古國』和汪精衞的『中華民國』。——蘇聯爲了吞併中國，於民國十年在外蒙扶置了『蒙古人民共和國』，二十年在瑞金建立了『中華蘇維埃共和國』，二十二年在新疆製造了『東土耳其斯坦共和國』。石敬瑭稱耶律德光爲『父皇帝』，自稱『兒皇帝』，溥儀稱日本爲『親邦』，毛澤東也稱蘇聯爲『祖國』，這便叫作父子關係。石敬瑭是契丹的先遣軍，毛澤東是蘇聯的先遣軍，這便叫作官兵關係。統通是軍事關係，而不是外交關係。」

毛澤東是俄國的「雞雛」

「第三、是從世相方面看：」我講道：「中美是外交關係，因此也就是物理關係，中是中，美是美，可以『結合』，不能『化合』，何年何月中國也不會變爲美國的一『邦』，我們不能掛星條旗。匪蘇既是軍事關係，因此也就是化學關係，匪就是蘇，蘇就是匪，不是『結合』，而是『化合』，也許不久將來匪統治下的中國就會合併爲蘇聯的一『邦』，他們早就掛着鐮斧旗。『蒙古人民共和國』便成前例。中美如果是鷄，便是兩隻鷄，一隻『白日鷄』，一隻『白星鷄』。匪蘇如果也是鷄，却是子鷄和母鷄，匪是『鐮斧鷄』的小鷄雛。」

我「判決」了毛澤東

講到這裡，引起哄堂大笑。於是我針對「案由」，寫出「判決」，說：「這不就明明白白地弄淸了中和美匪和蘇關係的不同？因此，說中央親美，是不通的。中央可以『與』美，可以『與』英，也可以『與』蘇——只要蘇聯不再想吞併中國。而匪才是親蘇的。說中央借美國錢，不錯；但中央只把利息給美國，並不把國土給美國，或只把市場給美國，絕不把主權給美國。而匪之借蘇聯的錢，是把中國主權押了出去的。說中央借美國錢打匪，不錯，因爲若不打匪，便要亡國。說匪借蘇聯錢打中央，尤其不錯，因爲他要打倒中央，也打亡了中國。因此，中央不能算抱美國大腿，而匪却抱蘇聯大腿。美國也不算利用中央打匪卽以打蘇聯；蘇聯却正要利用匪打倒中央，打倒中國，同時打倒美國。我們這話不對『民盟』說，也不對『自由份子』說，他們根本是第二代『內間』或『內間』的外圍•我們只要說給軍政要人和愛國青年。明辯是非，就要先從這裡說起。」（「開始第二抗戰」十頁至十三頁）

「左右」忠奸的標準

三十七年九月十五日，第二次使用「因國」學說，有一篇專論，刊於和平日報，題目是「沒有左派，只有奸派！」因爲「韓國特使趙炳玉君一行，於本月十一日抵我首都，答謝我國承認該國李承晚政府，並商議中韓邦交問題。本報京電稱：將有中韓友好條約待簽。趙特使定明日道經馬尼拉，轉往美國。本報昨曾著論，說明三民主義的革命，在使弱小民族從帝國主義和僞『共產黨』的控制下獲得解放。中國過去抗戰，客觀上已經協助韓國脫離日本帝國主義的統治；現在的戡亂，客觀上，也足使韓國免於赤色帝國主義的吞滅。（今按：此處所說『本報社論』，並未收入拙作『開始第二抗戰』中。）意有未盡，茲再就韓國內亂——即所謂南北韓問題，作學理上的探討，提高趙特使一行的信心。」下文，我先分析所謂「左右問題」，指出「左右問題」起源於法國，通例主張較積極革命的代議士坐在左方，主張較保守的代議士坐在右方，於是在近代的政治學上，一般地把主張革命的人喊作左派，而將主張保守的人喚作右派。這是第一階段。自從社會主義和「共產主義」在世界政治上的比重加强以後，一般人又把他們喊作左派，而將反對社會主義和「共產主義」的人喊作右派。這是第二階段。現在到了第三階段，即二次大戰前後，一般人把「共產黨」喊爲「左派」，非「共產黨」喊爲「右派」。以後我寫道：「第一二階段的『左右問題』，還屬於政治見解問題；到第三階段的『左右問題』，却已經成爲國家存滅問題。就是說：『左派』都要毀掉自己的國家，而以赤色帝國爲祖國；『右派』却要愛護自己的國家，當然絕對不以赤色帝國爲祖國，也不把任何自己國家以外的國家視爲祖國。因此，主張愛國的也被稱爲『右派』，而主張賣國的竟榮膺『左派』的頭銜。『左右問題』演到這一地步，實已成爲奸與忠的問題。今天沒有『左派』或『右派』，只有奸派或忠派。近代的世界政治學都不能解答南韓北韓的內亂問題，對於她們互以傀儡相攻訐，感到『公說公有理，婆說婆有理。』……」下邊我用「

因國」學說，作爲左右忠奸的標準，說明大韓民國和大韓國民政府的本質，並揭露「最高人民會議」和「朝鮮人民共和國」的奸僞性：

「『因國說』著籍於公前六六四年，魯莊公三十年，春秋穀梁傳云：『桓，內無因國，外無從諸侯，而越千里之險，北伐山戎：危之也。』爲『因國』立說成學之始。用現代語釋『因國』，就是僞國。僞國之內必有漢奸，不愛自己的祖國，甘心把祖國送給敵國去作附庸。『因國說』到了中國的中古時代，便成爲『父皇帝』『兒皇帝』之國，石敬瑭的僞『大晉皇帝』是由契丹冊立的，他自稱『兒皇帝』，而稱契丹耶律德光爲『父皇帝』。迄於近代，僞『滿洲國』，僞『蒙古國』，僞『中華民國』（汪逆精衛），以及日韓合併前的僞『韓國』，均屬於『因國』的範疇。韓國始祖箕子當係最初反對『因國』之一人，他的侄兒微子會投降周國，成爲『因國』；而他却遠蹈朝鮮，作賓周國。今天的北韓金日成，正似當年的微子，他已投降赤色帝國，甘爲『因國』，自居於『兒皇帝』；而南韓的李承晚先生也正似當年的箕子，他不肯投降赤色帝國，也不肯投降美國或中國，絕不爲『因國』，也不爲『兒皇帝』。

「和『因國』相對稱的，便是上引的『從侯』一詞。『從侯』正和近代政治學上的『與國』是同類的名詞。兩國平等，相與往來，這是『與國』，也是『從侯』。南韓和中美正是『與國』，這是兄弟朋友賓主的關係。北韓和赤色帝國不是『與國』，或『從侯』，而是父子關係的『因國』。李承晚先生不是韓奸，他沒有把韓國出賣給中美；金日成却是道地的韓奸，他的『人民共和國』只是赤色帝國的『第十八個共和國』。因此，南韓斥責北韓爲僞國家，爲傀儡政權，這在古代政治學上是有根據的；北韓攻擊南韓爲傀儡政權，這在古代政治學上却全無出處。南北韓之爭，是內亂而不是內戰，是忠與奸之爭，而不是左與右之爭或革命與反革命之爭，更不是『黨爭』了。」（「開始第二抗戰」四十三至四十五頁）

這是我引用穀梁學說——「因國」學說，建立反共抗俄基本理論的兩篇重要論文，現仍保留在拙作「開始第二抗戰」論文集中。我確認並確信，如果這一理論成爲自由世界和自由中國家諭戶曉的理論，則我們便能在心理上在思想上在學術上打倒毛牌的一切偽組織，爭取一切有良心有思想有學術的人走上「第二抗戰」——反共抗俄的正路。

反共抗俄的基本理論

瀋陽淪陷的時候，我的「偽國家史」上中下三冊和「周史」八十卷全部焚燬了！在個人固然是著作上的損失，在國家似乎也是理論上的損失。我在北平、西安、南京、上海儘量徵求，僅找到今本「因國史」裡二到九章（上冊的一部分），帶到臺灣來，決定把在瀋所講的「國家論與偽國家論」和在榆所講「偽國家史緒論」，改編成為一章，連同蒐羅到手的各章印成一冊，作為反共抗俄的基本理論，並防止再有遺失。當時第四軍官訓練班有許多專題由我擔任，自三十八年五月起，我絡續為政工隊第一期、校官隊、尉官隊講了幾次，現尚保留有「孔子的因國說」、「摩西戰略與史太林戰略」、「俄特與日特」，「貴因史觀」等講稿，都是發揮「因國」學說的。在講學期間，我上追「因國」學說的起源，下覓「因國」學說的去路，指明這是古代氏族戰爭中的一種制度，一個戰法，貫澈歷史，普及世界，創造了「貴因史觀」一個名詞，並整理成為一個學說（詳見「因國史」第一章及第十章）。

何謂「貴因史觀」

「貴因史觀」（含「因國說」）由第一期氏族時代用女色行「因」（以女嫁其他氏族，產生「兒皇帝」以吞滅其他氏族）說起，我稱之為「血緣因期」；次述第二期貴族時代，則於女色之外，再加爵祿、百金（孫武子的名詞），在敵國製造「內間」，謂之「重固因期」；後說到第三期，原文云：

「第三期，我名之為『信仰因期』。這時期的特徵是，『血緣』的成份業已不存在，『重固』的成份也不佔主要的比重；而單純運用『信仰』作為內容，就是利用『宗教』、『學說』和『主義』來作滲透（『因』）：乙國的人『信仰』了甲國的『宗教』、『學說』特別是『主義』，這個人便被製造成為『兒皇帝』了。這一期，從十九世紀正式開始。帝國主義運用『主義』到中國來扶植『因國』，計自民國元年，列表如下(表略)。

「這一期的特徵，還有兩點：第一、用『信仰』作滲透（『因』）而建立的『因國』，比一二兩期都較爲頑強：這種『兒皇帝』不容易變成狄托，特別毛澤東『兒皇帝』是絕對不會變爲狄托的，因爲他的僞黨僞軍都被蘇聯的『主義』所滲透了。第二、『共產主義』比較上述其他的『主義』，滲透得更深刻，更廣大。史太林『父皇帝』的『因』戰略和戰術，可以說是最高級最毒辣的。」（「因國史」十六——十七頁）

我稱這是「因國產生的三種過程」。並在「因國史」第十章裡把女色、爵祿等列爲一表；後在講課時，這個表是下列的型式：

六因
- 一、美色（原始時代）
- 二、爵祿
- 三、百金（以上十三篇時代）
- 四、宗教（拿破侖時代）
- 五、教育（十九世紀）
- 六、主義（史太林時代）

「六種『因』術，用其一，即可收功；舉而用之，上智難逃。今日史太林利用毛逆澤東作『內間』（第五縱隊），僭號爲『中華人民共和國』，即是『因國』，便是六『因』全用。」（因「國史」一三一——一三二頁）。

在講課時，我講：「『六因』用到敵國的『鄉人』身上，便是孫武子所說的『因其鄉人而用之』，用到敵國的『官人』身上，便是孫武子所說的『因其官人而用之』……於是在敵國內培養出『五間』來，即——

五間
- 一、鄉間
- 二、內間
- 三、反間
- 四、死間

一五、生間

於是指揮着『五間』，在敵國之內作第五縱隊工作，我名之爲『四戰』，即——

四戰
- 一、情報戰
- 二、游擊戰
- 三、破壞戰
- 四、內應戰

情報戰即『伐謀』；游擊戰即『伐兵』、『墮城』（殺人放火）；破壞戰即『伐交』、『伐政』、『伐財』、『伐』（清算鬪爭）、『伐俗』（文化）；內應戰即『一面倒』：如毛澤東配合俄帝現階級侵華政策，自民國十年便爲俄帝打此『四戰』，直到民國三十八年，僭號『中華人民共和國』即『因國』，俄帝於是達到『全國爲上』。」產「這就是俄帝侵華的基本戰略戰術：『用六因』，『養五間』，『打四戰』，可名之爲『四五六戰術』，即『隱體戰』也。」（上引各文，均見拙講「第五縱隊戰法教程」及「俄帝侵華史」等）

民國二十九年我寫「中共論綱」時，指明「組織間諜的古老方法是利誘：利用金錢和祿位，收買敵國（敵軍或敵黨）的失意失業分子，潛在敵軍之內，執行偵查和破壞的任務。……聰明的間諜組織家……想出較爲進步的方法，便是佈教和辦學。……蘇俄的人們尤爲聰明，他們發明了最高級的間諜組織學：用馬克斯的主義，表面上是組織革命黨，讓你信仰主義，參加革命；骨子裡是把你變作自動的誠意的忠心的至死不變犧牲一切的間諜……你到死不知是間諜，而自認是爲無產階級犧牲的志士與仁人」。又說：「不論馬列主義的任何部分，哲學也好，政治學也好，經濟學也好，沒有一種不是組織間諜的理論。信仰了馬列主義，實質上是史太林的間諜團，而自認是革命的共產黨」（俱見十六段「中共論綱」）。這和本段引用「因國史」講俄帝用「主義」（並配合爵祿、百金、教育）製造毛逆澤東一事，前後十年，我的理論只是日益深刻化，並沒有基本上的先後兩歧。我是從經驗上看得出如此，又翻轉身來求諸歷史，證明確實是如此，極爲科學，富有歷史根據：故自稱「貴因史觀」，而不患人說我妄造名詞。

「自由主義」與「人文主義」

講到三十九年六月二十五日僞「朝鮮人民共和國」金逆日成奉俄帝命令，進犯大韓民國的時候，正是政工隊第三期在受課。我主講的俄帝侵華史，共排八十三個小時，時間充裕，於是我對於鮮卑利亞問題和僞「中華人民共和國」（及僞「朝鮮人民共和國」等）得以從容分析，並指定學員易陶天等十六員，整理聽講筆記。他們結業時，交來八萬餘字的俄帝侵華史，對於鮮卑利亞之爲我國「歷史的領土」，和僞「中華人民共和國」之爲俄帝的「因國」，以及這一「因國」是如何製造成立的？在製造過程中它幹些什麼？它何以必須「一面倒」？毛澤東何以是漢奸？中華民國何以是正統？這一「因國」必於民國四十七年以前「樹倒猢猻散」，它何以必將瓦解？我們反共何以必成？抗俄何以必勝？作了詳確的說明。「因國史」第十章——「貴因史觀和唯物辯證法」就是學員們的筆記。

當時有若干將校和青年學生於聽我講課後，鼓勵我說：「這是孔子——穀梁『因國』學說，於埋沒二千四百年之後，第一次被發掘出來而被應用於分析現實問題上。一經實際應用，便能顯示俄帝的陰謀，揭穿奸僞的原形，肅清聽衆思想的混亂，樹立反共抗俄的信心。目下自由中國反共抗俄的理論，頗爲膚淺：『自由主義』不辯忠奸；（毛澤東若給我們自由，我們也可以擁護他麼？）『人文主義』不着邊際。（中國文化空虛，中國精神虛脫云云，能說明現在的變局麼？）雖有 總裁的『中國之命運』提到『國家內之國家，政權內之政權』及三十八年兩次訓示（按：見二十四段『鳳山四年』）：『中共是國際第五縱隊，不是中國國內的政黨』云云，確爲反共抗俄基本理論；可惜吾輩黨員不肖，未能加以學理的補充。只有『貴因史觀』確具歷史的學術的根據，顛撲不破，足以發揚光大總裁的訓示」（學員易陶天『筆記』後記）。他們都要求我把「因國史」續寫完成，而後出版。

因此，我於三十九年一月間，寫成了「因國的產生過程」（「因國史」第一章），於十月間修正了易陶天等所記「貴因史觀與唯物辯證法」（「因國史」第十章），並把殘存的「仲康和相」等八章加以部分的整理（例如「僞國家」字樣大都已改成「因國」），準備出版。

甲骨金文裡的「因國」

當着手寫「因國的產生過程」前，想到「因國」一詞出於穀梁傳和王制篇，固然是很古的文獻了；但甲骨文和金文裡是否也有「因國」的遺跡？於是我儘量蒐集金文，在「宗周鐘」上找到一些踪跡（參見「因國史」第十章），只是並不明顯。於是我又仔細研究甲骨文，也看不出什麼踪影。最後只有冒昧地函詢甲骨學權威董彥堂（作賓）先生；承他開列了六個字：

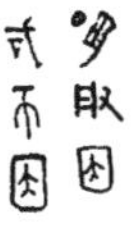

前三字見殷虛書契後編下・四十二・三，董先生註明係「翌啓因」；後三字見殷墟書契前編五・三十八・三，註明係「識不因」。由於「翌啓因」三字之出現於甲骨文，使我對於「因國」學說，增加了百分之百的信念，因為這三個字證明了我國古史所載后羿製造仲康（啓之子）「因國」（見「因國史」第一章），確係史實：翌即后羿，啓即夏啓，因即姻——結婚。當即寫入「因國史」第一章中。

關於「識不因」三字，我和董先生往返函商了幾次，他據羅振玉說，認係「識」字，後亦表示未必是「識」字；我認係「貳」字，始終不能作出正確的釋認，疑者存疑，因此在「因國史」中沒有引入。直到「因國史」出版一年之後，約在四十一年三月，我才確實認出這是「國」字，弋即戈，▽即口，和金文「國」字作戓，完全相同。所謂「國不因」即國主與國主的子女不可結婚，若一結婚，則男國便成了女國的「因國」，即男國內生出了「兒皇帝」，有被女國吞併的可能：故說「國不因」，以提高警覺。曾寫一小文在中央日報發表（收入拙作「鳳山集」）。董先生讀了「因國史」，認為這是「不朽之作」（致作者原函語），似乎也同意「弍」為「國」字了。

在這六個甲骨字認明之前，「因國」已有二千二百多年學術史上的根柢；孔子非常反對它（見「因國史」八章九節）。在這六個甲骨字認明之後，「因國」在學術史上的地位至少提前了一千餘年。換句話說：毛澤東式的「因國」，和史太林製造「因國」的「四五六戰術」，從游牧時代到原子時代，充滿了歷「史」，而經我分析研究，作成「史觀」，使它原形畢露，罪惡昭彰，俄之爲帝國主義，毛之爲俄國製造的「兒皇帝」卽漢奸卽「內間」，是百口莫辯的了。我以爲讀懂了「因國史」，便會從學理上眞心反共抗俄。

「因國史」經過艱苦的籌款，許多朋友的帮忙，於四十年一月一日出版了五千冊。這樣古奥艱深的書，在三年中可以銷出四千五百冊的巨數，說明讀者對它的重視。中外的許多學者對它都給以頗高的評價，我的十萬位次同學在對着火線上的官兵講授着它和我的俄帝侵華史。另有一百冊，以三十元港紙一冊的黑市，走私進入大陸。我想毛逆澤東輩看懂「因國史」之後，一定明白我什麼一向喊他們爲「逆」的道理了；但更恨我刺骨了。

二六　解放鮮卑

解卑利亞是蒙古領土

研究「因國」，我已建立了反共抗俄的基本理論；「解放鮮卑」，我主張這是反共抗俄的最後目的。

在二十四段裡我提到「鮮卑利亞是中國領土」，這句話裏所包括的一部份的意義，是韓鳳林上校首先對我說的。韓上校東北蒙籍，日本士官學校畢業。九一八後一度親日，旋又率部抗日。民國二十二年，他任烏滂警備隊隊長。這是德王的保安隊，在察哈爾省錫林格勒盟的滂江駐防，對僞外蒙保持警戒。二十二年的冬天，我們在北平談到蒙古史，他說的大意是：明朝興起之後，元朝退往外蒙古和「西伯利亞」一帶，稱爲後元帝國，和明朝戰爭了三百多年。淸朝興起之後，用「大淸國皇帝兼蒙古國皇帝」的方式，統治蒙古。當時蒙古雖然沒有中央政府，但各盟、旗、部的政府還是分別在內外蒙古和「西伯利亞」一帶成立着云云。我知道「西伯利亞」和蒙古有關，卽和中國有關，最初起於韓上校的談話。二十四年國慶後一日，蒙政會秘書長德王在百靈廟和我談個通宵，也提到「西伯利亞」。他說：「如果中央給我訓練十萬蒙古騎兵，我不單可以收復東蒙（按：時東蒙已淪陷日本手中），收復外蒙（按：時外蒙已淪陷俄國手中），也可以收復『西伯利亞』。前兩年我向 蔣委員長建議，在滂江成立軍分校，就是爲了達成這個目的。 蔣委員長曾經派桂永淸來籌備過。」接着他說：「『西伯利亞』是蒙古領土，那地方住着的人民如布里雅特、巴爾虎、烏拉特等統通是我們蒙古人，這叫沙賓蒙古就是鮮卑蒙古，地圖上寫成『西伯』，根本是弄錯了。成吉思汗統一這塊地方，分給他的兒子朮赤和窩濶台建立欽察汗國和窩濶台汗國，直到明朝才被俄國人滅亡了。但人是蒙古人，終會聽我們的。我們有權也有理由收復的，因爲『西伯利亞』就是沙賓地，也就是鮮卑地，是蒙古人的領土，也是中國的領土。蒙古是五族共和裏的一族，漢、滿、回、藏都應該帮助蒙古。」次年五月十二日，德王親日，後來作了僞「蒙古聯盟自治政府」的僞「總裁」及「主席」，就是想着利用日本「防共」的企圖，練成騎兵，統一內蒙，收復外蒙，乃至收復鮮卑利亞。他倆的談話，我都發過社稿，韓上校的談話由雨時先生的復生社發出，還見過報，德王的談話由我的通信社（邊疆通信社）發出，根本沒有被各報睬理。

從二十五年到三十五年，這十年間，我涉獵蒙古史和俄國史，尤其二十八年到三十五年，專心通讀二十五史一過半，從魏書、北史（兩部鮮卑史）、元史、新元史裏證明德王和韓上校的話，完全合於史實；認爲德王所提「收復西伯利亞」即「收復鮮卑利亞」的意見，尤其值得重視。三十四年日本投降，我奉到 蔣主席致德王電，當卽轉去，德王接電，於九月二日飛抵重慶，「無條件反正」。三十五年冬，德王住在北平，我們時常見面，也曾談過這個問題。我說：「時機快成熟了，史太林和毛澤東這樣鬧法，必會逼得我國對蘇絕交，逼得我國抗蘇，世界各國尤其是美國必要對蘇宣戰。一旦第三次大戰爆發，你可以以蒙古人的立場，重新提出『收復鮮卑利亞』、『收復外蒙』的主張。」三十七年多北平被圍，我在京曾建議×××、錢公來兩先生，轉報 蔣總裁，派一架專機迎德王入京，發給步槍三千枝（後由閻院長經手），赴西北遊擊。我相信如果他遊擊一天，必會提出這句口號。

「歷史的領土」與「地理的領土」

當三十八年四月我到鳳山講課的時候，把政工局規定的「蘇聯研究」改名「俄羅斯帝國主義侵略中華民族史」，簡稱俄帝侵華史。我從成吉思汗封朮赤爲欽察汗，統治蒙古同宗的欽察人、朮赤之子拔都擴大欽察汗國（拔都西征）、解放被俄羅斯侵略的欽察人、伊凡第三呑滅欽察汗國（詳見拙作拔都傳）、伊凡第四呑滅鮮卑汗國、侵入鮮卑利亞講起；接講侵略去整個鮮卑利亞，侵略去整個中央亞細亞，稱這爲俄帝對中華民族「歷史的領土」的侵略；接講俄帝侵略東北、侵略新疆、侵略外蒙，直到三十八年侵略大陸，稱這爲對中華民族「地理的領土」的侵略。在政工隊第一期（三十八年五月）和初期的校官隊、尉官隊、幹訓班以及軍士隊，都用這個大綱。

當時我所用的參攷書，只有十餘種，如錢穆先生的國史大綱、陳恭祿先生、羅香林先生和金兆梓先生所著各史……全未提到這段史實。上述各史間或提到尼布楚條約以後的中俄關係，但幾乎全部認爲尼布楚條約，是對我們有利的條約。如果我們把歷史的主人看做是中華民族（而且必應如此），馬上便可知道伊凡第三呑滅欽察汗國固然是侵略，伊凡第四呑滅鮮卑汗國，更毫無疑問地是侵略，因爲鮮卑汗國在烏拉山以東，那地方正是鮮卑人的本土。俄國侵入了中華民族一宗族的鮮卑族的本土，當然是俄國侵華的開始。到一六八九年彼得第一和滿清簽訂尼布楚條約，中國承認外興安嶺以西以北的土地即鮮卑利亞爲俄國「領土」，立在中華民族的立場看，尼布楚條約當然是對自己不利的條約。

一個新口號：「解放鮮卑」

這一講法，引起了全部學員生的新認識，並加强了他們的敵愾心。一直講到三十九年六月二十五日，正是政訓隊第三期在受訓，俄帝嗾使北韓傀儡金日成大舉南侵，國際局面作一百八十度的轉變，我們準備了三個師援助南韓，許多學員奉命集合。我的俄帝侵華史延長到八十三小時（校官隊最多有二十四小時，尉官隊及幹訓班只有十二小時），我可以詳細講說，因在最末提出「收復大陸，解放鮮卑」八個字作爲結論，我說這就是我們「援韓軍」最終的使命了。九月，四訓班改組成爲軍校，校官隊、尉官隊、幹訓班、政訓隊全部解束：總計一年半以來受訓員生爲×萬位次，完全知道「西伯利亞」就是鮮卑利亞，這地方是我國「歷史的領土」，班內至少應有×千位次或更多的員生官兵知道「解放鮮卑」。軍校×××期迄今，由王蘇、劉珍兩教官接講，劉教官並且提出「把我們的國旗插在烏拉山上」的口號。四十一年五月，我調赴步校，凡高級班、初級班和一部分軍士隊的本課和匪情研究都由我主講，一年多以來，受訓員生總計爲×萬餘位次。他們對於「鮮卑利亞是中國領土」及我們必須「解放鮮卑」的反應之熱烈，已擇錄列入二十四段，可見一斑。此外，四年以來，南臺灣的陸、海、空官生戰士及全部中下級政工人員總計八萬位次，最少聽我講過八小時最多十二小時；至於受訓員生返回部隊，間接講授的數字，無法統計。

除了上述的講課之外，我還發表了許多散文和論文，揭露鮮卑利亞史地的眞像：四十年寫「極北旅行記」，四十一年一月主編「俄帝侵華史實特輯」（在戰鬪青年半月刊發表），四十一年春寫「鮮卑五千年大事」，四十二年春寫「解放鮮卑」，五月在高雄救國團講「鮮卑問題」，中央日報曾載有記者的記錄，全文後由中國生命線刊出。目前正準備編輯「鮮卑利亞是中國領土專號」，並着手成立「鮮卑利亞學會」，以「研究鮮卑，解放鮮卑」爲宗旨。

何秋濤的研究

我曾講到，除了德王和韓上校外，近百年來第一位發覺鮮卑利亞和中國有關係的人，係何秋濤先生。何先生字願船，道光二十四年（西一八四四年）進士。著有遼金元北徼諸國傳、元代西北疆域考、哈薩克述略等書，尤以朔方備乘（原名北徼彙編）爲最有名。從他的書裏可以看出二千年前，鮮卑疆域領有今天的東部鮮卑利亞，所謂俄國的亞洲「領土」即所謂東「西伯利亞」和中央「西伯利亞」實是鮮卑的領土。朔方備乘云：

「東漢、魏、晉之鮮卑，其庭幕（按：中央政府）在喀爾喀（按：今外蒙），而封畛則遠及北海（按：今貝加爾湖）。今俄羅斯東偏之錫伯利（按：即鮮卑）部地，咸爲所兼併。」

又云：

「鮮卑音轉爲錫伯。今黑龍江南、吉林西北有錫伯部落，卽鮮卑遺民。」

上面他考定鮮卑就是今天滿宗族中的錫伯（按：也就是蒙宗族中的斜婆、說白或沙賓），和我國中古時鮮卑的「封畛（按：卽領土）遠及北海」。他這一結論，實有他一千三百年前古史的根據，這就是二十五史裏的魏書和北史。魏書係北齊、魏收所著，北史係唐、李延壽所著。北史卷九十四、列傳第八十二、烏洛侯傳云：

「烏洛侯國在地豆干北，去代都（按：今大同）四千五百餘里。其地下濕，多霧氣而寒。無大君長，部落莫弗、瞞咄（按：莫弗、瞞咄皆鮮卑官名。瞞咄後寫爲滿洲）皆世爲之。其俗：繩髮；皮服；以珠爲飾；人尙勇；不爲姦竊：故慢藏野積，而無寇盜；好射獵。樂有箜篌，木槽革面而施九弦。

「其國西北有完水，東北流合於難水，其小水皆注於難，東入海。又西北二十日行，有于巳尼大水，所謂北海也。太武眞君四年，朝，稱：『其國西北有魏先帝舊墟，石室南北九十步，東西四十步，高七十尺。室有神靈，人多祈請。』太武遣中書侍郎李敞告祭焉，刊祝文於石室之壁而還。」

按：同傳也記載室韋。室韋今爲興安省西北縣名，在黑龍江上游額爾古納河東岸，漢唐宋時係室韋遊牧地，蒙古卽出於此部。同傳稱：「地豆干在室韋西北千餘里」；而烏洛侯更在地豆干北，這已是今天的東鮮卑利亞了。「其地下濕，多霧氣而寒」，還和今天那裏的氣候相同。由烏洛侯「又西北二十日行」，抵北海，已到了中央鮮卑利亞。這地方竟「有魏先帝舊墟」，證明它一向是鮮卑的領土；魏「太武遣中書侍郎李敞告祭，刊祝文於石室」，在今天國際法觀點上，這已等於插上國旗，認定領土了，時爲西曆四二四至四四八年之間，早於西曆八六二年盧立克始建俄羅斯四百多年。魏書也有上述同樣的記載。——何先生論定鮮卑「封畛遠及北海」，這烏洛侯傳就是現在尙存的史證。

不過，何先生認爲「今俄羅斯東偏之錫伯利部咸爲（鮮卑）所兼併」，却屬偶爾失查。當東漢（西曆一二五——三一九）時，鮮卑之領有「錫伯利」部地，並不是由於「兼倂」而得：因爲鮮卑原本就住在那個地方，無須「兼併」；那時還沒有俄國，當然不是從俄國手裏「兼併」。這裏更有許多證據：一、如上引北史烏洛侯傳所說，那地方本「有魏先帝舊墟」（古城或故宮）；二、鮮卑在秦漢時本被內地人稱爲東胡，迄今中央鮮卑利亞還留有東胡河，誤譯爲「通古斯河」；三、鮮卑自稱自己原住地是鮮卑利亞，看北史卷一、魏本紀第一：

「魏之先，出自黃帝軒轅氏。黃帝子曰昌義，昌義之少子受封北國，有大鮮卑山，因以爲號。其後，世爲君長，統幽州之北，廣漠之野。畜牧遷徙，射獵爲業。淳樸爲俗，簡易爲化，不爲文字，刻木結繩而已。時事遠近，人相傳授，如史官之紀錄焉。

「黃帝以土德王。北俗謂『土』爲『托』，謂『后』爲『跋』，故以爲氏。其裔始均，仕堯時，逐女魃於弱水，北人賴其勳，舜命爲田祖。歷三代至秦漢，獯鬻、玁狁、山戎、匈奴之屬，累代作害中州；而始均之裔，不交南夏：是以載籍無聞。

「積六七十代，至成皇帝諱毛，立，統國三十六，大姓九十九，威振北方。成帝崩，節皇帝，貸，立……（按：略去莊、明、安三皇帝）宣皇帝，推寅，立。宣帝南遷大澤，方千餘里，厥土昏冥沮洳。謀更南徙，未行而崩……

「獻皇帝，隣，立，時有神人言：『此土荒遐，宜徙建都邑。』獻帝年老，乃以位授子聖武皇帝，命南移。山谷高深，九難八阻，於是欲止。有神獸似馬，其聲類牛，導引歷年乃出，始居匈奴故地。其遷徙策略，多出宣、獻二帝，故時人並號曰『推寅』，蓋俗云『鑽研』之義」。

李延壽此傳，和魏收魏書卷一、帝紀第一、序紀在基本上是相同的，可以說他全抄魏書。這傳裏固然有「神人」「神獸」等神話，但也有重要史實，使我們可以看出鮮卑人原是黃帝的子孫，和今天漢宗族是同祖，而且這還是至少一千六百四十餘年前（西晉末年）他們自述的（見魏書、北史的衞操傳）：主要的是可以看出鮮卑在宣皇帝以前（西五〇年頃）便住在貝加爾湖以北、以東或以西，以後才「南遷」「居匈奴故地」的今內外蒙古一帶。但這僅止是拓跋氏宗支和九十九大姓的遷徙，其他各氏還是留在鮮卑利亞（證據是自古迄今該地總有鮮卑）：所以鮮卑利亞是鮮卑人的故鄉，並非「兼併」即侵略來的。又，他說「鮮卑音轉爲錫伯」，是由於不懂古音，古音鮮讀錫，卑讀伯，鮮卑就是錫伯，沒有音轉。

丁謙的研究

第二位發現鮮卑利亞和中國有關係的學者是丁謙先生。丁先生係同治四年（西一八六五年）貢生，著有歷代史籍地理考證二十九種，凡大唐西域記、西遊記、經行記、西遊錄、異域錄、元祕史、西域求經記、佛國記、穆天子傳及各正史的西域傳、匈奴傳、四夷傳、外國傳裏所有地理名位，一一予以考訂，並著有馬哥博羅遊記補注改訂、元代客卿馬哥博羅遊記地理補注，以及宋徐霆黑韃事略補註等書。在後漢書鮮卑傳地理考證裏，他說：

「大鮮卑山（按：卽薩彥嶺或沙賓達巴哈）在俄屬伊爾古斯科省北、通古斯河南（按：今東胡河）。今外蒙古以北之地，西人皆稱之爲『悉必利亞』。『悉必』卽鮮卑轉音，以其地皆鮮卑人種所分住，故也。」

他考定「悉必利亞」就是鮮卑利亞，「以其地皆鮮卑人種所分住」，這是正確的。他的根據應比何秋濤時進步，除了魏書和北史的帝紀外，還有俄國材料可用。當丁先生著書的年代，伊爾庫次科（卽伊爾古斯科）經俄國設「省」，派「總督」已三十餘年，有名的「總督」穆拉維約夫，以至後來成爲俄國思想家的克魯泡特金，都奴役過鮮卑利亞。鮮卑大鐵道不久也開工了（西一八九一），赤塔（應譯爲契丹）也早被俄國設「省」，俄國「皇家礦山」（金礦）盛產黃金，俄國大批殖民湧入東鮮卑利亞，地圖出版數種，鮮卑人對俄國的抵抗早已停止而被征服。據克魯泡特金自傳所稱，鮮卑利亞的鮮卑人（他稱之爲「通古斯人」，應譯爲東胡人）有五十餘萬，蒙古人也有許多；哥薩克人（應譯爲契丹人）更爲不少。克魯泡特金以間諜身份，組織的「商旅隊」就包括「十一個哥薩克人和一個通古斯人」，「所有哥薩克人都懂得蒙古話，而通古斯人又懂得滿洲話」，又云：「哥薩克最愛探問，眞不愧爲蒙古種人」。克魯泡特金帶着這個「商旅隊」，越過興安嶺，到達嫩江，東下抵海參崴，又轉身到吉林（參見開明版「克魯泡特金自傳」）。可以說正是俄國積極消化東鮮卑利亞，並積極侵略東北的時代，丁先生也可多明悉一些鮮卑利亞的史地，他所著的各書，關於中亞、鮮卑利亞，比何先生詳確多多，也是時代使然。不過他說：「悉必卽鮮卑轉音」，也由於他不懂鮮卑古音正讀「悉必」，這只是錄音時間有先後，並非轉音，而是一音。

洪鈞的研究

第三位是洪鈞先生。洪先生字文卿，係同治七年（西一八六六年）進士，出使俄、德、荷、奧等國三年。他根據元朝西域囘敎徒拉斯特和志費尼及近代法人多桑蒙古史等著作，著元史譯文證補三十卷（有缺卷）及中俄交界圖、西夏國志等書。元史譯文證補屬稿於光緒十五年（西一八八九），至光緒二十三年（西一八九七）始經陸潤庠刊行。這是宋濂元史以後第一部力作。何、丁兩先生還沒有正面說明俄帝侵略我們的鮮卑利亞，到洪先生已淸淸楚楚提出這段史實。

他在卷四的朮赤補傳裏先記朮赤於元太祖二年（西一二〇七年）征和林西北部族，招降斡亦剌（按：今稱烏拉特，卽北史的烏洛侯，也卽今烏梁海，也卽中亞的「唯羅自治州」）、不里牙特（按：卽布里雅特）等部，復招下乞兒吉斯（按：卽今中亞的吉爾吉斯）及「失必兒」。他在「失必兒」下註云：

「『失必兒』當卽鮮卑之異譯。今俄國名烏拉嶺一帶曰西『悉卑爾』，黑龍江一帶曰東『悉卑爾』。或作『錫伯利』。審音考地，皆屬鮮卑。……又，也兒的石河東、托博爾斯克之南三十二華里舊有『悉卑爾城』，向屬元代後王（按：這當是韓鳳林上校所本者）；明萬曆九年俄將亦耳馬克攻下之。今城扯尙存。」

補傳正文和自註已確定了「失必兒」就是「悉卑爾」也就是鮮卑（文中著一「當」字是學者愼重之語）；並記明萬曆九年（西一五八一）「俄將亦耳馬克攻下之」，指明俄帝侵入我中國「元代後王」的領土鮮卑利亞來了。也兒的石河係我元史上地名，今譯名額爾齊斯河，托博爾斯克今譯托波爾斯克。「悉卑爾城」舊址已被俄人放棄，另在托木河西、鄂博河（誤譯鄂畢河）東岸，建「新西伯利亞城」，爲鮮卑大鐵道重要車站。

他在卷六忙哥帖木兒諸王補傳之後，作一附考，先述明「洪武十二年（西一三七九）薩萊王馬邁（按：欽察汗國）與俄國莫斯科王得米特里第四伊萬諾委特戰於端河（按：今頓河）東大敗之。」以下歷述蒙古和俄羅斯的戰爭，接記明宏治十四年（西一五〇一），俄羅斯滅薩萊（按：欽察汗國首都，今譯爲薩拉多夫），嘉靖三十年（西一五五一）俄王伊萬第四滅喀桑（按：欽察汗的分封國，今譯喀山），下邊講道：

「先是，烏拉嶺東『悉畢爾』之地，朮赤後王建國於求綿城（按：今譯爲第烏門，爲喀山、鄂木斯克鐵道過烏拉山東一大站）。伊萬第四收撫黑海喀薩克部（按：即哥薩克人亦即契丹人），用其部人爲將，萬曆九年（西一五八一）遂滅『悉畢爾』，元後裔之在西者略盡！」

這正是最早的「俄帝侵華史」了。

他這大著的最精審的部分，是卷二十六上元史地理志西北地附錄釋地上、卷二十六下地理志西北地附錄釋地下、卷二十七上西域古地考一、卷二十七中西域古地考二和卷二十七下西域古地考三。我們如欲研究鮮卑利亞、中央亞細亞和我國的關係以及俄國史地，都必須精讀。例如西域古地考一裏的奄蔡條內說：

「當商、周時，古希臘國人已至黑海，行舟互市，築室建城；秦漢之時，羅馬繼之，故亞細亞洲西境部族播遷於歐羅巴洲者，惟希臘、羅馬古史具載梗概。今譯其書，謂裏海以西、黑海以北，先有『辛卑爾』族居之（原註：距今二千六百餘年），蓋東方種類，城郭而兼游牧者。（原註：黑海北境有『辛卑爾』古城，黑海峽口初名『辛卑爾峽』。今俄人名烏拉嶺一帶曰西『悉卑爾』，殆由於此。中國漢後鮮卑部名，倘係後見。）厥後有粟特族（按：西徐亞）越裏海北濱，自東向西，奪『辛卑爾』地，『辛卑爾』人四散，大半竄於今之德、法、丹、日等地。有衆入羅馬，爲羅馬擊殺無遺。」

他由希臘（按：當爲希羅多德的史記）、羅馬的古代史裏查出「二千六百餘年」前即當我國商、周時代，鮮卑人（即「辛卑爾」）已經住在裏海以西、黑海以北，黑海峽口初名鮮卑峽（今名韃靼尼爾海峽），並散入德、法、丹、意等地，可以幫助我們了解古代鮮卑人在今歐洲的分布，說明今天俄國裏海、黑海的「領土」，在「二千六百餘年」前就是鮮卑的領土，四百年前（欽察汗國時）還是鮮卑——蒙古的領土。我們對照周書嘗麥的絕轡（鮮卑古音）

係黃帝所命名，尚書禹貢的織皮（鮮卑古音）受禹王的封號，穆天子傳載周穆王曾到過西北大曠原，左傳昭元年所載姺邳（鮮卑古音）和商朝失和，及國語的鮮卑爲成王守燎，可知古代鮮卑的活力是如何的充沛了。

梁啟超的研究

第四位是梁任公先生。梁先生在近代思想界、學術界的光榮地位，婦孺皆知。他著有一冊「俄羅斯侵略史」，記錄俄國侵略鮮卑利亞、中央亞細亞、蒙古、東北及歐洲的經過，是洪鈞先生以後的第二部「俄帝侵華史」。我幼時讀過，名爲「國恥痛史」，記得是很古奧並且極沈痛的。現在在臺灣可以找到廣益書局三十七年版飲冰室文集，裏面至少有三篇文章提到鮮卑利亞，第一篇題爲「論民族競爭之大勢」，寫於庚子、辛丑之間。他說：

「俄羅斯之帝國主義，由來最久。……俄人之欲建大帝國也，起於突厥未據君堡以前。第十世紀時，烏拉秩米第一受洗於君堡，娶東羅馬帝之女，實爲俄人與君堡交涉之始。其後爲蒙古所侵害，雄圖一挫。至十五世紀後半，伊凡第三又娶東羅馬帝之姪，始稱尊號曰沙，用東羅馬雙鷲徽章，隱然以承襲羅馬帝統自命。……至十六世紀，伊凡第四益蓄勢力於墨斯科，號爲第三羅馬：遂越烏拉山，進入鮮卑（原註：即「西伯利亞」），實大彼得以前百年間事也。十七世紀之下半，彼得即位，銳意侵略……開化歐俄及鮮卑。」

五十年前，梁先生所知的俄情，比今天的我們還深刻；而最重要的是他指明「西伯利亞」就是鮮卑，一篇文中，兩次提示，眞令今天的史地家——硬不承認「西伯利亞」應正名爲鮮卑利亞的「史地家」愧怍死了！梁先生另一篇文章題爲「新史學」，共六章，當作於甲午以後，距今已快六十年了，其第四章「歷史與人種之關係」裏列有一表，名「歷史的人種」，分黃白兩種，在黃種乙項塡有蒙古人、韃靼人和鮮卑人；他在鮮卑人三字下原註云：「即今西伯利亞人」。梁先生又一篇文章題爲「亞洲地理大勢論」，自稱係以日人志賀重昂的地理講義爲藍本而參以己意，內稱：「西伯利亞人所奉者沙瑪尼教」云云，沙瑪尼教就是元史的珊蠻教，今稱薩滿教（當即蘇末教），爲鮮卑宗族四千餘年來一貫信仰的宗教，所以梁先生（或志賀）是知道「西伯利亞人」就是鮮卑人。

鮮卑是中華民族的一支

總之，何秋濤、丁謙、洪鈞、梁啓超四位先生從一百年前到六十年前，便已精研鮮卑史地，確實考定不僅鮮卑利亞是鮮卑的領土；鮮卑人的領土且達到今天的韃靼尼爾海峽和南俄；直到明朝萬曆年間，俄國才侵略過了烏拉山，到達西鮮卑利亞——蒙古欽察汗國的領土。按：蒙古是中華民族的一個宗族，所建元朝是中國的正統王朝；鮮卑四千多年來也是中華民族的一個宗族，所建北魏亦爲中國的正統王朝，當然北魏和元朝的領土也就是中國的領土。

民國以來，刊有三巨冊權威辭典，卽商務印書館的辭源、中華書局的辭海和最新世界地名詞典（葛綏成先生編），其中「西伯利亞」條下都註明「卽鮮卑」字樣，大約是採用了何、丁、洪、梁四位先生考證的果實。

上面介紹了近百年來何秋濤、丁謙、洪鈞、梁啓超四位學者研究鮮卑史地的成果。總結他們的研究：「西伯利亞」眞正名字是鮮卑利亞或鮮卑地方；幾千年來，鮮卑領土西南至韃靼尼爾海峽，西北至南俄克里米亞半島及欽察汗國舊疆，北方包括今鮮卑利亞全部。鮮卑利亞於四百年前才開始淪入俄國。

「鮮卑卽夏說」

據我進一步發展了四位先生的研究，一向認爲鮮卑不僅止於是中華民族的宗族之一，似乎就是中華民族的「祖族」——夏族的另一錄音：今天中華民族裡包括的漢、滿（含鮮卑卽錫伯）、蒙（含鮮卑卽沙賓）、回（含哈薩克（、藏、苗、獎……等等宗族，乃至日本、朝鮮、泰國、安南……也似乎都是從鮮卑（夏伯）分化而來。這一問題，可以寫成一部大書來解答，今後幾年我決定用一部分時間在這方面用功。現將三十八年迄今初步研究結果，寫在這裡。

四十二年五月講「鮮卑問題」時，我發表「鮮卑卽夏說」：

「中華民族今天雖由漢、滿、蒙、回、藏等幾個宗族所結成；但這幾個宗族實是從一個『祖族』漸漸蔓演而來。這個『祖族』，在孔子的書上（尚書、春秋）寫爲『夏』。『夏』就是鮮卑的『鮮』字的最初錄音。」

（見中國生命線、戰鬥青年、中央日報）

當時聽衆都是救國團團員，兼以限於時間，不能詳細說明何以鮮卑就是夏族。其後講稿發表，接到許多研究歷史的朋友和團員的來信，表示很注意這個新說，希望我早日拿出證據。我的證據，計有十個．

第一證——鮮字古音與夏字古音相同

一、鮮、夏對音——鮮，古音大約有二：甲、音先（Shian）、姺、辛、莘；乙 音析、錫、賜、西、失、試；現在音先。夏，古音大約有二：甲、秦以前音西——只讀語根（Shi），不讀語尾。詩經、時邁，夏與矢爲疊韻，而矢通西。春秋時鄭國有公孫夏，字子西，陳國有公子西，字子夏，表示夏和西不單同義（抽作「東西南北說」說西尤詳，不具），而且同音（古人名、字，音義多同）。乙、秦、漢以後至宋音戶雅切——與華（戶化切）音同；現在音下（Shiah）。——這裡證明：甲、鮮和夏二字有時同音（鮮音西、夏也音西）；乙、有時用同一語根（Shi）。大約距今四千七百年前（黃帝時代，或更以前），夏族沒有文字，只有語言，名自己爲「夏伯」（Shibe）、「夏貊」（相信古書上必有這兩詞，我未查到）或「鮮卑」（Shibe）的音。其後由鮮卑利亞南下，經由中央亞細亞到中原黃河流域，製定文字，錄音爲「夏伯」，減寫爲「夏」（Shi），如今美利堅減寫爲美、英吉利減寫爲英、俄羅斯減寫爲俄者然。其後許久，又有夏族南下，遂被先來的夏人寫爲織皮（音試比、鮮卑）、奢比。至春秋時，寫爲姚邳。時亡朝已久的夏族又被稱爲有辛（獫）、有莘或高辛。戰國時又由鮮卑格勒南下一批，被稱爲鮮卑。

上引洪鈞先生的元史譯文證補內「奄蔡」條提到的希臘古史，當是公元前五世紀希羅多德的史記。據希臘古史載：公元前七世紀，自今黑海東北頓河口附近，經窩瓦河流域，越烏拉山，至額爾齊斯河而入天山的商路，已被希臘人所發現云云，可知希臘商人在我國周朝時已到達周書所稱的「大夏」或穆天子傳的「西夏」，並是經「辛卑爾」（鮮卑）、「阿速」而來；又，在希羅多德以前，希臘人已分世界爲「亞細」和歐羅巴：這裡「大夏」、「西夏」、「辛卑爾」、「阿速」和「亞細」五詞之間有什麼對音的關係？我們從韻學上看，「亞細」希臘古音本作Assu

，似即「阿速」（從地望看，「阿速」也似即「亞細」）。而「阿速」實係由鮮卑轉變而來的蒙古人（白蒙古）亦即白契丹，至欽察汗國時代（七百年前）尚在阿速海岸（今譯亞速海）遊牧。依上推論，「亞細」似即「阿速」，在所代表的人種上似即「辛卑爾」，也似即周朝的「大夏」或「西夏」的一部。且「亞細」的「細」，「辛卑爾」的「辛」，鮮卑的「鮮」和夏，如上文所說，也正是同音——音西，或通西：所以我認為夏人似乎是「阿速」人，也就是鮮卑人。

夏，古音西，與鮮古音西相同，還有一證。——這須從「支那」一詞說起。舊說「支那」係由「秦」字譯成的。我對此說，不敢同意，因為第一、「秦」聲威最盛時在始皇時代（公前二四六——二一〇），但印度旃陀王時代（公前三二〇——三一五）的鉅著「高底里雅」裡已見「支那」一名，早於「秦」字可能名揚外國近於一百年：「支那」即「秦」絕不可能；第二、China一字源出拉丁文Sina，複寫為Sinae、Si是語根，讀「西」，與鮮古音「西」為一音，並不讀「秦」；Sina合讀為「西那」，Sinae為「西內」，與夏、鮮古音「西」亦為一音；Sina中的a乃地方的意思：所以我認為Sina或Sinae 即 China（「支那」）可能也是「夏地」的譯音。——由此也可知夏在古代音「西」（Sinae合讀時），又音「辛」（Sin），和鮮卑的「鮮」一音：證明鮮卑乃夏的另一寫法。

鮮卑在周書上錄音為絕轡（見下文「鮮卑利亞為黃帶所領有」），音徐必。在史記匈奴傳錄音為胥紕。可徵在漢唐時代，某地方言讀鮮為徐或胥，即鮮另有一古音，音徐（西余切）。而徐州在漢稱為下邳，在戰國稱為薛，在殷稱為姚邳：可知徐字、下字、薛字，姚字都是一音之轉。若然，徐與下即夏，也是一音之轉。就是說：夏音徐，鮮亦音徐，而夏、鮮是一音了。又，夏字依日本音讀為ショ，近徐，亦係唐音。——四十四年付印時註。

第二證——鮮、夏均在今鮮卑利亞

二、鮮、夏地望——西洋學者稱鮮卑為「較進化之匈奴人」（韋爾思），屬「蒙古利亞種」，並稱「蒙古利亞種」從舊石器時代以前便住在今天的鮮卑利亞。這經最近俄國科學院披露的鮮卑利亞和阿姆河流域考古，再度予以證實。該院結論爲「鮮卑利亞人和中國華北人種同一血統，在葉尼塞河和喀喇千達河（黑契丹河）之間，留下黑城（Karasuk）青銅文化」云云。我們把這些史實和我國古史所記夏族從西方、北方來到中原的諸說，作一對比，顯然可以發現許多翻新的歷史。我們都知道，夏族的始祖是軒轅黃帝，許多古代載籍都說黃帝是從西方向東來；西洋學者持此說者也有許多人。近二十餘年來，我國學者（及若干西洋學者）不同意黃帝西來；主張中華民族起於黃河流域。在價值論的立場上，我們寧願黃帝生於中國本土；但在歷史論的立場，我們所看的古史（包括史前史）却都和這一說相反。——從「北京人」算起，四五十萬年以來黃河流域便有某些我們古代祖先，這是不成問題的；但黃帝到禹這一支夏族古祖，必是從今天我們秋海棠葉形的「地理的領土」以外的北方轉西方來到黃河流域的，這樣才和古史的紀載及紀錄相符。

但夏族（夏伯）的來處在什麼地方？埃及？巴比侖？都不正確，因爲黃帝是道地的黃種人——夏種卽華種卽「胡」種（夏、華、「胡」、黃、「匈」以及韓、和都係一音之轉），和埃及人、巴比侖人的種屬絕不相同。（巴比侖的蘇末人必不是白種，埃及是無論如何也說不到的。）據方杰人（豪）教授中西交通史引法國學者巴伊於西一七七五年研究我們古代天文學後的結論說：我國古代科學係由一已經消滅的民族所授（按：這一民族迄未消滅，卽夏族（漢）也就是鮮卑，遷到中原來了）。這一已消滅的古民族，似在亞洲近北緯四十九度的地方，而向南北遷徙。又引同時的法國生物學家步風之說，以爲人類文化乃發祥於中亞北緯四十度到五十度的地方。我對這兩位法籍學者的學說雖不得知其詳，但認爲他們業已觸及夏族發源於鮮卑利亞而分波南遷中原的歷史事實。因爲我國古史所記，黃帝到禹都和「大夏」、「西夏」有不可分離的關係。許多有關材料，留待下面逐一引用說明，此處先看我手頭有的秦代呂不韋所編的呂氏春秋（上古史的綜合著作），其古樂篇云：「昔者黃帝令伶倫作爲律。伶倫自大夏之西，乃之崑崙之陰，取竹之嶰谷……」同書講「大夏」都位於北方，如云：「北方曰大夏」，「北至大夏」，「禹北至大夏」；先秦古籍周書也說：「正北大夏」。呂不韋的正北以咸陽爲基準，周書的正北以魏（山西、河南）爲基準，可知正北必在今外蒙古、內蒙古及鮮卑利亞一帶。記得故柳翼謀先生主張「大夏」在今綏遠一帶，故傳孟眞先生主張夏在西方；我認爲「大夏」所在，應比他倆所指的地方更遠一點。又，上引呂氏文「大夏之西」，當卽「西夏」，「自大夏之西，乃之崑崙之陰」，分明是由西向東來。此「西夏」數次見於周書，列在「正北」，穆天子傳也說：「自陽紆西至於西夏氏，二千又五百里。」「疑古降毛派」童某主張「西夏」在今新疆。由上述「大夏」、「西夏」的地望看來，縱不能確指，就是今天的鮮卑利亞或中亞，但總會距離鮮卑利亞或中亞不遠。在遊牧時代，夏族（黃帝）由鮮卑利亞經中亞卽由北緯四十——五十度處南來，到黃河流域，騎馬不過是幾個月的途程。（山海經說此尤詳，見下文。）

第三證——鮮、夏血統文化相同

三、田野古蹟——近三十年來我國田野考古證明，離鮮卑利亞越近，發現的石器越舊，越遠則越新。如蒙古、綏遠到新疆的石器，都屬於早期的新石器；而長城以南的新石器則屬於晚期：這表示新石器時代住在蒙古、綏遠、新疆的人，有越往南來越進於文明的史蹟；同時也表示使用晚期新石器的人是從使用早期新石器的地方遷徙而來。

這些使用新石器的黃種人（以及極少數使用舊石器的人如「北京人」），西洋學者和我國學者都稱之爲「蒙古利亞種」。這個名詞，在歷史上根柢很淺。因爲蒙古卽靺鞨，靺鞨見於歷史始於括地志，蒙古見於歷史始於元史，最多不過千把年，最知名僅七百餘年；而且靺鞨卽蒙兀，只是室韋之一氏族，室韋正是鮮卑（由鮮卑利亞來到今興安省的鮮卑）。鮮卑則最早見於禹貢，時寫爲「織皮」，音試比，名詞成立至少也有二千五百年了，還在孔子以前。如本文所說「鮮卑卽夏伯」能夠成立，則夏之一詞至少也有四千七百年了，都比「蒙古利亞種」根柢深厚。我不同意「蒙古利亞種」一詞，擬名之爲「鮮卑利亞種」，或「夏種」。

上文引俄國科學院公佈：鮮卑利亞人和今天華北人種係同一血統云云，換句話說：鮮卑利亞人是黃種，卽俗說的「蒙古利亞種」，用我的擬名就是「鮮卑利亞種」或「夏種」。俄國人發表這一史實，他的企圖是很明顯的：麻醉毛澤東輩以達成俄國吞併華北建立「土鮮滿蒙帝國」（胡秋原先生的名詞）的野心。但在我看，無寧欣喜他們這一宣佈，因爲如他們自己所說，鮮畁利亞人既和華北人種相同（其實和全中國均相同），則華北人就有據可說鮮畁利亞是我們「歷史的領土」。我們到底是黃種，而俄國人到底不是黃種，這是無法纏夾的。

進一步我們應當知道：民國十五年到二十二年，周口店（河北省）發現「上洞老人」一個是埃斯基摩種卽黃種（一〇三號），一個是美拉尼西亞種卽白契丹（一〇二號），一個是俗說的「蒙古利亞種」（一〇一號）卽我擬名的「鮮畁利亞種」或「夏種」，各約兩萬歲。在抗戰中約民國二十二年及二十九年，扎蘭屯（黑龍江省）出土「扎賚諾爾人」，約一二萬歲。據日本學者測定也是所謂「蒙古利亞種」卽我擬名的「鮮畁利亞種」或「夏種」。除這兩次外，更早的當然是民國十五年到十九年發現的「北京人」了。有些學者說他是「蒙古利亞種」，有些人又說不是；如果是「蒙古利亞種」，也就是我所擬名的「鮮畁利亞種」或「夏種」了。——由這些我所擬名的「鮮畁利亞種」或「夏種」（「北京人」、「上洞老人」（一〇一號）、「扎賚諾爾人」和俄國科學院的「鮮畁利亞人」）的骨型上證明，以周口店爲中心，鮮畁利亞、克里米亞、韃靼尼爾爲半徑，向北向西半個圓周之內 四五十萬年以來，統通是「鮮畁利亞種」或「夏種」生活的世界。

按：上面「夏種」世界半徑包括今天的南俄和中亞。我的這一測定，始於三十九年北韓進犯南韓的一週以後，當時有一百幾十名政訓隊三期的學生聽我講演，大家想該記得。三年之後的四十二年冬天，太平洋科學會議在非律賓集會，有兩位學者的論文，由田野考古證實了拙說。一位是日本京都大學教授水淸野一，論文題爲「史前期之中國——仰韶文化及其他」，說明我國新石器時代遺址所呈現的文化，一爲較早的仰韶彩陶文化，散佈於豫、冀、晋、陝、甘、綏、熱、遼及臺灣；一爲黑陶文化，分見於豫、冀、魯、遼、浙、川及臺灣等地。他的結論稱：大體上這二文化型可謂西方及東方或大陸及海疆兩種云云，就是說：彩陶爲西方文化，卽從西方移來者。我爲他說明白點，就是彩陶乃由新疆以西移入中原的。另一位是香港大學教授林仰山，論文題爲「華北彩陶及黑陶文化以及東南部史前期原史期之文化」，結論是華北彩陶和波斯、南俄者相似云云。水淸野一說彩陶是西方文化，林仰山乾脆說彩陶和波斯、南俄相似，依我三年以來的看法，這證明波斯、南俄（我們要注意

：南俄這一詞，頂多只能從欽察汗國被俄吞滅時才告成立）到華北，使用彩陶的是一種民族，彩陶範圍是這一民族「歷史的領土」。南俄（含波斯）一帶，據洪鈞所引希臘古史所記，從公元前七百年直到四百年前俄人未到之前，始終住着鮮卑（夏）人，絕無俄國人，四百年前的今南俄絕非「西方」，亦絕非俄國「領土」，而係鮮卑領土。我們讀了水清野一和林仰山兩先生的論文，可以作出確確實實的結論：「夏種」即鮮卑亦即今天華北人，在彩陶時代曾住在今南俄和中亞（波斯）。——四十三年四月十八日註。

第四證——鮮、夏器

四、殷墟文物——五十多年前發現甲骨，直到抗戰前大規模發掘殷墟，共得（存）甲骨約十萬片，「殷墟人」頭骨一千餘個，其餘陶器、玉器、骨器、銅器、車飾、雕刻……為數也很多。首先我們要注意這十萬片甲骨。甲骨名為「卜骨」，係殷王室「問心處」的檔案。殷代諸王無事不卜，由「巫」（史）為之。「巫」為鮮卑利亞古宗教珊蠻教（當即蘇末教）的「神甫」或「牧師」，也就是秦漢的方士。殷室何以如此好卜？因為夏、殷同是祖禹的（禹為夏祖；但禹也為殷祖，看商頌頌禹，周書有「殷之五子」即夏之五子，及史記「卨為殷祖」可知。卨當即禹之訛字）：夏殷是一種人。

明白夏、殷同祖，我們便可研究這一千多顆頭骨了。頭骨出土於侯家莊大墓，經中央研究院測定，大墓的「主人」和這些殉葬的活「俑人」，全都是所謂「蒙古利亞種」，也就是我所擬謂的「鮮卑利亞種」或「夏種」了。這種「殷墟人」，和「北京人」、「上洞老人」（一〇一號）、「扎賚諸爾人」及俄國人發現的「鮮卑利亞人」，也全部是西洋人所謂「蒙古利亞種」，就是我所擬謂的「鮮卑利亞種」或「夏種」了。「殷墟人」是無可懷疑的「鮮卑即夏伯」的證明。

其次，我們知道這一千多位「俑人」都是「主人」的殉葬者。看過董作賓先生「甲骨學五十年」描述的殉葬儀注，使人驚異它的規模之大，是世界上少見的，只有秦代三良（見左傳）和始皇驪山閉羨可以彷彿似之。何以殷、秦兩朝殉葬制度相同？我的說明是這樣的：殷人出於禹，係「夏種」；秦人出於顓頊，也係「夏種」：兩者都出於黃帝，而黃帝是從鮮卑利亞遷來：這種殉葬制度是鮮卑的古典制度。這一看匈奴傳「近幸臣妾從死者多至百數十人」及北魏和元初（特別是元太祖，殉葬者多至鉅萬人）的殉葬史料，便可得知它的遺風了。我相信將來總會有一天在鮮卑利亞掘出古墓，徵明我不是臆說。

更次，是殷墟出土的青銅刀。這種刀的柄端作獸頭形，和鮮卑利亞葉尼塞河流域出土的青銅刀柄，作風相同。在年代上，大墓銅刀也比葉尼塞銅刀為晚。這是「鮮卑即夏說」不可動搖的證據。假定我們將來再發現「夏墟」青銅刀而且比葉尼塞青銅刀為更早，更可證明「鮮卑卽夏伯」，因為鮮卑拓跋氏原本就說他們是黃帝（夏）的後裔。

西洋學者研究葉尼塞銅刀比殷墟銅刀年代較早，斷定殷墟文化是葉尼塞文化的晚輩，而引以自豪；我們面對着這個史實，也不免自卑，似乎堂堂古國在銅器方面還趕不上鮮卑利亞。其實兩方都未免多此一舉。葉尼塞銅刀和殷墟銅刀統通是黃種的「夏種」的文化成果。而且正因為殷墟銅刀和葉尼塞銅刀屬於一型，證明葉尼塞以及整個鮮卑利亞在銅器時代便是「夏種」的領土，俄國人賴不成，西洋學者也不必賴。鮮卑利亞是在四百多年以前才被俄國佔去的。

第五證——黃帝為夏祖亦為鮮卑祖

五、黃帝史迹——黃帝為鮮卑（夏伯）的祖先，說見魏收的魏書和李延壽的北史。他們必是根據鮮卑拓跋的譜牒，而為是說。收、延壽此說，初見於晉光熙元年卽西四一九年的大邗碑，距今已一千五百餘年。我講「鮮卑問題」時，曾作說明；後來發表講稿，並在說明之下加「註九」。說明的原文是：

「這『祖族』的鮮卑人卽夏人，大約從四千七百年前，從今鮮卑利亞，經中亞遊牧到今天的甘肅、陝西和山西一帶，這便是中華民族的始祖——軒轅黃帝的一支（註九）。史記載：黃帝姓公孫，名軒轅……」

原「註九」的原文是：

「黃帝姓公孫，名軒轅，見史記五帝本紀。軒轅卽獫狁的另一錄音。軒，音 Shiuan，希掩切；獫，音 Shian，喜掩切：二字双聲疊韻。轅，音 Yuan，于元切；狁，音 Yeun，于窘切：二字双聲疊韻。據蕭一山氏稱：故胡石青教授已有見於此云云。公孫係鮮卑之一姓，漢時義渠戎（鮮卑）有公孫敖，爲漢將。關於黃帝係鮮卑（夏伯）人一點，余有十三證。」

我們知道：黃帝在古代絕無陰陽怪氣的意味，只是源出羌人的齊國貴族的祖先。如呂氏春秋貴公篇載：「管仲有病，桓公往問之。管仲曰『隰朋之爲人也，上志而下求，醜（恥）不若黃帝，而哀不己若也。』……」可知在齊桓公時（公前六八五——六四二），黃帝雖被方士們化裝成爲神仙；但齊國宮廷並沒有把他神化。黃帝姓公孫，隰朋正是姓公孫（公孫是鮮卑姓）。到春秋末年，戰國初年，黃帝還是被當作祖先而受羌人崇敬，如史記載：秦靈三年作上畤，祭黃帝，這是黃帝始見祀典的可徵年代，時爲公前四二二年。秦人正是羌人（羌、秦一音之轉）。到戰國盛時，齊侯因資鑄器，銘文有「紹統高祖黃帝」語句，證明公前三七八年到三四三年，黃帝還止爲齊人的「高祖」。漢代司馬遷參證「世本」、「五帝德」、「帝繫姓」作成五帝本紀及夏、商、周、秦各本紀；才知道黃帝原來是和秦漢鬧得很利害的匈奴（前身爲鮮卑卽獫狁）的祖先，也是夏人卽堯、舜、禹、湯以及齊、秦、楚的祖先。當年鮮卑已寫成夏，而獫狁給人的印象不佳，他只好另用軒轅一詞，存此信史，並在匈奴傳裡留下一句「匈奴者，夏后氏之苗裔」，另紀錄下「禹爲黃帝玄孫」，書中暗表黃帝爲匈奴祖先卽鮮卑祖先亦卽獫狁祖先；今爲夏人祖先。他所說「百家言黃帝，其言不雅馴」，正是指黃帝乃匈奴、獫狁卽鮮卑人而言。但這是一個史實，他不能不寫，所以依一般史法，好事寫入本傳，醜事另入他傳。其實，這還是司馬遷的史觀；若在今天，我們正遺憾這「醜事」沒有留下充分的史料，以確實昭示中華民族——漢、滿、蒙、回、藏大家原是同祖——黃帝爲高祖；大家原是同族，同是夏族卽鮮卑。

我們知道，直到今天，鮮卑人（錫伯）始終保存着古代結繩的舊俗，而結繩所記第一大事爲祖先行輩及屬肖。鮮卑祖先堂內供奉紅繩一根，每生一子，便在繩上結一屬肖，名此事爲「繩其祖武」。這是一種「世本」，絕對無誤。又，今天東北的鮮卑人及內蒙的老蒙古人，對於祖先口傳的歷史，特別富有記憶的天才，越是文盲，記憶越遠。據此可知，在夏族沒有造字之先，我們遠祖的行蹟必是結在繩上，而遠祖的歷史必是以口相傳。我說到晉代鮮卑拓跋自稱是黃帝後裔，必係根据譜牒，他們的譜牒也必是結繩的。

在一千五百年前，鮮卑拓跋既根据口傳歷史及結繩譜牒自稱係黃帝的子孫，在一千五百年後，也可用許多證據，證明鮮卑是黃帝的子孫。在正史上，黃帝既是夏人的始祖，已不成問題（除了「疑古降毛」的一派）；現又證實了魏書北史鮮卑出於黃帝之說，則「鮮卑卽夏說」當然可以成立。

第六證——鮮卑建國多名為夏

六、名國爲夏——鮮卑建國，除禹的夏代以外，至少還有四次是以夏爲名。（山海經大荒東經已見「夏州之國」，方位不明，材料不足，未列在內。管子「桓公西伐大夏」，必卽山戎，在今遼西，可見山戎國名「大夏」，亦以材料不足，未列。）一千五百年前卽北魏時代，鮮卑人稱秦、漢、晉、宋人爲「南夏」，上引北史就有「不交南夏」的話。「南夏」與「北夏」爲對文，可見鮮卑自居爲「北夏」了。我查了幾部古書，雖然沒有「北夏」的實證；但查出秦代以前「南夏」人確把鮮卑人稱爲「正北」的「大夏」（有時也稱爲庫、貉、貊、北、鄴）：如周書王會篇所記的伊尹替湯王規定的四方貢品，在「正北」方面，列舉空同、「大夏」、莎車、姑他、旦略、貌胡（按：當卽蒙古）、戎翟、匈奴、樓煩、月氏、孅犁、其龍和東胡，規定他們貢獻橐駝、白玉、野馬、騊駼、駃騠和良弓。這裡的「大夏」就是列入「正北」的。這當是古史上最早喊鮮卑爲「大夏」的史料，說明至少在戰國時代（周書出於魏塚）鮮卑建國名爲「大夏」。那時還沒有史記匈奴爲禹裔之說，不可能是他們假借名義。此其一。

呂氏春秋求人篇載：「禹，東至榑木之地，南至交阯，西至三危，北至令正之所、夏海之窮」。高誘注：「令正、丁令，北海胡地」；「夏海之窮」當卽山海經「有窮鬼（國）」的「窮」，列入西次三經，可見「窮」也在西北方，則和「窮」地域相連的「夏海」當然也在北方。又，「窮山」離崑崙不遠，古樂篇說：「黃帝令伶倫作爲律。伶倫自大夏之西，乃之崑崙之陰，取竹之嶰谷」，可知「大夏」在崑崙左近，依當時地望，「大夏」和「夏海」都在北方，相當於今北海（貝加爾湖）一帶。（近人考證則謂這「大夏」在今綏遠或山西北部，所据當爲周書「大夏產鹽」之說；但鮮卑利亞又曷嘗不產鹽？）這說明當呂不韋寫書的秦始皇八年（公前二三九）時代，鮮卑人的國還是名爲「大夏」的。此其二。

漢代張騫出使西域，於武帝元光二年（公前一二九）行抵大月氏，曾親自並派副使到達「大夏」。史記大宛傳張騫報告原文說：「大夏」距長安一萬二千餘（漢）里，在印度西北數千里，北有嬀水（今名阿姆河，恐即山海經的渭水），有城，有屋，無大王長，人口百餘萬，善賈市，都城名「藍氏城」云云。細讀全文，並無「非中國人」的記載如「深目高鼻」之類，也沒有說到另有文字（語言當用「胡語」），可見這「大夏」在張騫眼中不是當時和漢人絕對不同的外國人。這支「大夏」可能就是上節的「正北」「大夏」，不知何時遊牧到興都（身毒）庫斯山以北、阿姆河以南，建立「居國」。據西洋史載，公前二五〇年（周惠公六年）「大夏」王第奥道脫一世，脫離亞歷山大在中亞的繼承人塞硫古斯一世，宣布獨立。一百二十年後張騫到達時，又被大月氏列爲附庸，仍名「大夏」。此其三。

北宋時代，鮮卑後裔拓跋氏——唐賜姓李，宋賜姓趙——李繼遷即趙保吉在今陝北、綏南（伊克昭盟）、寧夏北到烏梁海一帶，建立「西夏」國（西九九〇起），仍然以夏爲名。此其四。

從上列四點史實，可以說從商（公前一七八三）到北宋（西九九〇），二千七百餘年，凡鮮卑人在今漠北、漠南遠到中亞所建之國，除北魏、北齊之外，始終以夏爲名。他們何以特別喜歡這一夏字？（或者是我們故意將鮮字寫爲夏？）我們除了用「鮮卑卽夏說」來作說明，還有何新解？

第七證——世界最古地理書山海經

七、山海圖經——上文引用山海經，必被「疑古降毛派」所笑。據我看這書前五卷所釋的「圖」原係純粹地理圖；只不幸被先秦珊蠻巫（方士、道士）所亂——於作說明（經）時竄進去許多珊蠻的神話，致被後人認爲荒誕不經；次經劉秀（歆）「省」（譯）爲漢代通行文體，不復詰屈聱牙，越發不像古書。其實它的前五卷共二十六篇，記山記水記銅記鐵記金記玉記草記木記禽記獸，頗具科學地理學態度。由它特別詳記天下產銅之山四七六座，產鐵之山三九六〇座，反映當初作圖者（史皇？）對銅鐵富有旺盛的企圖心，看出原圖必寫於銅器時代之末鐵器時代之初，當夏商周時代（公前二二〇五——二四七）。圖，無疑地係一套古圖；經，無疑地係一部古書。古書是不撒謊的——剔除古書裡被羼入的神話，所餘的話，都是眞實的。

在西次三經篇內，我們看出成書當時關於黃帝——夏族——來處的透露；倘配合後來羼入的神話來看，也可看出夏族和鮮卑的關係。現錄西次三經半篇，凡屬可能係羼入的神話皆加括弧，凡屬史料皆加黑點，然後略作說明：

「西次三經之首曰崇吾之山，在河之南。北望冢遂；南望䍃之澤；西望帝之搏獸之山；東望嫣淵。有木焉，員葉而白柎，赤華而黑理，其實如枳，（食之宜子孫。）有獸焉，其狀如禺而文臂，豹虎而善投，名曰舉父。有鳥焉，其狀如鳧，而一翼一目，相得乃飛，名曰蠻蠻，（見則天下大水。）

「又西北三百里曰長沙之山，泚水出焉，北流注於泑水。無草木，多青雄黃。

「又西北三百七十里曰不周之山。北望諸毘之山；臨彼嶽崇之山；東望泑澤，河水所潛也，其原渾渾泡泡。爰有嘉果，其實如桃，其葉如棗，黃華而赤柎，（食之不勞。）

「又西北四百二十里曰密山。其上多丹木，員葉而赤莖，黃華而赤實，其味如飴，（飲之不飢。）丹水出焉，西流注於稷澤，其中多白玉，（是有玉膏；）其原沸沸湯湯：黃帝是食是饗。（是生元玉，玉膏所出，以灌丹木。丹木五歲，五色乃清，五味乃馨。黃帝乃取密山之玉榮而投之鍾山之陽。瑾瑜之玉爲良，堅粟精密，濁澤而有光。五色發作，以和柔剛。天地鬼神，是食是饗。君子服之，以禦不祥。）——自密山至於鍾山，四百六十里，其間盡澤也。是多奇鳥怪獸奇魚，皆異物焉。

「又西北四百二十里曰鍾山。（其子曰鼓，其狀如人面而龍身。是與欽䲹殺葆江於昆侖之陽。帝乃戮之鍾山之東曰瑤崖。欽䲹化爲大鶚，其狀如鵰，黑文而白首，赤喙而虎爪，其音如晨鵠。見則有大兵。鼓亦化爲鵕鳥，其狀如鶡，赤足而直喙，黃文而白首，其音如鵠。見則其邑大旱。）
「又西百八十里曰泰器之山，觀水出焉，西流注於流沙。是多文鰩魚，狀如鯉魚，魚身而鳥翼，蒼文而白首，赤喙。（常行西海，遊於東海，以夜飛，其音如鸞雞，其味酸甘，食之已狂。見則天下大穰。）
「又西三百二十里曰槐江之山，邱時之水出焉，而北流注於泑水，其中多蠃母。其上多青雄黃，多藏琅玕、黃金、玉。其陽多丹粟，其陰多采、黃金、銀。實爲帝之平圃，（神英招司之，其狀馬身而人面，虎文而鳥翼，徇於四海，其音如榴。）南望昆侖，其光熊熊，其氣魂魂；西望大澤，后稷所潛也。其中多玉，其陰多榣，木之有若；北望諸毗，槐鬼離侖居之，鷹鸇之所宅也；東望恒山四成，有窮鬼居之，各在一搏。爰有淫水，其淸洛洛。（有天神焉，其狀如牛而八足二首，馬尾，其音如勃皇。見則其邑有兵。）
「又西南四百里曰昆侖之邱。是實惟帝之萬都。（神陸吾司之，其神狀虎身而九尾，人面而虎爪。是神也司天之九部及帝之囿時。）有獸焉，其狀如羊而四角，名曰土螻，（是食人。）有鳥焉，其狀如蠭，大如鴛鴦，名曰欽原，蠚鳥獸則死，蠚木則枯。有鳥焉，其名曰鶉鳥，（是司帝之百服。）有木焉，其狀如棠，黃華赤實，其味如李而無核，名曰沙棠，（可以禦水，食之使人不溺。）有草焉，名曰蕡草，其狀如葵，其味如葱，（食之已勞。）河水出焉，而南流注於無達；赤水出焉，而東南流注於氾天之水；洋水出焉，而西南流注於醜塗之水；黑水出焉，而西流注於大杅。是多怪鳥獸。

以上所錄是上半篇的全文。下邊擇錄下半篇的山名、道里及史料：

「又西三百七十里曰樂游之山……

「西水行四百里曰流沙……

「二百里至於蠃母之山……

「又西三百五十里曰玉山，是西王母（按：原文作毋；非）所居也……

「又西四百八十里曰軒轅之邱……

「又西三百里曰積石之山……

「又西二百里曰長留之山……

「又西二百八十里曰章莪之山……

「又西三百里曰陰山……

「又西二百里曰符惕之山……

「又西二百二十里曰三危之山……

「又西一百九十里曰騩山……

「又西三百五十里曰天山……

「又西二百九十里曰泑山……

「西水行百里至於翼望之山……

「凡西次三經之首——崇吾之山至於翼望之山，凡二十三山六千七百四十四里……」

全篇所記是「崇吾」以西諸山。「崇吾」何在？已不可考；但在它西北三百里加三百七十里的「泑澤」却有古注可查。晉郭璞注說：

「泑澤卽蒲澤，一名蒲昌海，廣三四百里，其水停：冬夏不增減。去玉門關三百餘里。（戴震云：關下奪千字）」

這是說「泑澤」在今新疆。又淸阮沅注引古籍云

「說文云：『泑澤在昆侖下，讀與妳同。』史記謂之鹽澤。地理志謂之蒲昌海，在敦煌郡。括地志云：『蒲昌海一名泑澤，一名鹽澤，一名輔日海，亦名牢蘭，亦名臨海，在沙州西南。』見史記正義。」

也是說在今天的新疆。「泑澤」卽羅布淖爾，「牢蘭」卽漢之樓蘭。足徵「崇吾」、「長沙」兩山在今甘肅，「不周」以下諸山都在今新疆。試按原書道里計算，「黃帝」「禹都」的「昆侖之邱」在「泑澤」西二千一百里；「軒轅之

邱」復在「昆侖之邱」以西一千八百里，兩數相加共爲三千九百里，看出黃帝來處必在今新疆西境外很遠的地方。

山海經海外東經載稱：

「奢比（按：鮮卑））之尸在其（按：大人國）北，獸身，人面，大耳，珥兩青蛇。」

大荒東經也有一段說：

「有神：人面，犬耳，獸身，珥兩青蛇，名曰：奢比。」

這便是我所謂羼入的神話。「奢比之尸」（神）被神話化後的樣子是「人面」、「獸身」、「大耳」、「珥兩青蛇」；但追溯原形，已是古鮮卑的衣飾：翻穿皮襖（「獸身」），編髮垂肩（「珥兩青蛇」），見世界文化史引古鮮卑地即今南俄出土青銅人象。這當是古珊蠻巫所作的圖。

總之，由山海經這部古圖書上，看出至少兩點是可信賴的：甲、黃帝的「軒轅之邱」必在新疆今境以西的遠方；乙、在山海經成書以前，「奢比」即鮮卑已被夏人供奉爲祖（「尸」）了。而這兩點是先秦古籍一致引用的。

上文提到山海經前五卷（除羼入的神話）是科學的地理書。在當年「科學」的紀錄上，從「崑吾」到「翼望」旣被列入「天下」而不列入「海外」和「大荒」之內，這說明黃帝——夏族——的「天下」的西境是從「翼望」算起。「軒轅之邱」、黃帝「萬都」的「昆侖之邱」、黃帝「平圃」的「槐江之山」當都在今天南俄、中亞即克里米亞、韃靼尼爾海峽、黑海、裏海一帶。而這一帶地方，正是古鮮卑人生存活動的地區。可惜古今注者不通游牧時代「山水隨族轉徙」的道理，誤用注者當時山水，注釋古代山水，這樣不單把夏族的「天下」縮小到甘肅以東，而且也把古史地弄得混亂不堪。

第八證——鮮、夏都在屋內養猪

八、「夏屋」和猪——詩經小雅裡早出現「夏屋渠渠」一句，禮記檀弓篇也有「見若覆夏屋者矣」。何謂「夏屋」？据檀弓疏云：「殷人以來，始屋四柯；夏家之屋，唯兩下而已，無四柯。」四柯的殷屋，我們已可從侯家莊大墓出土明器的陶屋看到摸型，是具有四壁的，長方四角。那麼「兩下」是什麼樣子？我可以堅決地說：就是天幕型，正是從鮮卑直到今天蒙古所住的「蒙古包」，自古迄今，型式仍舊。也就是家字上方的宀，篆文作宀，正是「兩下」的古義。「蒙古包」從任何一面看，無不和宀相同。「渠渠」，荀子注：「不寬泰貌」。我住過「蒙古包」，確是「不寬泰」的。

家字從宀，從豕，宀係象形，豕亦象形，整個家字則係指事：屋內養猪。這正是鮮卑的古俗（所謂「通古斯文化」），從有史為證的北魏時代直到今天東北，在空間是整個鮮卑利亞，還是把猪養在屋中。朝鮮是鮮卑的一支，也是在屋裡養猪的。

「夏屋」既是「蒙古包」，屋內養猪又是鮮卑的習俗（即生活），全由一個家字表現出來。而這一家字當然是由黃帝、禹這一代的夏人的字演進而來：所以我們也可以由這「家的文化」上看出「鮮卑即夏伯」。

第九證——鮮、夏同信珊蠻教

九、珊蠻「卜骨」——珊蠻教係元史譯名，清代譯為薩滿教，梁啓超先生譯為沙瑪尼教；或即秦始皇時代的羨門。這是比佛教還古而從我國夏、殷時代便流行在鮮卑利亞的古宗教，可能是蘇末教的餘音。到今天還在東北鮮卑（錫伯、索倫、赫哲、魚皮）、鮮卑利亞和中亞（回教徒中）盛行着，在東北漢人社會裡也有一部分勢力。俗名「跳大神」。據我親見，「跳大神」的男子稱為杈姆子（即珊蠻氏的音轉），女子稱為當姑子（當即「東胡氏」的音轉）。作起法來，比古印度教的吞刀吐火還值得驚駭。所供神仙為狐狸、黃鼠（鼬）、豆鼠、艾鼠，名為「胡、黃、竇、艾四大家」。替人「看星」（訛為「看香」）、「過陰」、「鎮壓」（即壓勝）、「占卜」，和舊約上反對的外道全同。所謂「看星」，由進入瘋魔狀態的珊蠻，手擊「抓鼓」，亂舞亂跳，念念有詞，觀「看」神仙案上燃燒着的線「香」，或聚或散，或明或暗，便決定病人的生死和休咎。所謂「過陰」，當珊蠻進入催眠狀態時，由助手（俗稱「答應神的」）在他身上壓以巨石，大抵為磨盤之類，重數百斤（普通人必被壓死）。珊蠻睡去數小時，忽然醒來。便說自己已到過「陰曹地府」，看到「生死簿」，因而指示病人的生死。所謂「鎭壓」，由珊蠻雕刻桃木，粗象人形，在前心寫上生辰八字，揷上衣針，暗地埋在仇家的門外（生辰八字乃仇人的），說是可以咒死仇人。所謂「占卜」，由珊蠻燒羊胛骨，看其兆紋，決定吉凶。民國初年，內政部曾派員住在索倫人內，研究半年，刊有珊蠻教報告書，和我所見，記得是大致相同。

這種宗教，流行到中原來，已經很古了。我們先看文字的紀錄：在書經伊訓篇內有「恒舞于宮，酣歌于室，時謂巫風」，和杈姆子、當姑子作法時的情景全同。孔子說過：「人而無恒，不可以作巫醫」。先秦古書山海經一片「巫醫」氣息。漢書所記戾太子巫蠱事件，和珊蠻的「鎭壓」，完全相同。王充論衡公開痛斥巫術。到許愼作說文，已有「巫，妖獸也」的解字，珊蠻的神話都被載在皇皇的大著上了。有人說：秦始皇派人去求羨門高誓，得到「亡秦者胡」的讖語，就是珊蠻教的神話。

其次，再看地下的史料：民國十九年，山東城子崖發現黑陶，在同一文化層出土「卜骨」六件，全有燒斷的兆。其後安陽小屯也發現黑陶文化層，仍有「卜骨」，兆蹟顯明，所用正是我所目覩的羊胛骨。遂寧羊頭窪黑陶文化層也出現「卜骨」，係鹿胛骨，背有漏斗形的鑽痕和圓點式的燒痕，正面也有兆蹟，正背面燒痕和兆蹟方位恰相對稱。這種黑陶，據專家考定，使用年代在公前二千年至一千二百年之間，貫通夏、商兩代。至於甲骨文十萬片，全係「卜骨」，大部刻有「卜辭」（黑陶層「卜骨」則全無「卜辭」），是人人所熟知的。

夏、商兩代的「卜骨」和鮮卑珊蠻的「卜骨」有什麼關涉？正當的解釋是夏、商和鮮卑爲同族，至少爲同教。在後世，同教未必就是同族；但在四千年前，夏、商和鮮卑旣然根本是同血（黃種），而宗教又復相同：我們可以說「鮮卑卽夏伯」了。

第十證——絲與織女

十　織女神話——夏禹時代新到中原的鮮卑人被春秋以前的作家寫爲織皮。織，古音與鮮同；皮，古音與卑同。織皮兩字，固然忠實地錄出鮮卑的音；而當時錄音者即譯者所以用這織字，大約因爲鮮卑和絲有關，用這皮字，大約因爲鮮卑和衣有關，由此可看出四千年前鮮卑文化已相當高級了。又，北史稱：鮮卑在黃帝以後，「統幽州以北」，幽字象山中多絲之形，即「多絲的山」。我們綜看織字和幽字，覺得鮮卑人和絲——中華民族獨特的文化，頗有微妙的關係。

現在我們要談到織女的神話了。織女見於詩經，「終日七襄」，善於織絲。其後出現了織女牛郎天人相交，一年一會（七夕），和禹治水帶來織女支機石等神話。牛郎象徵遊牧人，織女代表織絲人，禹則是織女的客人。這位織女是否「織皮女郎」即「鮮卑女郎」（鮮卑原是「美麗的姑娘」之意）？這個神話是否織皮——鮮卑——的老故事？當然已無可考源；但三千餘年以來，鮮卑人和夏人（漢人）一樣，都十分重視這一神話。

首先看鮮卑拓跋氏一支。當他們從今天鮮卑利亞南遷到今天內外蒙古（所謂「匈奴故地」）的時候（約當東漢），出現了上述的神話，北史帝紀云：

「聖武皇帝諱詰汾，嘗田於山澤，欻見輜軿自天而下。既至，見美婦人，自稱天女，受命相偶。且日請還，期年周時復會於此。言終而別。及期，帝至先田處，果見天女以所生男授帝曰：『此君之子也，當世爲帝王。』語訖而去，即始祖神元皇帝也。」

詰汾是牛郎，天女是織女，太顯然了。由於這神話的晚出，固然可以說鮮卑仿照西周以後織女神話而影印的；但我們應該注意所有鮮卑人建立之國，都有這一神話。最古的是邶國，有「燕燕于飛」的神話，見呂氏春秋。東漢時的高離即今朝鮮有「東明天降」的神話，見王充論衡及魏書。蒙古（鮮卑一氏）有「感光生子」的神話。鮮卑一氏的愛親覺羅氏也有「天女吞朱果生男」的神話。以至於我認爲是鮮卑的商代人也有「天命玄鳥，降而生商」的神話。時空如此之長且廣，令人不免推想織女眞是「織皮女郎」的簡稱了。是否這一神話早在四千年前便流行在鮮卑利亞或中央亞細亞？後以南遷帶到中原，演化成爲詩經的織女？——我們知道：神話的比較硏究，是探討古代民族分合的重要方法，例如希伯來人方言雖然不同，但耶和華神話相同，便可證明各族都出自希伯來；印歐族的全神系統，也可以證明古希臘和羅馬同屬一族。我們從上述的神話裡，至少也可以看出鮮卑和夏、商、朝鮮、滿、蒙宗族中間有一位織女作紐帶。

夏人亡國重返鮮卑利亞

上面從對音、地望、田野古蹟、殷墟文物、黃帝史迹、名國爲夏、山海圖經、「夏屋」和豬、瑚璉「卜骨」和織女神話等十點，證明「鮮卑即夏伯」。此外，呂氏春秋稱桀走大沙；史記集解引唐人所作括地志，稱夏桀亡國，桀子妻其衆妾，逃往鮮卑云云，也正和殷紂亡國後，箕子避地朝鮮（古音招西）相同。傅孟眞先生根據後一史實，推斷殷族和朝鮮必有血統的淵源，他是對的，殷和朝鮮都是鮮卑人。我們由箕子東遊一事推論下來，桀子逃往鮮卑，正也說明「鮮卑即夏伯」。又，史記註提到秦修長城，奴工譁變，逃往鮮卑云云，至少說明當年長城以南的秦人及前六國人和鮮卑總有關係。

總之，從許多史實上都可以看出「鮮卑即夏伯」。——在學者專家看來，我這全部是臆說；在我却自信這全部是秘史。請求朋友們不吝指正，尤其希望我的錫伯（鮮卑）朋友們指正。寫到這裡，想起一位朋友。大家總還記得：九一八以前，爲了所謂「中村事件」，有一位博得國際知名的關團長瑚璣字玉衡。我們知道他是夏（漢）人還是鮮卑人？在骨型上，在體格上，在膚色上，他和我們完全相同；但他確是鮮卑瓜爾佳氏。民國二十八年，他任陝西省橫山縣長，我們定交。他告訴我：東北的鮮卑人約有二十餘萬；「老媽媽」（殆織女乎？）即祖先供在正堂的西北面，紀念自己祖塋是在西北方；生男懸弧；正堂外面供「奧」（論語「與其媚于奧」），都是幾千年不變的古俗，和五經上的古禮諸多相似云云。當年我們談到鮮卑人就是沙賓人，乃是從鮮卑利亞遷來的，我並檢出飲冰室文集梁先生說明「西伯利亞」即鮮卑一文，和他同讀。玉衡先生不幸淪入鐵幕，已不能風雨論文，讀我這本小書了，令人不勝懸念之至！

在第一證的後面我加的按語，說明鮮字古音和徐字胥字相通，夏字古音也和徐字相通，證明鮮卑即夏伯

——鮮卑卽夏族。在第十證的後面，我們又看到夏人亡國之後重返鮮卑利亞的史料。這些證明都是三十八年五月到四十二年八月之間找到的。現在我似乎又找到夏人重返鮮卑利亞後的踪迹了。

據西洋史載：公元前六、七世紀，有一種人名爲西徐亞（Saythia），住在今天南俄裏海一帶；到公元後三世紀（二四一年），又進入中央亞細亞，滅大夏。我國的漢書，稱此人爲塞種。這種西徐亞人的文化和鮮卑（東胡）文化，成爲不可分（參看方豪：中西交通史六〇——六二頁）；和匈奴文化更似二實一（方書九四頁）。可以說，西徐亞文化，卽鮮卑文化，也卽匈奴文化。

我認爲西徐亞似乎卽是我國古史周書裡所稱「正北」方的「大夏」（殷代），也就是穆天子傳的「西夏」。因爲：一、「西夏」恰是「西徐亞」的餘音，「西」卽「西」，「徐亞」卽「夏」（上文提到夏字與徐字同音）。二、夏人在公元前十八世紀亡朝，西徐亞則於公元前六、七世紀見於西史。

由此推論：今天的南俄，在夏人亡國之後，到欽察汗國立國之前，始終是「正北」的「大夏」卽「西夏」的領土。——四十四年付印時註。

「鮮卑卽夏說」的結論

這一拙說如果成立，便可得到五點重要的結論：一、漢（夏伯）滿（鮮卑）、蒙（鮮卑）、回（鮮卑信天方敎者）、藏（羌卽夏）、苗（黃帝後裔）、燮（鮮卑）……等宗族有了「祖族」——夏伯，亦卽鮮卑。我們都是黃帝、堯、舜、禹、湯、文、武的子孫。二、中華民族的故鄉便是今天的鮮卑利亞（包括中亞到南俄），那裡是我們的「郁山」。三、一切「西來說」全不成立，連巴比侖、埃及所見有似古中國的文化都是從鮮卑利亞去的，卽中華民族遠祖傳過去的。四、亞細亞的史地得要從新寫過，亞細亞的西界也絕不是烏拉山了。五、西洋人所稱「蒙古利亞種」必須修正爲「鮮卑利亞種」卽「夏種」。

李濟先生「記小屯出土之靑銅器——鋒刃器」的「後記」云：「我們更老的老家在西伯利亞（按：鮮卑利

亞），這是中華民族列祖列宗棲息坐臥的地方」，他鼓勵我們「到長城以北去找我們更老的老家」。李博士此文寫於四十二年二月二十八日，早於作者發表「鮮卑卽夏說」講演者三個月。近始拜讀，至表欽佩。李先生爲中國遠古史權威，所得結論乃與淺學如余者相同。——四十三年五月四日附註。

有些朋友向我提示：一、鮮卑語和漢語絕對不同，所以鮮卑人未必卽是夏伯人；二、「五胡亂華」和宋明亡國的歷史不可推翻，否則將置當年的仁人志士於何地？關於第二點提示，我已專函奉覆，不多贅述；關於第一點，請看臺胞於淪亡不到五十年之間，已全懂日語，不懂國語了，我們來臺四年，孩子們也會說閩南語了；何況夏人自公元前十八世紀流浪西北方，怎能不接受古叙利亞語（所謂阿爾泰語）和其他民族語？

鮮卑利亞經黃帝所領有

如果朋友們對「鮮卑卽夏說」還持保留態度，那麼我再來談一談「鮮卑利亞是中國領土」。前一說姑列入「事出有因」；後一說則是「經查屬實」的。現分爲八點來說。

一、鮮卑利亞卽黃帝領土的「絕轡之野」——周書嘗麥云：

「王若曰：『宗掩大正：昔天之初×作二后，乃設建典，命赤帝分正二卿：命蚩尤于宇；少昊以臨四方，司××上天未成之慶。

「『蚩尤乃逐帝，爭于涿鹿之河，九隅無遺。赤帝大懾，乃說于黃帝，執蚩尤殺之于中冀。以甲兵釋怒，用大正順天思。——序紀于大帝，用名之曰絕轡之野。』」

這是周成王口述的一段古史。周書是汲冢出土的戰國時代的古書。我們應相信周書不僞，如相信甲骨文。這裡說得明白，「絕轡之野」就是「中冀」：卽「中冀」被黃帝命名爲「絕轡之野」。命名的時間在殺蚩尤而領有之以後。

按：「絕轡」就是鮮卑。玆分審音、考地、證史三方面予以說明：

甲、審音——鮮卑，史記匈奴傳作胥紕，用今蒙古語讀之即鮮白，見那琦先生「錫伯之分布」，引自那瑛先生從蒙古文獻查出者。

絕，唐、陸德明莊子釋文云：「徐音」，即絕音徐。徐、胥，双聲。絕入屑韻，和說同韻：絕、說疊韻。絕，又叶吉，見說文解字詁林引大戴記武王踐祚；而吉通西。——絕字在六朝以前，音徐；通說，通西。

轡，「彼肆」切，音秘，又叶「補密切」，音必。轡音必，無問題。

我們從「絕轡」和鮮卑的對音方面研究，兩音完全相同。

另據說文解字云：「絕從糸，從刀，從卩」，這是說絕字由「糸」、「刀」、「卩」三形構成。我的看法，絕字似應從糸，由色得聲，即古音爲色。色，「殺測」切，音嗇；而嗇通奢，奢比即鮮卑。若然，「絕轡」更無疑地是鮮卑了。

乙、考地——「絕轡之野」的「野」字即古「地」字。此「地」何在？

回看上引周書，「絕轡之野」即「中冀」。冀字由「北」、「人」二形構成；北人即貊人（劉節說）。貊人上古居於今長城以北，其地名冀。「中冀」當在更北：故「中冀」地望應直今內外蒙古、鮮卑利亞一帶。

丁、證史——「絕轡之野」原名「中冀」，係黃帝殺蚩尤處。

司馬遷以來一般史說，黃帝殺蚩尤處，均謂在涿鹿。涿鹿舊說即今察哈爾省涿鹿縣。

但我根據山海經，看出涿鹿當在鮮卑利亞西部靠近中央亞細亞之處。——察哈爾的涿鹿係後起地名。說甚長，玆略言之。

黃帝戰蚩尤必係眞史，戰場應在中亞與鮮卑利亞接近之處，解見山海經。山海經大荒北經云：

「蚩尤作兵伐黃帝。黃帝乃令應龍攻之冀州之野。應龍畜水。蚩尤請風伯雨師，從大風雨。

「黃帝乃下天女曰魃。雨止，遂殺蚩尤。

「魃不得復上，所居不雨。叔均言之；帝後置之赤水之北。」

又云：

「夸父不量力，欲追日景，逮之于禺谷。夸父將飲河而不足也；將走大澤，未至，死于此。（海外北經亦載此事，不錄。）

「應龍已殺蚩尤，又殺夸父，乃去南方處之，故南方多雨。」

「大荒」經我考定，就是今天的鮮卑利亞；「赤水」源出「昆侖之丘」（見山海經西次三經），「昆侖之丘」在今新疆省羅布泊西一七四〇古里，必在中亞；「大澤」卽今貝加爾湖；「飲河」之「河」，卽今塔里木河；「禺谷」，當係「禺疆」的一個山「谷」，「禺疆」也在鮮卑利亞。

山海經把黃帝蚩尤之戰神話化，和荷馬把希臘特類之戰神話化，原是一樣的手法。希臘特類之戰既被證明是史實，自然黃帝蚩尤之戰也是史實。——在上引神話化的黃帝蚩尤戰史中出現的地名，都在中央亞細亞（包括新疆省）和鮮卑利亞；則「冀州之野」卽「中冀」必在鮮卑利亞，應是沒有問題的。所以我認爲黃帝蚩尤之戰的戰場在中亞和鮮卑利亞接近之處。（司馬遷雖認黃帝蚩尤之戰是眞史；但他不敢信山海經，乃把黃帝在鮮卑利亞西部的戰場移到長城左近來。）

上面我從音、地、史三方面證明了「絕轡」就是鮮卑，「絕轡之野」就是鮮卑利亞（所謂「西伯利亞」）：從黃帝打敗蚩尤時起，中華民族便領有了這個地方。

夏禹將鮮卑「敍」入宗譜

二、四千年前鮮卑內屬——讓一步講，縱使鮮卑不必卽是黃帝的領土，但鮮卑確也是夏的屬國。這一發見，在四十二年二月間。一月，方杰人（豪）教授的中西交通史出版，他有一極正確的綜合研究說（第一冊九十四頁）：「自匈奴活躍之時代及遷徙之路線觀之，匈奴最初之文化，應爲西伯利亞式。」我寫信給他，備致欽服，並告以「西伯利亞」就是鮮卑利亞；依他的研究，匈奴最初之文化卽爲鮮卑文化；鮮卑古譯「織皮」，爲西戎之一氏族等事。他覆函對於「西伯利亞」就是鮮卑利亞，表示「豪亦同意」；對於鮮卑古譯「織皮」，未表反對意見，但說：「織皮既爲西戎之一，似不在北方。鮮卑則源於東北。」我爲證明鮮卑卽「織皮」，並曾於四千年前便出現在新疆甘肅陝西（同時也出現於東北），於五月間試作「織皮解」一篇小文。

我們知道，尙書的禹貢篇，成書至少在春秋以前，不會在戰國時代，因爲戰國時代已確立了鮮卑一詞，而在禹貢篇上，鮮卑還被錄音爲「織皮」。——「織皮」一詞，兩次見於禹貢，一稱：

「熊羆、狐狸、織皮、西傾，因桓是來。」

一稱：

「織皮、崐崙、析支、渠搜、西戎卽敘。」

都列在梁州項內。前一句的「織皮」，漢儒句讀聯在「梁州貢璆鐵銀鏤砮磬熊羆狐狸」之下，註者釋「織皮」爲罽卽毛布，當作貢品；但同時鄭康成則釋「織皮，謂西戎之國也」（「尙書古今文注疏」引），淸儒孫星衍同意此說，並在熊羆上判讀。據我研究，「織皮」確如鄭康成所說，是一氏族的名稱，而且就是鮮卑。我用的考證方法第一個是「求類」，第二個是「審音」，第三個是「考地」。關於「求類」，「織皮解」原文說：

「在說明『織皮』的意義之先，應該解釋熊羆、狐狸、西傾、崐崙、析支、渠搜、西戎等七個名詞的意義。這七個名詞如果得到正確的解答，則『織皮』的意義也就聯類地被說明一部份了。」

接着我考定熊羆是氏族的名，原文說：

「熊羆——熊，說文云：『獸，似豕，山居，冬蟄。』羆，說文云：『如熊，黃白文。』這是中國古代字典分講熊與羆的，用來注釋禹貢上運用的熊羆處，不能說明它的眞正意義。這熊羆一詞，是古代氏族的譯名。古代中國人對於新遇到的氏族或民族，好用獸名或獸字旁（例如犬字旁）加以迻譯，如獫狁是加犬字旁的，貊、貉竟是野獸。這並非古人輕視新來的氏族，只是用某一氏族的圖騰翻譯某一氏族的名字而已。——熊羆這一氏族，就是用熊羆作圖騰的。這一氏族，可能就是黃帝的氏族。史記五帝本紀說：黃帝是有熊氏的後人。周禮司裘云：『王大射，共熊侯』，這位『熊侯』可能便是熊羆氏族的族長，或者就是有熊氏的嫡系子孫。史記匈奴傳：『三代有獯粥、獫狁』；秦漢音轉爲匈奴。住在新疆的『西熊侯』，曾入朝漢皇帝，見史記『建元以來王子侯者年表』，可見直到漢代還有熊羆一族的。我認爲熊羆就是住在新疆一帶的匈奴族。」

狐狸也是氏族的名，原文說：

「狐狸——說文云：『狐，妖獸也。』用在禹貢上，必是古代氏族的譯名，可能就是秦漢時代的胡及東胡。因爲第一、狐，胡兩字同音；第二、史載二千年前，胡地便流行着一種薩滿教（史記譯羨門，元史譯珊蠻），到今天還有很不小的力量。薩滿教的神靈之首便是狐狸，現通稱『胡仙』，有『胡大海』『胡大川』等擬人之名，說文所稱『妖獸』，正是這種薩滿文化的紀錄。根據這兩個證據，可以認定狐狸就是胡族的最早的譯名。直到漢朝尙有『狐胡』，爲西域諸國之一，地望相當於新疆省鄯善和吐魯番之間。」

西傾也是氏族的名，原文說：

「西傾——鄭康成注：『雍州之山也。』古史上的某山某山就是某族某族，氏族遷到新地帶的某山，這一某山立卽變爲氏族的名。遠者如鮮畀在漢代由鮮卑利亞遷到今熱河，所以熱河便有鮮畀山；近者如臺灣便有高山族，都可說明。這裏的西傾，可能就是黃帝元妃嫘祖的氏族卽西陵氏，漢代譯爲先零，隋代稱爲西頃，見北史裴矩傳及西域傳。他們古代住在伊犂河流域。河水西流，乃名西傾。」

崐崘也是氏族名，原文說：

「崐崘——一作昆侖。漢朝以後，解爲山名；在古代也是氏族名，爲『西王毋』（西膜之王名毋）一族所居，地產美玉。」

析支也是氏族名，原文說：

「析支——大戴記作鮮支，後漢書南西夷傳作賜支。史記五帝本記，析支列於西戎之下，文云：『西戎、析支、渠廋、氐、羌』，可見析支也是古代的氏族名。應劭注漢武本紀也說：『析支屬雍州，在金城河關之西，西戎也。』

渠搜也是氏族名，原文說：

「渠搜——史記時代，渠搜還是氏族名，卽渠廋；到說文時代才解爲山名。隋代，此族曾建立鏺汗國，見北史西域傳：『鏺汗國，都葱嶺之西五百餘里，古渠搜國也。』」

後然我作結論說：

「從上面粗略的考證，可知熊羆、狐貍、西傾、昆侖、析支、渠搜六詞都是古氏族名；西戎可能是某一氏族的專名，也可能是『織皮』等氏族的通名。

「現在可以談一談『織皮』了。『織皮』一詞，夾在上述七個氏族名之內；那七個旣是氏族，則它之爲一氏族，可以說完全合於邏輯，毫無問題。漢朝人有的講禹貢『織皮』爲罽卽毛布，如果不是誤於上文『織文』『織貝』而望文生義，便是說『織皮』氏族的文化以毛布爲代表，因爲鄭康成明白地說：『織皮，謂西戎之國也。』引在淸儒孫星衍的尙書古今文注疏中，以見孫氏贊成『織皮』乃一氏族名，而非毛布。」

關於「審音」，我說：

「首先我們從對音方面研究：織，古音讀爲試或識。禹貢『厥土赤埴』，鄭康成注：『埴作戠』，羅振玉云：『戠卽識』（董作賓先生所說）；織字，絲旁，從戠得聲，故古音讀爲識。又，韋昭云：『織音試』（孫星衍書所引）。識、試和鮮（古音析、失、錫）爲同聲。皮，古音與比同，如皋皮卽讀皋比，至今廣東音比也讀皮，福州音皮讀佩：比、皮一音可證。故『織皮』爲鮮卑的對音。」

關於「攷地」，我說：

「其次，我們從地望方面研究：禹貢排列『織皮』於熊羆、西傾之間，或在昆侖、西戎之首，都在梁州項內，可知它的地望必在今中央亞細亞和鮮卑利亞一帶，絕不會在東北。這一帶在漢朝有西鮮卑曾建國家（廣祿教授說），在晉代有鮮卑拓跋氏從鮮卑利亞遷到今大同建北魏帝國，元朝有失必（兒），直到今天，烏拉山、裏海之間還有許多鮮卑人，但從一五五二年以來，便逐漸被俄羅斯所奴役了。」

根據以上「求類」「審音」、「考地」的推求，我的總結論說：

「從以上的證據，我們可以說：一、『織皮』是一氏族，卽鮮卑的最古的譯名。春秋時代譯爲姺邳（左傳昭元年），戰國時代譯爲絕轡（音徐必卽胥紕）及鮮卑，元朝譯爲失必（兒），淸初譯爲『西伯』，由SIBER譯來，中葉譯爲錫伯（單指住在遼、吉的鮮卑人），又有譯爲『悉必』、『悉畢』者。二、『織皮』人四五千年前就住在今中央亞細亞和鮮卑利亞一帶。三、『織皮』人在四千年前的夏禹時代，已和夏朝有來往（『因桓是來』）卽列入藩封或宗譜（『卽敍』）了。四、禹貢時代，『織皮』人已經發明了罽卽毛布。」

這裡的第三點就是上文所說「鮮卑確是夏的屬國」的說明。我國在三百年前（尼布楚條約以前）沒有今天國際法上的領土觀念：我們主張「徠遠」、「柔遠」，並不「有遠」，這是王道主義。禹貢所稱「卽叙」，在王道主義的立場看，「織皮」已是「效順」（二千年前的字典爾雅：「叙、順也」）或「彝倫攸叙」了。夏朝對它已有宗主權。按：夏禹的時代，一說從公元前二二〇五年（民國紀元前四一一六年）開始（劉歆說），一說從公元前二一八三年開始（董作賓先生說），總之遠在四千年前，「織皮」——鮮卑已成爲中國夏朝的屬國（藩封）或「叙」入宗譜，比俄國吞併鮮卑僅是四百多年前的事，早得多了。如果我們拿着寫在春秋時代的尙書禹貢，寫在戰國時代的周書，去和俄國人講道理，他們也會啞口無言。否則請他們拿出歷史來看：那時斯拉夫人還在喀爾巴仟山上作猴子呢。

美奴新青銅何以年長？

一些朋友不相信黃帝能在新疆以外的中亞和鮮卑利亞去打蚩尤，認爲我在「盲翁說古」。其實諸位是被司馬遷所誤了。司馬遷沒有世界史的修養更不懂古史地書的山海經，因此不懂黃帝是先在中亞以北打敗蚩尤後才入中原和神農作戰，所以把涿鹿戰場寫得地望不明；後人看到今察哈爾有個涿鹿，不知這是「地名隨族轉徙」，便以爲這涿鹿便是打蚩尤的涿鹿。一誤，再誤，誤到今天，大家便更不懂這段古史了。一些朋友也不相信夏朝時代會有鮮卑（

織皮）從西方來；這是誤於漢書以後鮮卑在東方出現的歷史，以為鮮卑在東北不在大西北即今中亞、西鮮卑利亞（含南俄）。其實鮮卑利亞的鮮卑（夏伯）人，在四千七八百年前，只有黃帝一支來到中原，後傳世到禹；其餘的人還是住在當地的，一直到今天。所以，上面我說絕轡、織皮都是鮮卑，絕轡為黃帝領土，織皮被夏族「叙」譜，這是眞正的古史。

夏朝被商朝推翻（在我有一專名詞，稱這為「宗族性的內亂」）後，夏人又退回鮮卑利亞、內外蒙古一帶去，這就是美奴新青銅器和綏遠青銅器比殷虛青銅器年齡較長的道理。

以後，夏人並未忘掉「收復大陸」，不斷和殷人作戰，如姚邳和殷朝失和事件（左傳），如殷高宗「伐鬼方，三年克之」（易）事件，恐怕就是夏人反攻的史實。殷人把流亡的夏人喊為「大夏」，當即代夏（代、大一音），說明山西綏遠一帶（代地）還在夏人手中。到了周初，事隔五六百年，留在中原的夏人雖被武王封建了一個杞國；但流亡的夏人已被喊為獫狁（音鮮戎），仍在反攻，這就是周人「靡室靡家」的那一血戰了。至於成王時「鮮卑守燎」的鮮卑人，恐怕不是從遠鮮卑利亞新來的，就是「靠攏」的。周末春秋時代，山戎（獫狁在東部者）反攻得很兇，齊、燕、趙等國都在修長城；戰國時代仍在反攻，燕、趙、秦等國也在修長城；到秦始皇把燕、趙、秦的長城聯在一道，並派大兵遠征：於是流亡的夏人再也看不到中原了，文化日趨隔離，言語日趨「西化」——接受了阿爾泰語，名字也被寫成「匈」，以「奴」視之，或被喊作「胡」，以外國人視之，其實「匈」即夏，「胡」亦即夏，只是字體不同，錄音相同，『一家人不認一家人』而已。

重行偕手

三、東漢時鮮卑入我版圖——「漢朝開頭一百年，他們擁有騎兵數十萬，不但威脅漢朝，而且自相火拼（曼頭滅東胡）。東漢時代（西二二五年以後），鮮卑地方中出現了一位名王，姓於仇名賁，受光武帝的詔封，為鮮卑王，在國際法的意義上，東鮮卑地方從那時起（距今一千九百年前）便是中國領土了」（拙作「鮮卑問題」）。在歷史的意義上，從公元前十八世紀流亡北返鮮卑利亞的夏人，到公元一世紀，即一千八百年後，又和中原的夏人（漢人）重行偕手了。但這中間懸隔太久，血統雖同，文化已異，言語尤為「母鷄牙」了。這是中華民族史上的一大損失；現在可以稍稍彌補。「到東漢章帝時（西八七年），鮮卑大破南匈（夏）奴；南匈奴五十八部歸漢。和帝時（西八九年），竇憲大破北匈（夏）奴，登燕然山刻石紀功，在國際法的意義上，東鮮卑地方正式列入中國的版圖了。」（拙作「鮮卑問題」）

鮮卑王朝列入正統

四、北魏領土遠達北極——「從東漢到東晉（西二二五—三八六年）三百多年中，鮮卑族和由黃帝繁衍而來的古鮮卑人即漢族，完成了一個新的大規模的同化（文化）。這個同化，孕育了鮮卑的又一名王·姓拓跋名珪，於東晉孝武帝太元十一年（西曆三六八年），在今山西省大同縣建立魏朝（魏即鬼方），傳世一百五十餘年，史稱北魏，又稱後魏，和南朝的晉、宋、齊、梁、陳平分今天的大陸，故也稱為北朝。北魏的領土，南至江淮，北至今天全部鮮卑地方，據魏收的魏書所記，北魏世祖眞君四年（西曆四四三年），派中書侍郞李敞赴今貝加爾湖（時名于巳尼大水）告祭鮮卑『先帝舊墟』，『石室南北九十步，東西四十步，高七十尺，刊祝文於壁』云云（卷一百），使可證明一千五百年前中國北朝的領土，確是包括鮮卑地方在內的。北朝列為中國的正統王朝，北朝的歷史即魏書列入中國的正史二十五史之中，所以北朝的領土——鮮卑地方至少貝加爾湖一帶，當然是中國的領土。這一宗歷史上的眞實事實，便在外國歷史上也留有忠實的記錄，例如英國權威史學家韋爾斯，他在巨著『世界史綱』上寫道：

『魏所統之地，不僅中國之北部而已；并掩有西伯利亞之大部分。嘗吸收中國之文化，由其勢力而使中國之貿易及知識遠達北極一帶。』（商務本六冊十九頁）

依韋氏說，至少『西伯利亞（按：鮮卑地方）之大部分』是中國的領土，這也是毫無問題的。」（拙作「鮮卑問題」）

隋唐元領土包括鮮卑地方

五、隋朝的領土——「南朝梁武帝中大六年（西曆五三四年），北朝分爲東西魏，東魏易爲北齊，西魏易爲北周，經四十餘年的分裂，到陳宣帝太建十二年（西曆五八〇年），由另一位姓那羅名延的鮮卑人予以統一，建國曰隋。那羅延漢姓名爲楊堅，卽隋文帝。在法理上，北魏的全部領土包括鮮卑地方在內，統通是隋朝的領土，如中華民國成立後，清朝的全部領土也便是中華民國的領土了。」（拙作「鮮卑問題」）

六、唐朝的領土——「隋是中國的正統王朝，留有正史——隋書，在廿五史中。隋朝之後，又一正統王朝——唐朝，代之而興。唐朝領土，西達裏海，北達貝加爾湖，大部鮮卑地方還是中國的領土。唐末，另一支鮮卑人興於今天的東北九省，史名契丹，音讀爲嘎雜、欽察、堪察、戈薩，出於息愼，在今長城內外建立遼國；遼末，另一支鮮卑人起於今天的東北九省，史名女眞，也出於息愼，在今遼寧、河北建立金國。」（拙作「鮮卑問題」）

七、元朝領土——「金末，另一支鮮卑人崛起於斡難河邊，史稱靺鞨、蒙兀、矇古子，出於室韋（鮮卑的一氏），其名王奇渥溫•鐵木眞，建都和林（今外蒙），稱曰天皇（成吉思汗），國名蒙古，統一今內外蒙古及鮮卑地方，遠征俄國，在烏拉山東西建立欽察汗國，封長子朮赤爲皇（汗），統治西鮮卑地方幷控制俄羅斯。朮赤的兒子拔都，擴大欽察汗國，今俄、波蘭、東德、捷克、匈牙利、保加利亞、羅馬尼亞……均包括在欽察汗國之內，歷時自西曆一二三六年到一四八〇年。一四八〇年以後，欽察汗國之在窩瓦河以西者，始被俄羅斯人所滅；但窩瓦河以東的喀山汗（卽契丹汗）屹然猶存。而蒙古天皇子孫之南下中原者，則在今天全部大陸上建立元朝。元朝中央和欽察汗、鮮卑汗、伊兒汗、窩闊臺汗等國的關係，一如今天的不列顛國協。鮮卑汗國在今西鮮卑地方，窩闊臺汗國在今東鮮卑地方，伊兒汗國在今中央亞細亞，欽察汗則在烏拉山東西（鮮卑汗國係由欽察汗國分封而出），群星拱極，藩屏元朝：所以今天的鮮卑地方全屬元朝的領土。而元朝也是中國的正統王朝，元史列於正史，則鮮卑地方直到元朝終了（西曆一三六八年）當然也是中國的領土」。（拙作「鮮卑問題」）

「歷史的領土」的總帳及其淪陷

根據上面的史實，我們知道：今天的鮮卑地方，在中國的正統王朝——即在黃帝朝、在夏朝、在東漢朝、在北魏朝、在隋朝、在唐朝、在元朝，和各王朝的正史——即史記、漢書、後漢書、魏書、北史、隋書、舊唐書、新唐書、元史、新元史上，都列入中國的版圖：所以這地方是我們「歷史的領土」。而世界最古的史地書——山海經上記載得更爲明白：「大荒」即鮮卑利亞及中亞。

自中原的元朝於明太祖洪武二年（西一三六九年）退歸和林，其後王建立「後元帝國」（此名詞的來源見本段開頭韓鳳林上校談話），繼續統治今內外蒙古和鮮卑利亞；在今南俄的元朝藩國——欽察汗國，這時期仍然屹立尼泊河（聶伯河）以東；在今中亞的元朝藩國——伊兒汗國，這時期仍然雄視錫爾河上。鮮卑利亞和中亞在明朝中葉以前雖未列入明朝版圖，但仍是蒙古人——鮮卑人的領土，與俄國毫無關係。

八、清朝領土——明朝中葉，帝俄坐大，成化十六年（西一四八〇年），伊凡三世吞併欽察汗國；嘉靖三十一年（西一五五二年），伊凡四世侵滅喀山汗國，遂迫烏拉山；萬曆九年（西一五八一年），俄寇越過烏拉山，滅鮮卑汗國（首都圖𢼸即求敏今譯第烏門）。清朝建國，兼爲蒙古皇帝，凡蒙古所有地方包括內蒙外蒙及鮮卑利亞，都是清朝的領土。康熙二十八年（西一六八九年），俄國侵去外興安嶺以北以西的鮮卑利亞。

俄佔鮮卑利亞於法無據

俄國人太不聰明了，第一、當年他們不應該把這一大片地方名爲鮮卑利亞（SIBERIA）。倘胡亂改一個什麼新名字，不用這個老名字，也許我們這些一向數典忘祖的中國人便永久不會去費考證工夫了。外國人更沒有人管。但史實地實決定一切，俄國無法妄改地名，迄今鮮卑利亞（及中央亞細亞）一切城名、山名、水名不是鮮卑名便是蒙古名。第二、當年他們不該和清朝簽訂尼布楚條約、恰克圖條約、北京條約、西北界約和哈巴河界約，要清廷承認鮮卑利亞是俄國領土，因爲他一如此作做，便是作賊心虛，告訴失主：這是搶你的土地呀。他心中雪亮，知道這大片鮮卑地方原是中國的領土，現既搶來，便不得不要物主承認。豈知這些條約却使他永遠立於失敗之地，什麼時候中國有力量要求照約收回，他只好瞠目莫對。三十九年我講過：

「鮮卑利亞之所以是中國的領土，除了這全部歷史外，還有在條約上俄國『承認』的充分理由。因爲從尼布楚條約到西北界約，共五個條約，都是俄國迫我承認鮮卑利亞現在乃俄國領土的條約。倘使鮮卑利亞原來是俄國領土，俄國何必再强迫中國承認這地方現在是他的？如果鮮卑利亞原本不是中國領土，俄國何必非要中國和他訂約承認這地方現在是他的？例如他取得阿拉斯加，便不强迫中國承認，因爲他自己『承認』阿拉斯加和中國無關卽不是中國的領土呀！」（易陶天等筆記「俄帝侵華史」）

第三、民國十三年五月三十一日，他更不該和我王外長正廷簽訂「中俄解決懸案大綱協定」一稱「中蘇協定」，因爲這個協定中規定：

「兩國政府同意，將中國政府與帝俄政府所訂之一切公約、條約、協定、議定書及契約等概行廢止；另本平等互惠原則，另訂新約。」

於是尼布楚條約、恰克圖條約、北京條約、西北界約和哈巴河界約——五個鮮卑利亞割地條約「概行廢止」了。我們失去鮮卑利亞四百年，自民國十三年起，中俄間已經無約存在：他已無約可據說鮮卑利亞是他的「領土」了。

英勇負擔「第四任務」

上面我從民族學的觀點，考定「鮮卑卽夏伯」——鮮卑是夏族；再從史地學的觀點，考定鮮卑地方是中國的領土，一口氣講了四年，大約全體武裝的聽衆都已領悟了。到民國四十二年五月，首次向一千多名青年公開說明這兩個要領，並要求青年們實踐「解放鮮卑」，作爲國民革命的「第四任務」，我講道：

「諸位同學：

「講到這裡，我們便知道什麼是『第四任務』了：『第四任務』便是在反共抗俄收復大陸之後，我們還要解放鮮卑！——第三任務，已由我們這批『老兵』擔負起來；而這『第四任務』便應期待你們這些『青年兵』們英勇地擔負起來！」

結語

感謝讀者，浪費了許多寶貴的時間，你把這部「反共抗俄經驗談」很用心地讀了一遍（希望你再用心地一字不漏地讀第二遍）。爲了幫助你了解全書的大意，我想寫出下面近乎結論性的文章；同時，你在讀完本書之後，或許發生兩個問題：一、今後我們如何對抗俄帝這種陰謀？二、如何造成并保障反共抗俄的意志？我也想爲你這兩個問題貢獻一些答案。

青年何以不懂俄帝的陰謀？

三十多年來，俄帝在中國（以及世界各國）一直在製造俄特——第五縱隊，第一步是宣傳所謂「共產主義」，第二步是將信仰了所謂「共產主義」的青年納入所謂「共產黨」，第三步是指揮着所謂「共產黨」從事所謂「世界革命」，第四步是建立所謂「中華人民共和國」（及各「人民共和國」）：這些統通已經順利完成。最後是嗾使所謂「中華人民共和國」（及各「人民共和國」）宣佈加入「蘇維埃社會主義聯邦」，使中國（以及世界各國）都變成俄國的一省。（這是他們的夢！）

問題在於：中國（以及世界各國）青年何以甘心接受俄帝這一套亡國計劃而不知不覺？

這問題的答案，就是我的這本書。讀者讀過這本書以後，你便了解我「在思想上成了半共產黨」的心理過程：

我因爲「走近了唯物論」，心理上同情唯物論的「共產主義」；我因爲「結婚和戀愛的衝突」，心理上感到厭迫；我因爲「反對奉軍的不法」，心理上「希望奉天能有較好的政治」：於是接受了俄帝透過陳獨秀、李大釗乃至「張胖子」給我的所謂「共產主義」的一部分。幸運的是我先看到了三民主義，加入中國國民黨，不然的話，我會成爲整個「共產黨」的。

認識由於實踐：「能行必能知」

但僅止信仰三民主義，加入中國國民黨，也幷未能有助於我完全不迷信所謂「共產主義」，完全反對所謂「共產黨」，這除了有關心理問題之外，與認識問題也有關係。俄帝的宣傳太迷人了。

在這「半共產黨」形態中，有助於我的認識問題的，是我所受的「明恥教戰」的愛國教育、本黨給我的反帝訓練、日本人所寫「滿洲馬賊」給我的啓示、九一八慘痛亡省的悲哀、我所看到的書物及我所領導的工作……我要救國，才認識了空喊「救國」而實際「保衞蘇聯」的「共產黨」。九一八以後，許多青年只認識「共產黨」所喊的「救國」，而缺乏反帝救國的歷史教育與訓練，便無從認識「共產黨」所喊「救國」的僞裝性。這些青年是不幸運的，他們無法認識俄帝的所謂「革命」所謂「建國」的陰謀性，如三十八年迄今的大陸所表現的。

毛澤東是我們捧起來的

深刻地研究起來，青年們未能認識俄帝這一套陰謀，是凡國民黨員都不能不負責任的，也可以說本黨的理論家根本上不認識俄帝這一套陰謀，幷爲這陰謀作了義務宣傳，爲淵驅魚，爲叢驅雀，把青年送入俄帝的圈套。例如俄帝在中國編組第五縱隊即武裝間諜圈，爲了「絕對不要使他覺得他是爲着蘇俄使館作間諜，應該使他深信：『我是爲祖國——中國共產黨共產主義』而在効勞」（見十六段「中共論綱」），便把第五縱隊予以身份化裝，而名之曰「中國共產黨」；而我們國民黨也就承認「中國共產黨」爲「黨」：始而「容共」，「共」是「黨」；繼而「淸黨」

，還是「黨」；繼而「國共合作」，繼而「政治協商」……從十三年到三十八年四月二十七日 總裁發表文告，那一天我們不把第五縱隊宣傳爲「黨」？如此這般，第五縱隊固然更不知自己是第五縱隊了，一般人士也便不知它是第五縱隊了。又例如俄帝將「共產主義」作爲第五縱隊的「理論化裝」；而我們國民黨也就承認「共產主義」爲「主義」，寫了不少不少的書，儘管反對「共產主義」，豈知這給一般人的印像是「公說公有理，婆說婆有理」，我們越反「共產主義」，越引起青年人對「共產主義」的好奇心，結果第五縱隊們對「共產主義」也認爲確是「主義」，許多青年人中了這種迷。再例如俄帝宣傳「世界革命」，這也是給第五縱隊的「理論化裝」；而我們國民黨也跟着起鬨，承認這是「革命」，結果第五縱隊更自信他們是在「革命」，一般人也以爲他們是在「革命」。此外，如我們國民黨喊毛澤東爲「匪」，以爲這可以提高自己的士氣，打擊毛澤東的士氣；其實中國人恰是在心理上同情「匪」的，看了水滸傳，誰都想上梁山泊，看了我們的剿匪文告，便覺得「瑞京」也有「忠義堂」了，於是通匪、濟匪乃至投匪，層出不窮。——這種種不懂心理學的宣傳與號召，直接都替俄帝盡了義務。假定從十七年起，我們便堂堂正正宣佈「中共是國際第五縱隊，不是中國國內的政黨」（總裁名句），宣佈毛澤東爲叛逆，爲漢奸，不稱剿匪，不胡亂地比較三民主義與「共產主義」及中國國民黨與「共產黨」，宣稱打毛澤東便是抗俄，觀聽一正，理論一貫，我相信絕對不會出了五百萬大小毛澤東的。

「知難行易」第十一證

不可否認：俄帝的宣傳，很投合青年的心理；俄帝的理論，能迷惑青年的認識。但若想看穿他的宣傳，認識他的理論，必須用一大段實踐的即經驗的工夫，尤必須用一大段研究的工夫。這一點，我却是幸運者，我有十四年足够的時間，和日閥的偽「滿洲國」、偽「蒙古國」鬪爭，因而認識了用「主義」可以在偽組織中吸收「黨員」，從事「隱體戰」。同時我有八年以上的研究工夫，弄懂了偽「滿洲國」偽「蒙古國」的建立過程及中外歷史上一百多個偽國家即「因國」的建立過程。由認識而深入研究；由研究而加强了認識；由認識與研究，發生了比較；由比較而發現所謂「共產主義」便等於「王道主義」與「新民主義」；所謂「共產黨」便等於「協和會」與「新民會」；所謂「中華蘇維埃共和國」便等於「滿洲國」和「蒙古國」；俄帝便等於日帝；俄特便等於日特；赤色第五縱隊便等於白色第五縱隊；毛澤東便等於溥儀、德王、王克敏和汪精衛。這一認識的歷程是長期的，從十五年到二十七年，凡十三年，也是艱苦的，有個人的犧牲，同志的生命，黨國的資本。「知」的確是「難」的。

但「行」却是「易」的：從二十七年到今天，個人無時無地不在堂堂正正坦坦白白地反共抗俄。

以上便是全書的大意。

怎樣對付俄帝的陰謀？

對於我的同志，我的同學，我的同胞，我的同類（各國各民族），我感到，他們還是「知難」。民國二十九年以後，我寫過「中共論綱」十餘萬字，發行六版，共兩三萬冊，「甲申六十年祭」二萬餘字，發行兩版，共五千冊，「開始第二抗戰」近十萬字，三千冊，「因國史」十二萬字，五千一百冊，「心理作戰實施綱領」二萬餘字，一千三百冊，「儒學與儒將」一萬餘字，一千三百冊，這是我所寫的書籍；我自己有通信社也有報紙，經常刊登我的反共抗俄文字的報紙刊物約二十餘種，我絡續寫了不下五十萬字的長文短文，這是我所寫的文章；由西北到西南到東北到臺灣，不記得作了多少小時的講演，聽衆（八小時以上）不會少於十萬位次，倘把廣播講演也列在內，我的聽衆更無法統計，這是我所作的講演：我相信，用我這樣的由實踐研究所得的理論，十餘年繼續不斷地邊寫邊講，在中國似無第二位。但，我所得的效果呢？我也相信，眞是少得可憐。何以故？「知難」而已！聽衆和讀者接受我的所「知」，如此之「難」而已！

因此，俄帝的陰謀，終於在大陸上實現了；因此，自由中國之內，還有不少不少從心理上不反共乃至不抗俄的人；因此自由世界還有所謂「第三勢力」（自由中國之內也不少此輩）、「中立主義」乃至「狄托主義」。三十五年我曾說過：「東北之失，失於知難」（見十九段「第二抗戰」）；今天我還要說：「自由世界的失敗，失敗在知難」，有誰認眞了解俄帝的陰謀？有誰設計出一套對付俄帝陰謀的方案？

展開心理作戰

關於俄帝的陰謀，我說了很久也很多，寫了很久也很多；關於對付俄帝的方案，我自己設計而執行過的，如在蒙古的鬥爭、在東北的文化運動，以及寫了許多的文章和書籍；但始終演唱獨角戲，沒有成爲黨策和國策。

回想 總統復行視事以前，我在 總裁辦公室設立的一個訓練機構裡研究，一方兼作教官，共四個月。我和九位同組同仁（都是本黨最革命最懂理論的專家），研究出一套對付俄帝的方案，名爲「心理作戰實施綱領」。首先提出十個「總體性的心理作戰的目的」：

子、揭發赤色帝國主義的假面具——蘇俄自史太林執政後，帝國主義野性更爲顯露，特別自一九二四年（民十三年）史魔提出「一國建成完全社會主義論」，次年聯共十四次大會，接受他的指導以後，蘇俄已將侵華列爲國策。那一年本黨改組，他便決定把本黨作爲「克倫斯基」，密令僞「中共」潛入本黨，展開第五縱隊活動。

丑、擊潰「親俄病」—— 國父於民十三年決定「聯俄」，但他曾對我們秘密宣示過：「聯俄」只是「革命外交的策略」（見三十四（或五）年中央週刊華僑某君發表 國父原函）。本黨同志對這一宣示，必須擴大傳播。但本黨後進同志和少數人士從民十三年起便患了「親俄病」，也是事實，因而發展爲今天僞「中共」的「一面倒」，和少數人（包括本黨黨員）向僞「中共」的「一面倒」。

寅、曝露毛僞組織的漢奸性 —— 陳獨秀等當年（民十）組織「中國共產黨」，在他們的主觀上，這是爲了實現「無產階級革命」；但「中國共產黨」的第一次代表大會，就由維丁斯基（時譯爲維經斯基）來領導，而維丁斯基一開首便是蘇俄的土肥原，他利用「中共」作他的間諜。……僞「中共」具有蘇俄間諜的本質以後，便以「黨團」（即第五縱隊）方式，篡奪本黨黨權及政權。十六年「淸黨」後，他們開始暴動，打游擊。暴動和打游擊，據德國軍事家的學說（參照蔣百里論文集）正是付對資本主義工業社會的間諜戰法。「中共」自十六年起已有武裝，因之他們成為「武裝間諜團」。用鄧朗哥的術語說，「武裝間諜團」便是第五縱隊。

目前這第五縱隊已組織「國家」即偽「中華人民共和國」，第五縱隊首領毛澤東已僭號「主席」。過去我們對此冥然罔覺，一直認為「中國共產黨」是「政黨」，才有「容共」「清黨」「國共合作」「政治協商」「和談」等一貫口號和政策，把本質上是蘇造漢奸的「中國共產黨」引來和中國國民黨成為「一邊高」。我們何以不把倭造漢奸的「協和會」「新民會」「大民會」「新中國國民黨」（汪逆精衛）引來和中國國民黨相比？直到去年四月二十七日　總裁昭示我們：「中共是國際第五縱隊」（見告全國同胞書），十月九日又昭示我們：「中共為莫斯科共產國際的間諜，不是中國國內的政黨。」（見為俄國導演北平傀儡組織告全國同胞書）這是用了千萬軍民的血，洗滌了「中共」的假面具之後的一個一針見血的指示；我們必須重視，擴大宣傳。

卯、指出毛偽組織一切「理論」的偽裝性——間諜為了在敵人之內存在，他必須有「身份」的和「理論」的化裝。「中共」這種間諜，以「中國共產黨」、「人民解放軍」、「中華人民共和國」為「身份」的化裝，並以「世界革命」、「共產主義」、「新民主主義」、「人民民主專政」作為「理論」的化裝。蘇俄的間諜組織家把「中共」化裝起來，竟巧妙得連「中共」也不知道不懂得自己是被化裝了。直到今天，還有人始終把本黨和「中共」、三民主義和「共產主義」、世界大同和「世界革命」死板板作形式的比較，論其短長，這純是作了蘇俄侵略的心理戰俘虜之後的一席夢話。「中共」這羣間諜的「理論」化裝，愈被我們正面所駁斥，便會愈發加深其化裝性——使一般人認不清，而「中共」本身也愈發自我陶醉不能自覺。許多青年人誤入「中共」，當由這些理論家負責。對付間諜的唯一辦法，只有「反間諜」一法，無須和間諜作「理論鬥爭」：因為若一和他從事「理論鬥爭」，便是承認了他的存在。今天「中共」的存在，正因為我們不懂得「反間諜」的要領。（當年我們何曾毆斥過倭造漢奸——間諜的「理論」僞裝，如「王道主義」、「新民主義」、「新三民主義」？）

辰、肅淸「中共土匪說」——從民十六年到今天，我們一貫稱毛澤東等爲「匪」，而「匪」竟越剿越多，若干靑年公然爲匪聲援，某些知識份子居然爲「匪」張目，不知爲「匪」，甘心通「匪」，就是「剿匪軍」本身也缺乏信念，缺乏鬪志，感到剿「匪」剿不出道理。在「匪」的方面，更從未發現悔悟爲「匪」的情事，儘管吾人斥之爲「匪」，加以剿擊，他們還是心安理得地幹着「匪」的生涯，毛澤東大有追步　國父，以「四大寇」（「寇」不就是「匪」麽）自居之概……以致今天他有「成則爲王，敗則爲寇」的自足自滿之感。據本黨老同志談：「民元以前淸廷喊本黨爲『革匪』；但同志的心理上會以爲榮，因爲一提到『匪』，心目中就現出一幅『梁山水泊圖』，自覺得自己是『替天行道，殺富濟貧』的一羣綠林好漢。」另據許多士兵談：「我們都是窮人（富人是不當兵的），窮人是同情『匪』的，窮人不會打『匪』的，因之，我們中心不願『剿匪』了。」今天本黨慘敗至此，可以說是誤信「中共土匪說」的結果，今天「中共」鬧到如此地步，也正是强調「中共土匪說」的結果。

巳、打擊「投共心理」及「脫黨心理」——近年以來，因爲人事關係的不平衡，本黨許多黨員大感失意，更因爲三民主義的未能實現，使許多急燥的同志大感失望，他們於是脫離了黨。脫離之後，他們如果再度要求革命，便會自然地走入了「中國共產黨」。這裡用「自然地」三字，是說多年來「中共」既然化裝「政黨」，本黨也視之卽爲「政黨」，「中共」既然化裝「革命」，本黨也便承認他們是「革命」，於是造成一個「自然」：「不入於國，便入於共。」這次黃紹竑「一面倒」入毛澤東懷抱，他便公開聲明「脫離中國國民黨，準備加入中國共產黨」，這當然是無恥飾詞，但也有他「自然」的理由。

至於一般社會賢達如梁漱溟馮友蘭馬寅初等，民主人士如郭沫若馬叙倫章士釗等，瞧不起本黨，對本黨絕望之後，便發生了「投共心理」。「投共心理」也正是五四以來蘇俄戰略的戰術的心理戰的「自然」

結局。

午、培養抗俄反共意識爭取反正——根據歷史的經驗，抗日反偽意識係經過二十年的培養（民五至二十六年）。直到盧山振臂一呼，於是「地無分東西南北，人無分男女老少」，都英勇緊湊地集中在最高 統帥的旗幟之下，血戰八年，不尤不怨。反之，抗俄反共意識不但沒有被長期培養，却遭受了長朝而有計劃的摧殘。聰明的蘇俄用戰略的戰術的心理戰，一貫培養中國人「親俄」「投共」的意識，某些人也在用「反心理」戰，幫助蘇俄，培養「親俄」「投共」的意識。倘使沒有這二十餘年的「親俄」「投共」的培養，我們相信去年十月九日草山振臂一呼「抗俄反共」，便會出現當年抗日反偽相同的局面。今天局面糟到這一地步，我們眞是責無旁貸。

今天只有加强加緊培養抗俄反共意識，才能爭取偽「中共」及其盲從者的反正歸來。在另一面，也只有加强加緊培養抗俄反共意識，才能防止我們內部繼續發生叛變投降的行動。

未、爭取蘇俄國內外反史派——根據多方面的調查統計，蘇俄國內約有百分之八十以上的官民是「反共」的，史太林的部下也正有張國燾。鐵幕列國之內，更有百分之九十九的官民是「反俄」的。但他們何以迄今不能形成「反共」「反俄」的力量？這不能不溯因於民主集團缺乏（或不够）對蘇戰術的心理戰。至於對蘇戰略的心理戰（在蘇俄之內扶植第五從隊），更是無人着手，譬如克倫斯基住在美國，沒有受到重視，不能不算重大的失計。

申、校正國際對我之誤解——民主國家對我國有許多誤解，對「中共」也有許多曲解，誤解加曲解造成我國事實上的孤立狀態。而誤解曲解之所以造成，一、由於蘇俄戰略的心理戰對世界的不斷地展開；二、由於我們對世界缺乏戰略的心理戰。

酉、達成古典的總體戰——總體戰一詞雖創自魯登道夫，但這一思想實際發源於孔子，大成於孟子，到孫武正式名為「全國」之戰。孫武非但主張本國思想政治經濟軍事結成總體，全體動員；他還用「全國」一詞，要把敵國的思想政治經濟軍事動員一部，爭取到我們這一方面來——作我們的內應。這種戰爭論，比魯登道夫更先見而且更完備。今天我們不學無術，完全不懂孔——孟——孫的總體戰思想，而信奉魯登道夫的不完備的總體戰；便是對於魯登道夫的不完備的總體戰，也未能完全弄懂，加以運用，這一看民國三十七年以來所喊的總體戰內容，便可證明。

本文所說的總體戰是我國古典的完備的總體戰。中國的總體戰的心理戰方面，一、「令民與上同意」；二、令敵民與其上不同意；三、令敵民與我同意。這種總體戰，不單要求本國一體，而且要求敵國一部分軍民與我們一體。

近來流行的總體戰，分爲政治戰、經濟戰、軍事戰和民衆戰云云，這那裡是「總體」戰？這是「個體」戰；把文化戰放在政治戰之內，尤爲不妥。依我們的看法：一、文化戰、思想戰、主義戰要放在第一位，即心理戰第一；二、政治戰、經濟戰、軍事戰和民衆戰四者要由心理戰爲之統一——即在四者之中到處運用心理戰。

戰略的心戰機構

我和同組同仁主張成立一個「戰略的心理作戰機構」，展開下列六點戰略的心理作戰：

子、中國本位文化運動（思想運動）之展開——參照「五四運動」、第三國際文化工作、希特勒文化運動、國民精神總動員、新生活運動及「八一四運動」以來所用之運動方式，推行中國文化運動。

丑、淪陷區文化忠貞之接運——根据情報及僞報所載，我們知道留於淪陷區的文化忠貞，爲數不少，即過去首鼠兩端標榜中立之文化人，甚至反政府的文化人，亦多覺悟，大家均願來到自由區，而苦無旅費及安插辦法。……應號召「文忠回國」，并妥予安置。

寅、自由區文化人之團結與領導——來台及住港澳瓊之文化人爲數亦不少，但其生活及工作問題，均無適當之解決，以致沒有撰文著書的心緒，即有著作亦無法出版。……應予具體解決。

卯、蘇俄帝俄文化人之召聘與運用——蘇俄逃亡歐美的文化人，帝俄流亡歐美的文化人，爲數亦多……應該辦理一個「大學」，召聘俄人任教，招收俄國學生及中國學生，研究俄國，幷作展開戰略心理戰之準備（參考莫斯科東方大學、列寧大學、孫中山大學辦法）。

辰、「中國國家共產黨」之扶植——號召毛澤東的反對派、中國的「國家共產主義」者，在淪陷區及香港，組織「中國國家共產黨」，使之成爲本黨的友黨，與青年黨、民社黨同有合法地位。

這一事，有非常的必要：一、對僞「中共」發生策反的作用；二、對民主國家顯示中國眞正實行民主；三、安揷反正者及俘虜。這便是戰略的心理作戰。

有人認爲此事已遲，應於二十七年即行開始；我們則認爲爲時尚早，當於半年後行之。

巳、向國內外徵文——就近百年來學者駁斥馬恩列史主義之正確書藉論文，編輯叢書。

心戰攻防目的

我們幷爲戰術的心理作戰設計了防守的及攻擊的目的：

子、防守的目的——基地人民對於前方戰事，必須表示熱烈的支援；人民的意識及生活，必須予以整肅，使之有助於士氣。假定前方正行進大戰，血肉橫飛；後方反而酒綠燈紅酣歌恒舞，絕無慰勞的表示——即市民與官兵生活完全脫節時，戰爭即無法獲勝。因之，心理作戰機構對於如何發動慰勞及整肅人民生活，不能不竭盡智力。

後方不容一個「蘇毛心理戰俘虜」及「赤色特務」存在。所謂「蘇毛心理戰俘虜」有嚴格的定義如下：

一、凡承認僞「中共」爲中國國內的「政黨」者。（即在下意識方面承認僞「中共」爲「政黨」者亦屬之。）

二、凡承認「共產主義」爲「革命主義」者。（即在下意識方面承認「共產主義」爲「革命主義」者亦屬之。）

三、凡不承認僞「中共」爲赤色第五縱隊者。（即在下意識方面不承認僞「中共」爲赤色第五縱隊者亦屬之。）

四、凡對毛逆尙存幻想者。

四者有其一，即爲「蘇毛心理戰俘虜」。此爲檢討幷寫作一切理論文章的絕對標準，凡本黨及友黨流行的文章與講演，必須準此予以補正及整肅。

所謂「赤色特務」簡稱「赤特」或稱爲「俄特」，指僞黨僞軍僞政府派來我方的一切人員而言。我方人員之傾向毛澤東方面者，亦稱「俄特」。

丑、攻擊的目的——攻擊的目的凡五：

一、收攬人心。大陸人心業已轉向：過去懸盼「解放」者，近來確已變爲「南望王師」。但這不是我們心理戰的戰果，而是蘇毛「反心理戰」的戰果。蘇毛心理戰已走向失敗之途，把人心送還給我們了。

二、瓦解敵人。敵人內部，確已發生愛國主義，或狄托主義。我們必須擴大宣傳民族主義，「國家共產主義」即狄托主義，打擊「國際共產主義」，爭取敵人的軍心。

三、爭取僞組織內的「自由份子」。

四、破壞敵人軍、政、財、經各種設施。

五、配合反攻軍某種戰略或戰術的目的。

心戰防守戰法

關於防守的戰法，我們設計了下列十點：

子、宣傳——現階段宣傳的目的爲抗俄反共。主持宣傳的機構應運用一切技術，喚起人民的愛國心而參加戰爭，激發軍人的敵愾心以保衛國家，并使軍民確認蘇俄爲赤色帝國主義，毛澤東等逆爲赤色漢奸而非「中國國內的政黨」。

抗俄反共宣傳，首先爲揭破蘇俄（及帝俄）四百年來侵華的陰謀史，毛澤東爲蘇俄侵華史上最後一個侵略工具。延聘外交史專家寫作高級、中級、初級三種俄帝侵華史，高級史以教知識階級，中級史以教學生，初級史以教官兵。均須精印、減值、大量發行。

次爲講演。由宣傳機構有計劃地發動文化人、大學教授、中學教員及政工人員，於各校、各機關、各部隊、各團體，不斷舉辦講演會、座談會。

復次爲文字。發動文化人寫作文章，并逐日檢查各報各刊及專著，發現有特別優秀之文章及書刊時，應予以優厚之獎金或名譽獎。

更次爲標語。製定永久性標語數條（以愈少爲愈佳），仿商業油漆廣告辦法，張諸各辦公室、各公共場所、各通衢、各街巷以及車船飛機之中。標語字型應經特別審定并永不更換——直至勝利爲止。標語示例：

1. 反侵略、反破壞、反滅亡
   爭獨立、爭自由、爭平等
2. 打倒赤色帝國主義——蘇俄
   打倒赤色漢奸——毛澤東
3. 打倒老毛子
   打倒二毛子

4.國家至上

抗俄第一

丑、慰勞——把握年節紀念日（中俄有關者）或某一事件發生（例如美頌艦之歸來）及某一戰役勝利後，發動慰勞。

寅、書刊報紙之指導與控制——命令黨營書店，幷發動商營書店，大量精印抗俄反共書籍及有關中國文化之書籍，例如　國父遺教、　總裁言著及其他學者名著，均應翻印（暫借版權）。裝訂、紙墨、版式，務須考究（陽明山莊所印各書，版本已較好，但仍須改良）。

關於日刊及期刊應予獎勵及資助（子節所述對優秀文字予以獎金及名譽獎一事，直接固爲獎勵爲作人，間接亦所以獎勵原載刊物。）

卯、電影、戲劇、繪畫、音樂之指導與控制——徵求劇本、畫稿、樂譜。對影人、劇人、畫人、樂人予以特別之資助。

不良影劇及音樂，必須取締之。

辰、文化機構（特別是軍中文化機構）之指導——對各大中小學、各文化團體、各學術團體及一切文化有關機構，均應予以間接的指導，即運用宣傳部青年部教育部政工局以指導其抗俄反共之活動。

對自由主義、國家主義、社會民主主義，乃至「國家共產主義」，採取扶置態度。

巳、文化人之收容安置與領導——舉辦來臺文化忠貞人士招待所，其本人及眷屬全部生活費由國家供給，其文章著作由黨營書店代爲刊印。其已有職業而收入不足者，亦得享受招待。

此項招待，直至勝利復員爲止。

午、「自由份子」之爭取——所謂「自由份子」即來台而不反共之份子，首予以感召，次予以說服，最後予以打擊。

未、訓練俘虜──對於俘虜中之有寫作講演技能者，予以理論訓練，使參加心理作戰工作。

申、肅清「俄特」──軍法範圍內之「俄特」，當由中統局保密局及軍警憲各單位極力予以肅清；思想範圍內之「俄特」，應由心理作戰機構予以心理上之打擊，使之由自卑而覺悟，由覺悟而自首。只須反覆深切宣傳「俄特」卽漢奸，幷予以自首後之保障，相信無人甘冒心理上之大不韙而爲「俄特」者。

吾人當憶及民國三十二年毛澤東發明「國特」一詞，幷反覆宣傳之後，許多本黨地工人員爲之「洗手」，足證「國特」一詞實已發生心理戰作用。

酉、打擊「蘇毛心理戰俘」──「打擊毛俘」──此種「毛俘」，少數已投入毛逆澤東懷抱，如宋慶齡、張治中、梁漱溟，馮友蘭輩；但尚有許多留於台瓊等地，有少數已出國或居港澳。辨明此種「毛俘」之方法，甚爲簡單：一、離開大陸而不反共者；二、承認「中國共產黨」爲「革命政黨」者（認賊作父）；三、承認「共產主義」爲主義者（魚目混珠）；四、將三民主義與「新民主主義」等視齊觀者（眞僞不辯）；五、將中國國民黨與僞「中國共產黨」等視齊觀者（忠奸不分）：六、滿口「八路」「解放軍」「共產黨」者；七、不承認僞「中共」爲赤色第五縱隊者；八、不承認毛澤東爲叛逆「中共」爲僞黨「解放軍」爲僞軍「中華人民共和國」爲僞國者；九、對抗俄反共噤若寒蟬者；十、自己不反省已成「毛俘」者。凡此十者均爲「毛俘」。「毛俘」來台只爲「避亂」，或不慣於毛式生活，幷無抗俄反共的決心，心理上一方雖不望盼毛逆陷台，一方認爲卽使陷臺亦無可奈何者。此種「毛俘」絕對不宜使之主持宣傳機構。

打擊此種「毛俘」應用下列方法：一、制止其發言及作文；二、撰文駁斥之；三、對噤若寒蟬者，應迫其寫作。

關於防守及攻擊的戰法，我們也各設計了十點，詞繁不錄。

不久，這個訓練機構改組，我們設計的「心理作戰實施綱領」沒有付之執行。到今天我檢出這個文件細看，覺得它雖不免稍有疏漏，但大體上還可以作爲對抗俄帝陰謀的方案。

如何造成反共抗俄的意志？

總之：反共是救國問題；不是「黨爭」問題。過去我們把反共誤作「黨爭」，有些黨員對於鬪爭便不肯出力；有些軍隊對於戰鬪也不肯犧牲，乃至靠攏潰散；有些人士便流入觀望，乃至賣身投靠。反共是對外問題；不是「內戰」問題。過去我們始則宣布「剿匪」，繼則宣布「戡亂」，完全陷入作戰目的不明的泥淖，違反國民心理，被認作是政府的事甚至僅是本黨的事，無法遂行總動員。反共是民族問題；不是「政治」問題。俄帝侵華四百年，使用第五縱隊侵華二十八年，是要整個吞併中國，消滅華族。我們反共正是反赤色第五縱隊，間接反俄帝侵略，怎能說是「政治」問題？若干人士乃至本黨的理論家，不懂俄帝侵華歷史及其戰略戰術，誤以為反共是「政治」問題，眞是大錯特錯了。由此錯誤認識，引伸而來的反共辦法，是所謂自由主義，以為他們是反自由主義的，所以我們須用自由主義來反他。試問假使他給你自由，便不該反麼？反共是民生問題；不是「文化」問題。因為俄帝要在消滅整個華族之前，先把華族作為奴工，要我們「民死」，豈止消滅文化而已哉？我們倘不喚起人民求生的意志，作死中求生的奮戰，如何反得共抗得俄？偏有些人擴大「為文化而反共」的理論，倡導人文主義，這只能號召一部份知識份子，似乎無法發動廣大的群衆。反共是心理問題；不是「主義」問題。只要人民心理一旦認識俄國是帝國主義，毛澤東是民族漢奸，自然會由衷地反共抗俄，不必信「主義」才能反共抗俄的。當年我們抗日，除本黨黨員外，人無分男女老幼，地無東西南北，無不敵愾同仇，堅決戰鬪，確不都是黨員。——只要我們認識反共抗俄是救國問題，是對外問題，是民族問題，是民生問題，是心理問題，糾正過去把這當作「黨爭」、「內戰」、「政治」、「文化」、「主義」問題的錯誤認識，我想也會造成人無分男女老幼地無分東西南北一齊奮起，堅決戰鬪的意志。

如何保障反共抗俄的意志？

但是單只糾正認識，造成意志，還是不够的。我們知道：俄帝所以能够豢養出來這麼許多的赤色第五縱隊，係使用「六因」的戰術，利用了我們內部不平不滿的弱點，實施滲透。我們社會上有了弱點，他便用「共產主義」滲透進來；我們教育上有了弱點，他便用「教育」滲透進來；我們政治上有了弱點，他便用「爵祿」滲透進來；我們待遇上有了弱點，他便用「金錢」滲透進來。近三十年來，如果我們內部健全，心理健全，他實是無從施其技的。

過去的弱點，讀者多可思考得之；今天以及明天的弱點，還有很多。為了健全反共抗俄的基地，為了反攻時期爭取人心，爭取反正，縱然我們已做了不少改正弱點的工夫；但仍須加緊努力。我們必須急起直追，把一切不平不滿的漏洞一一堵塞，讓他們滲透不進來。

因此，我個人認為凡屬反共抗俄陣營裡的人，都應該澈底自己檢討一番。某些人為什麼還在鬧？為什麼還有「第三勢力」？……這些問題，必須在反攻之前，予以一一地解決，才能保障反共抗俄的意志。毛澤東固然是俄帝的爪牙，但也是中國的產物，沒有過去許多不平不滿的「母胎」，產不出毛澤東這些孽種來。

中華民國四十二年國慶日於臺北寫訖。

二六三頁推斷古書上必有「夏伯」一詞；現經查出，當即「夏后氏」。「后」在古鮮卑語讀為「跋」，見二五七頁引北史「北俗謂『后』為『跋』」，即伯：徵古音「夏后」當讀為「西伯」即鮮卑。又，漢高誘注淮南子亦見「昆吾為夏伯也」語。昆吾，古氏族名，地望在西鮮卑利亞，見山海經。——四十四年四月，校訖自註。

國防部審定文號(43)誠訪字第一六六一號
薇堂全集卷十七：反共抗俄經驗談
著作者：趙尺子
發行者：戰鬥青年社
總批發：好書出版社
臺北市南機場空南二村前街十五號
印刷者：永達印刷廠
定價：新臺幣貳拾元
中華民國四十四年五月再版
一〇〇〇—二〇〇〇